Verlag Progress
Moskau

VEB F. A. Brockhaus Verlag
Leipzig

1983

Sawwa Uspenski

HEIMAT DER EISBÄREN

Titel der Originalausgabe: Савва М. Успенский
„Родина белых медведей"

Übersetzung aus dem Russischen von Günther Grempe

2. Auflage
Gemeinschaftsausgabe der Verlage VEB F. A. Brockhaus Leipzig und Progress Moskau

Lizenz-Nr. 455/150/60/83, LSV 5319
Lektor: Ursula Sträubig
Kartenredaktion: Helmut Sträubig
Schutzumschlag und Einband: Lothar Gabler
Kartenzeichnung: Helga Paditz
Satz und Druck: UdSSR
Redaktionsschluß: 30.6.78
Bestell-Nr.: 587 081 9
Preis: 10,80 M

Statt einer Einleitung

Das Eismeer, das sind chaotisch aufgetürmte Eisschollen und Eisblöcke, lange, frostklirrende Polarnächte, tosende Schneestürme... Man möchte meinen, daß in dieser Einöde und dazu noch auf der Eisoberfläche kein Leben möglich sei, zumindest nicht für einen großen Warmblüter. Und doch lebt gerade hier eins der größten Landraubtiere unserer Erde — der Eisbär.

In unseren Tagen richtet sich das Interesse der Biologen immer stärker auf diese Tierart. Die Forschung bemüht sich, die erstaunliche Fähigkeit der Anpassung des Eisbären an das Leben in Frost und Eis, an die langen Hungerperioden und ganz allgemein an den äußerst sparsamen Energieverbrauch zu ergründen, sie versucht, das Geheimnis des bemerkenswert hohen „Wirkungsgrades" seines Organismus zu lüften. Denn im Gegensatz zu seinem braunen Artverwandten fällt der Eisbär nicht in einen regelmäßigen Winterschlaf, er verkriecht sich nicht vor den Unbilden und Entbehrungen der Polarnacht, sondern scheint sie „bewußt" zu suchen. Sommers wie winters unternimmt er ununterbrochene, aber zielstrebige Wanderungen durch die driftenden Eismassen. Er besitzt ganz besondere Orientierungs- und sogar Navigationsfähigkeiten, das heißt, er kann entsprechend der Bewegungsrichtung und -geschwindigkeit der Eismassen auf seinem Wege erforderliche Kurskorrekturen vornehmen. Der Mechanismus dieser Fähigkeit ist allerdings bisher noch nicht erforscht.

Nicht nur Wissenschaftler, sondern auch zahlreiche Naturfreunde und Naturschützer sind um das Schicksal der Eisbären besorgt, denn deren Zahl ist nicht mehr allzu groß. Leider ist dieses bemerkenswerte „biologische Modell", diese schönste lebende Zierde arktischer Weiten von der völligen Ausrottung bedroht...

Mit Eisbären und anderen Tieren der Arktis, mit der Suche nach Wegen zu deren Schutz befasse ich mich zusammen mit meinen Freunden (der Leser wird sie in diesem Buch noch kennenlernen) bereits seit Jahren. Wir haben hauptsächlich auf der Wrangel-Insel gearbeitet, wo sich die meisten „Wochenstuben" der Eisbären befinden.

In diesem Buch möchte ich über unsere Arbeit auf dieser Insel und deren vierbeinige und gefiederte Bewohner berichten; die „Hauptperson“ wird jedoch der Eisbär sein. Wenn es mir gelingt, unter meinen Lesern neue Freunde dieser Tierart und aller übrigen schutzbedürftigen Tiere in der Arktis zu gewinnen, Freunde, die sich auch für deren Schutz einsetzen, so hat mein Buch seinen Zweck erfüllt.

An der Grenze der beiden Hemisphären

Die Wrangel-Insel liegt im äußersten Nordosten der Sowjetunion. Im Sommer, wenn die Sonne dort überhaupt nicht untergeht, ist die Insel in Nebel gehüllt, in der langen Polarnacht rasen Schneestürme über sie hinweg. Die Wrangel-Insel ist ein typischer und doch ungewöhnlicher Teil der rauhen Arktis.

An den Gestaden des Eilands treffen sich die Ostsibirische See und die Tschuktschensee. Der 180. Längengrad teilt sie in zwei fast gleich große Teile, die eine Hälfte gehört der westlichen, die andere der östlichen Hemisphäre an.

Die Insel ist gebirgig, doch wechseln die Gebirgszüge mit ihren erhabenen, das ganze Jahr über schneebedeckten Gipfeln mit weiten, ebenen Tundren ab. Die Vegetation ist, wie überall in der Arktis, spärlich, ausgedehnte Flächen sind von öden, toten Schuttfeldern bedeckt, wie eine Rinde überziehen verschiedenfarbige Flechten die Steine. Die blaßgelben Blüten des Polarmohns öffnen sich über dem Erdboden, weit verstreut stehen Büschel von Steinbrech und Vergißmeinnicht, deren Blüten sich auf winzigen Stengeln der Sonne entgegenrecken. In den Tälern der großen Flüsse dagegen kann man richtige Oasen antreffen. Hier gedeihen üppige Gräser, Weidengestrüpp wird über einen halben Meter hoch, hier tummeln sich Schmetterlinge, erschallen ständig Vogelstimmen, lassen Hummeln ihr tiefes Brummen hören.

Auf Landkarten ist die Insel schon lange kein „weißer Fleck" mehr. In Dutzenden von Aufsätzen und Büchern findet man Natur, Bodenschätze, die Geschichte der Erforschung und Erschließung dieses Gebietes beschrieben, und dennoch steht die Insel unvermindert im Interesse der Forschung. Fast jeden Sommer trifft man hier irgendeine Expedition. Für die Inselbewohner gehört der Aufenthalt solcher Expeditionen schon zum Frühling wie Schneeschmelze oder Ankunft der Zugvögel. Es kommen Geographen und Geologen, Klimatologen und Ethnographen, am interessantesten aber ist die Wrangel-Insel wohl doch für den Zoologen. Gewiß kann man die hier heimischen Tiere in der Regel auch in anderen Teilen der Arktis antreffen, dafür aber weist die Inselfauna unter anderem bei Vögeln und Insekten eine Reihe lokaler Unterarten auf, wobei einige Arten nur hier eine sehr hohe Konzentration erreichen oder die Artenzusammensetzung für hohe Breiten ungewöhnlich ist.

In der Tat befinden sich auf der Insel die größten „Wochenstuben“ der Welt für Eisbären, die größte Brutkolonie der Schneegans, der größte Küstenliegeplatz für Walrosse. Die großen „Vogelbasare“ der Insel könnte man nach Artenzusammensetzung und Lebensweise ihrer Bewohner als typisch arktisch ansehen, doch brütet hier zum Beispiel die Meerscharbe, die nur für die Küsten des nördlichen Pazifik charakteristisch ist. In nächster Nachbarschaft mit Ringelgänsen, die die höchsten Breiten der Arktis bewohnen, ziehen hier Birkenzeisige ihre Jungen auf, eine Art, die viel weiter südlich heimisch ist.

Es war schon immer mein Wunsch gewesen, einmal diese Insel zu besuchen, ihre Natur, das Leben der Vögel und Säugetiere kennenzulernen. Zum ersten Mal erfüllte er sich im Sommer 1960, und der kurze Besuch verstärkte nur mein Interesse für diese Insel. Wenn es tatsächlich einen „Polarbazillus“ gibt, der den Menschen mit unheilbarer Sehnsucht nach den Weiten der Arktis infiziert und ihn zwingt, immer und immer wieder dorthin zurückzukehren, dann muß dieser „Krankheitserreger“ auf der Wrangel-Insel in einer seiner „gefährlichsten“ Spielarten vorkommen. So war es denn nicht verwunderlich, daß ich die Insel wieder aufsuchte, zuerst 1964, dann nochmals 1969 als Teilnehmer kleiner biologischer Expeditionen.

Die Wrangel-Insel gehört der Fläche nach zu den mittelgroßen arktischen Inseln. Ihre größte Länge beträgt etwa 160 Kilometer. Von der Küste der Tschuktschen-Halbinsel trennt sie die fast 140 Kilometer breite De-Long-Straße.

Das Relief der Insel ist stark gegliedert. Der größere Teil wird von Bergland eingenommen, das drei parallel verlaufende Gebirgszüge bildet. Im Westen und Osten werden diese flacher und brechen zum Meer hin steil ab. Die südliche Gebirgskette ist noch verhältnismäßig niedrig und zieht sich unweit der Inselküste hin. Weiter landwärts erhebt sich die mittlere, die Hauptkette mit dem etwa 1100 m hohen Gipfel Sowjetskaja, der höchsten Erhebung der Insel. Die Nordkette ist die flachste. Sie besteht aus vereinzelten Erhebungen

und sanften Hügeln, die allmählich in eine weite, versumpfte Ebene, die Akademie-Tundra, übergeht.

Den hiesigen Winter — die längste Jahreszeit — zeichnen anhaltende Fröste, heftige Winde und eine nicht sehr mächtige und zudem ungleichmäßig hohe Schneedecke aus. Frühfröste und Schneefälle sind hier auch im Sommer keine Seltenheit, besonders kalt aber ist es im Februar und im März, wenn die Lufttemperatur über Wochen nicht über minus 20—30 ° C ansteigt. Zuweilen verwandelt sich der Wind in einen Schneesturm. Mit Orkangeschwindigkeit treibt er Schneestaub über die Insel, bläst die Gipfel der Berge kahl und türmt in den Senken Schneewehen auf, die fast so hart wie Beton sind.

Die Sommer sind an der Küste der Insel gewöhnlich kühl, neblig und regnerisch. In den zentralen, durch das Gebirge vom Meer abgeschirmten Teilen ist es bedeutend wärmer, und hier bricht auch öfter einmal die Sonne durch. In manchen Jahren gibt es sogar ausgesprochen heiße Tage. Dann baden die Inselbewohner in den kleinen Flüssen und lassen sich an dem herrlichen Sandstrand von der Sonne bräunen. Solche Tage gab es zum Beispiel im Sommer 1960.

Die Insel weist ziemlich viel Flüsse auf, doch die meisten sind nur im Frühjahr während der Schneeschmelze wasserreich. Im Sommer werden sie sehr seicht, und im Herbst verwandeln sie sich in kümmerliche Bächlein. Eine Ausnahme bilden nur die größten Flüsse — die Mamontowaja und der Clark —, für die die Bezeichnung „Bach“ auch im Herbst nicht zutrifft. Die Seen sind hier klein, flach und vorwiegend auf die Akademie-Tundra konzentriert. Die Inselküste steckt den größeren Teil des Jahres in einem Eispanzer und ist von chaotisch aufgetürmten Eisblöcken umgeben. Ende Juli und im August wird sie gewöhnlich eisfrei, doch schon im September/Oktober schließt sich der Eisring wieder. In manchen Jahren öffnet sich das Meer an der Insel überhaupt nicht.

Interessant ist die geologische Vergangenheit der Insel. Noch im Quartär war sie ein Teil von Beringia, einer ausgedehnten Landbrücke zwischen Asien und Amerika, und hatte ein anderes Aussehen als heute. Nach Ansicht der Geologen stellte sie eine leicht hüglige Ebene dar mit einer Gruppe nicht sehr hoher Berge im zentralen Teil und mit einigen breiten Flußtälern. Vor etwa 50 000 Jahren trennte das Meer die Insel vom Festland. Es kam dann zu Hebungen und Brüchen der Erdrinde, die Insel unterlag der Verwitterung, dem Einfluß von Meerwasser und Ufereis, sie erlebte mehrere Vereisungen, wenn auch die Gletscher hier nicht sehr ausgedehnt waren und nicht die ganze Insel bedeckten.

Die meisten Forscher sehen in Beringia das Zentrum für die Entwicklung der arktischen Fauna und Flora. Von der Tierwelt, die das Gebiet ehemals bevölkerte, zeugen freilich nur noch die Überreste von Mammut- und Rentierknochen, die die Flüsse der Insel aus den Ufern auswaschen. Dafür ist die Vegetation der Insel sehr eigentümlich, artenreich und durch hohes Alter gekennzeichnet. So hat man hier allein hundertsechzig Arten Kräuter, Sträucher und Zwergsträucher gefunden, während man auf den Neusibirischen Inseln nur sechsundsiebzig, auf Sewernaja Semlja sechsundvierzig, auf Nowaja Semlja siebzig und auf dem Franz-Joseph-Land gar nur sechsunddreißig Arten kennt. Die Inselflora weist viele Reliktformen auf. Die ursprüngliche arktische Pflanzenwelt hat sich demnach auf diesem „Bruchstück" von Beringia halten können, sie wurde nicht durch die Gletscher vernichtet, gleichzeitig verhinderte das Meer das Eindringen späterer Immigranten von Süden.

Heute ist die Vegetation fast überall niedrig und bildet im allgemeinen keine geschlossene Pflanzendecke aus. Ursache hierfür sind die kurzen, kalten Sommer und die strenge Kälte, Schneestürme und die dünne Schneedecke im Winter. Der erste Erforscher der Pflanzenwelt der Wrangel-Insel, der namhafte sowjetische Botaniker und Arktiskenner B. N. Gorodkow, zählt das Gebiet zur Zone der „arktischen oder Polarwüsten". Er unterscheidet hier den Bereich der eigentlichen arktischen Wüsten mit äußerst kümmerlicher und artenarmer Vegetation und die Tundrabereiche mit Flechten. Auf gut gedüngten Böden, zumeist an Vogelbergen oder um Kolonien von Landvögeln herum, trifft man sogar alpine Matten an. Die Akademie-Tundra ist reich an Moosmooren. In Talkesseln, wo sich im Winter tiefer Schnee anhäuft, wächst Weidengestrüpp, das hier als Wald bezeichnet wird.

Ungewisse Kunde über die Existenz dieser Insel erhielten russische Entdeckungsreisende von den Tschuktschen und Eskimo auf der Tschuktschen-Halbinsel bereits Mitte des siebzehnten Jahrhunderts. Auf Landkarten wurde sie allerdings erst zweihundert Jahre später „geboren", und auch das vorerst nur als hypothetisch angenommenes Land. Erst 1881 gelang es, auf der Insel zu landen. 1911 wurde die russische Flagge gehißt, ständig bewohnt wird sie jedoch erst seit 1926. Ihren Namen erhielt die Insel vor rund hundert Jahren zu Ehren des berühmten russischen Geographen und Forschungsreisenden des vergangenen Jahrhunderts F. P. Wrangel.

Eskimo und Tschuktschen, die Polarfüchse und Meerestiere jagen, Rene und andere Tiere halten, leben also seit etwa fünfzig Jahren ständig auf der Insel. Und doch macht sie den Eindruck, als habe es hier schon immer Menschen gegeben: In der Siedlung, die nach G. A. Uschakow, dem ersten sowjetischen Inselvorstand, der bei der Erschließung und Erforschung der Insel Pionierarbeit leistete, benannt wurde, stehen an den drei Straßen ganz normale, aus Balken gefügte Doppelhäuser, wie man sie auch vom Festland her kennt, sind elektrische Leitungen gezogen. Wie in jeder anderen medizinischen Einrichtung der Welt leistet der Arzt des hiesigen Krankenhauses Hilfe, wenn neue Erdenbürger das Licht der Welt erblicken, operiert er einen entzündeten Appendix oder zieht kranke Zähne. Die Schüler schreiben Diktate und lernen das Einmaleins. Auf der Post kann man Briefe und Telegramme aufgeben, und der Briefträger stellt den Abonnenten verhältnismäßig neue Zeitschriften und Zeitungen zu.

Die kürzeste Entfernung zwischen der Wrangel-Insel und Moskau beträgt über 6000 Kilometer, bis zum nächsten Verwaltungszentrum des Gebietes Magadan* sind es über 2000 Kilometer, doch das bedeutet nicht, daß die Insel „hinter dem Mond" liegt.

Wenn man heute hier viele Vorzüge der Zivilisation genießt, erinnert man sich unwillkürlich der ersten Inselbewohner, jener Menschen, die mit der Erschließung der Insel begannen. Die Entfernung zum Festland und zu den großen Städten erschien ihnen alles andere als kurz. Jeder Schritt auf dem damals noch unerforschten und öden Eiland war für die ersten Inselbewohner voller Überraschungen, Beschwernisse und Prüfungen.

Die Schwierigkeiten begannen eigentlich schon vorher. So war es zum Beispiel durchaus nicht einfach, Menschen zu finden, die sich auf der Insel ansiedeln wollten. Am 8. August 1926 landeten mit Uschakow hier fünfundfünfzig Personen, einschließlich Frauen und Kinder. Darunter befanden sich der Inselvorstand selbst, ein Arzt, der Lehrer I. M. Pawlow, der sein bisheriges Leben auf der Tschuktschen-Halbinsel verbracht hatte, zudem ein guter Jäger war und die Eskimosprache ausgezeichnet beherrschte, ferner der russische Jäger Skurichin mit seiner Familie sowie neun Eskimofamilien, die sich entschlossen hatten, ihre heimatlichen Siedlungen auf dem Festland zu verlassen. Die Frage der Übersiedlung Skurichins wurde schnell entschieden. Uschakow hatte ihn in Petropawlowsk-Kamtschatski ausfindig gemacht, wo das Schiff mit den Überwinterern eingelaufen war, um Kohle zu bunkern.

---

* Verwaltungsmäßig gehört die Wrangel-Insel zum Nationalkreis der Tschuktschen innerhalb des Gebiets Magadan.

„‚Kommen Sie mit zur Wrangel-Insel?‘

Der Jäger überlegte einen Augenblick. ‚Hm, was kann man dort anfangen? Gibt es denn dort irgend etwas?‘

‚Pelztiere gibt's dort‘, antwortete Uschakow, ‚Polarfüchse, Eisbären, Meeressäuger.‘

Skurichin dachte weiter nach. ‚Gold gibt's wohl dort nicht?‘

Uschakow breitete die Arme aus: ‚Weiß ich nicht, vielleicht auch das. Wenn wir da sind, werden wir ja sehen.‘

Man besprach noch verschiedene Fragen, zum Beispiel die der Versorgung der Überwinterer, Preise für Felle und Entlohnung, dann erkundigte sich Skurichin interessiert: ‚Wann läuft denn das Schiff aus?‘

‚Morgen. Sobald wir Kohle und etwas Ladung an Bord haben, geht's los.‘

‚Gut, ich überleg's mir.‘

Drei, vier Stunden nach diesem Gespräch rumpelte ein mit allem möglichen Hausrat hoch beladener Wagen durch die Straßen von Petropawlowsk. Obenauf saßen eine füllige Frau und ein kleines Mädchen. Skurichin ging neben dem Wagen her, hielt die Zügel und trieb das Pferd an. Uschakow war erstaunt über die Fähigkeit dieses Menschen, so schnell Entschlüsse zu fassen und sozusagen alle Brücken hinter sich abzubrechen. Innerhalb weniger Stunden hatte es Skurichin geschafft, sein Haus zu vermieten, die Kuh zu verkaufen und sich und seine Familie samt Hausrat einzuschiffen.“

So beschreibt A. I. Minejew, der von 1929 bis 1934 die Insel verwaltete, nach den Worten Uschakows diese Episode.

Mit den Eskimo einig zu werden, halfen Uschakow der Zufall und sein Mut. Minejew beschreibt das so:

„Kaum stieß das Boot mit dem Bug auf Sand (bei einer Siedlung in der Prowidenje-Bucht auf der Tschuktschen-Halbinsel — S. U.), da sprang Uschakow schon ans Ufer. In diesem Augenblick kamen aus einer Jurte am Strand zwei nackte, nur mit einem Lendenschurz bekleidete kleine Mädchen gelaufen, gefolgt von einem alten Mann mit einer Harpune in der Hand. Die verängstigten Mädchen liefen an Uschakow vorbei, wenige Schritte hinter ihnen rannte der Alte. Uschakow stellte ihm ein Bein, und der alte Mann fiel der Länge nach hin. Sekunden später rappelte er sich wieder auf, drehte sich zu Uschakow um und hob die Harpune wie eine Lanze stoßbereit hoch über den Kopf. Die Augen des alten Mannes waren weit aufgerissen, blickten irre und glühten vor Wut.

Eine Bewegung Uschakows — und die Harpune hätte ihm die Brust durchbohrt. Aber er stand unbeweglich da und blickte dem alten Mann gerade in die Augen. Der verharrte wie gebannt. Im nächsten Moment blitzte in seinen Augen so etwas wie Einsicht auf, seine Hand zitterte und sank langsam herab. Heiser fragte der Alte:

‚Du immer so machen?‘

‚Immer!‘

‚Vielleicht du gut machen.‘

Nach einigem Zögern verschwand der Alte in der Jurte.

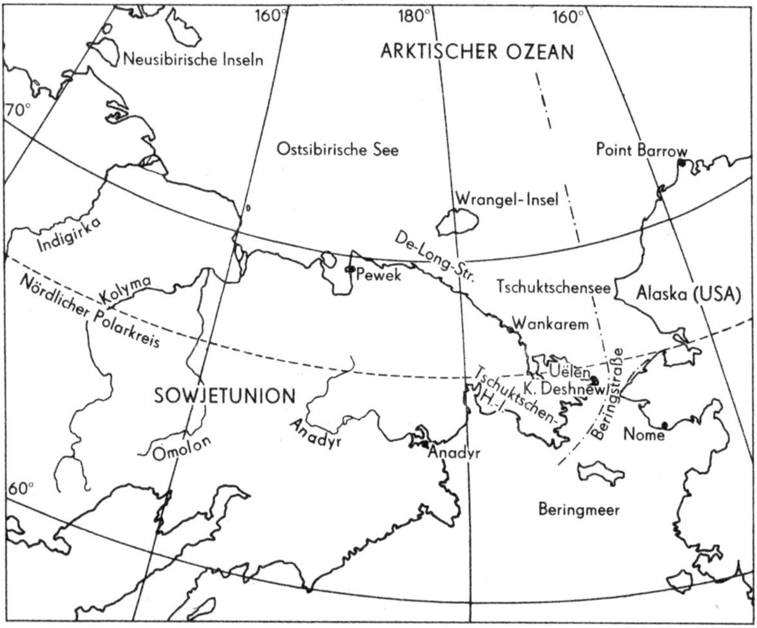

Bald kamen die Mädchen wieder zurück. Schluchzend und etwas verlegen erklärten sie Uschakow, daß der fürchterliche Alte der berühmte, tapfere Jäger Ierok sei, der allgemein geachtet werde, daß sie seine Töchter Taslekak und Nanehak seien. Unglücklicherweise hatte Ierok bei Matrosen der ‚Anadyr' Alkohol eingehandelt und sich sinnlos betrunken. Wäre Uschakow nicht dazwischengetreten, hätte er seine Töchter vielleicht erschlagen... Am Morgen traf bei der ‚Stawropol' (dem Schiff, das die Überwinterer zur Wrangel-Insel bringen sollte — S. U.) ein Paddelboot mit dem alten Ierok ein. Ierok kam an Bord und fragte, wo der ‚umilek' (Chef) sei. Man führte ihn zu Uschakow. Dieser begrüßte ihn ungezwungen wie einen alten Bekannten. Etwas verwirrt meinte Ierok:

‚In der Nacht war ich betrunken, darum habe ich schlecht geredet. Jetzt ist mein Kopf klar, und ich kann gut sprechen.'

Uschakow erzählte ihm, weshalb er zur Wrangel-Insel wolle, teilte ihm mit, daß er Jäger und Fänger benötige, und fragte:

‚Kommst du mit mir auf die Insel, Polarfüchse, Walrosse und Eisbären jagen?'

Ierok überlegte und antwortete dann mit Nachdruck: ‚Du tust recht. Du bist ein guter Mensch. Deshalb gehe ich mit dir.'

‚Überlege dir das, Ierok, dort ist bisher noch niemand gewesen.'

‚Ich nicht wissen, wo die Insel ist. Ich wissen, daß du ein guter Mensch bist. Ich bin fertig mit Denken. Ich fahre.'

Das Einverständnis Pawlows und Ieroks, mit ihm zur Insel zu fahren, machte

schlitten kann man jederzeit in die Siedlung fahren und einen Nachbarn oder Freund besuchen, mag er auch am entgegengesetzten Ende der Insel wohnen. Kommt man dann aus der Kälte ins Haus, ist es angenehm, am geheizten Ofen zu sitzen, und wenn schließlich auch der Fang erfolgreich ist, erscheint einem sogar der Frost nicht mehr so streng, und alle Mühsal ist vergessen.

Im April endet die Fuchssaison, und die meisten Inselbewohner kehren wieder in die Siedlung zurück. Die Straßen beleben sich, im Laden und im Klub ist Betrieb. Die Fänger haben jetzt mehr als sonst Zeit, wenn es natürlich auch immer etwas in der Hauswirtschaft zu tun gibt und die Fuchsfelle gesäubert und zur Abgabe vorbereitet werden müssen. Oft steigt jetzt morgens vom Badehaus Rauch auf, das den größeren Teil des Jahres nur sonnabends geheizt wird. Mehr zu tun hat nun auch der Filmvorführer, denn der Kinosaal des Klubs füllt sich schon ab Mittag und bleibt bis Mitternacht besetzt.

Am Vorabend des 1. Mai prangt die Siedlung im roten Fahnenkleid. Im Laden ist Hochbetrieb. Die Hunde erhalten eine Extraration, Schlitten und Hundegeschirr werden in Ordnung gebracht. Obwohl die Häuser noch völlig zugeschneit sind, bereitet sich die Insel auf die Maifeiertage vor. Wie auch in der Bolshesemelsker Tundra im Norden des europäischen Teils der UdSSR finden hier traditionelle Wettkämpfe statt: Wettrennen von Hundegespannen und Scheibenschießen. Mag der Preis für den Besten auch nur symbolische Bedeutung haben, der Sieger nimmt ihn doch mit sichtlichem Stolz entgegen.

Im Mai beginnt die Jagd auf Ringelrobben. Sie ist nicht so beschwerlich wie die Polarfuchsjagd, doch erfordert auch sie Können und Ausdauer. Die Robben kriechen auf das Eis, um sich zu sonnen, und schlafen auch ein, aber ihr Schlaf ist so leicht, daß sie bei der geringsten Gefahr in ihrem Eisloch verschwinden. Der Jäger muß sich mit seinem Hundeschlitten durch ein Labyrinth von Eisblöcken hindurchkämpfen, muß aus seiner Deckung hervorkriechen und mit sicherem Schuß aus hundert und mehr Meter Entfernung die Robbe am Kopf treffen. Ein Fehlschuß genügt, und alle Robben sind verschwunden. Dann muß er weiterfahren, sich wieder den Weg durch das Gewirr von Eisbrocken bahnen und sich an eine andere Robbe heranschleichen. Diese Jagd wird so lange betrieben, wie sich das Randeis hält. Sie ist für die Bevölkerung von nicht geringer Bedeutung. Robbenfleisch wird als Futter für Schlittenhunde verwendet, es wird bis zum Winter aufbewahrt und dient dann als Köder für Polarfüchse. Auch der Mensch verschmäht das Fleisch nicht. Koteletts oder Braten aus Robbenfleisch ziehen nicht nur Eskimo und Tschuktschen, sondern auch viele russische Inselbewohner dem Konservenfleisch vor. Die Leber der Ringelrobbe gilt im Norden ganz allgemein als Delikatesse. Nicht weniger begehrt sind für den Jäger die Robbenfelle. Aus ihnen werden wasserdichte Hosen für den Sommer und Fellstiefel gefertigt. Die Rohfelle transportiert man auch zur Weiterverarbeitung zum Festland. Bei der Ringelrobbenjagd werden manchmal auch Bartrobben erlegt. Wenn die Ringelrobbe ein Gewicht von etwa hundert Kilogramm erreicht, so kann eine Bartrobbe dreihundert und vierhundert Kilogramm wiegen. Ihr Fleisch ist ebenfalls eßbar, das Fell unersetzlich bei der Herstellung von Hundegeschirren; aus ihm werden beste Sohlen für die Fußbekleidung und feste, leichte Riemen für die Walroßjagd gefertigt. Die Jagd auf diese Robbe ist recht beschwerlich. Bartrobben sind noch vorsichtiger als Ringelrobben, sie liegen einzeln auf dem Eis und stets unmittelbar am Rand einer Wake. Um bis auf Schußweite an ein Tier heranzukommen, muß der Jäger manchmal stundenlang über wie Reibeisen scharfe, teilweise unter Wasser stehende Eisschollen kriechen und lange in denkbar unbequemer Haltung in Pfützen ausharren.

In den Sommermonaten werden nebenbei auch Vögel gejagt. Mit dem Wesdechod (geländegängiges Fahrzeug) oder dem Traktor fahren die Jäger zu ihren Jagdhütten, bringen sie in Ordnung und schaffen Robbenfleisch, Heizmaterial, Verpflegung und Munition hin. Nicht wenige Inselbewohner fahren im Sommer aufs Festland, um dort Verwandte zu besuchen, manchmal auch, um sich eine Braut oder einen Bräutigam zu suchen.

Den Frauen mangelt es das ganze Jahr über nicht an Arbeit, im Sommer aber haben sie besonders viel zu tun. Die aufwendigste Beschäftigung der Eskimo- und Tschuktschenfrauen ist die Anfertigung von Pelzkleidung und Schuhwerk für die ganze Familie. Beides wird hauptsächlich im Winter getragen, im Sommer nur bei der Jagd auf Meerestiere. Ansonsten trägt die Inselbevölkerung im Sommer Konfektionsbekleidung. Der Schnitt der Rentierfellmäntel, Stiefel,

Pelzstrümpfe, Hosen, Hemden und der Winterkombination für die Frauen — Kerker genannt — sowie die Art ihrer Anfertigung haben sich im Laufe von Jahrtausenden entwickelt. Deshalb folgt man beim Nähen der Kleidung, bei dem grundsätzlich Rentier- oder Walroßsehne verwendet wird, einem bestimmten Grundschnitt. Gleichzeitig aber trägt jedes Stück die „Handschrift" der Näherin und spiegelt deren Geschmack wider. Kleidung oder Schuhwerk können also nicht nur haltbar und bequem, sondern auch schick sein. Solch Talent ist nicht nur der Stolz der Näherin, sondern auch der ihres Mannes.

Im Laufe des Sommers muß die Winterbekleidung fertiggestellt werden, denn sie hält bestenfalls zwei Winter. Ständig müssen auch die Sohlen an den Torbasen (den Stiefeln) erneuert werden, denn auf Eis und Steinen sind sie schnell abgetragen. Dann muß auch für das ganze Jahr ein Vorrat an Pflanzen für Speise- und sonstige Zwecke angelegt werden.

Weit verbreitet ist die Ansicht, daß früher die Nahrung der Eskimo und Tschuktschen nur aus Fleisch bestanden habe. Das trifft jedoch nicht ganz zu. Die Bewohner des Nordostens von Asien nehmen genau wie wohl überhaupt die Bewohner der Arktis gern und bei jeder Gelegenheit auch Pflanzenkost zu sich. Manche Pflanzen werden frisch genossen, andere eingesäuert und im Winter als Beilage gereicht. Heute essen die Bewohner des Nordens neben dem üblichen Brot und Grütze auch Obst und Gemüse sowie verschiedene einheimische eßbare Pflanzen (nach Angaben von Prof. Tichomirow verwenden die heutigen Tschuktschen in den Tundren im Nordostzipfel von Asien regelmäßig fünfzig Arten von Gräsern, Zwergsträuchern und Algen für Speisezwecke). Bei der Zurichtung der Häute und Felle gebrauchen sie Pflanzen zum Gerben und Färben. Deshalb gehen die Frauen an schönen Sommertagen, mit speziellen Haken versehen, in die Tundra. Wenn sie zurückkehren, sind sie mit Läusekraut und Steinbrech, mit Weidenzweigen und verschiedenen Wurzeln schwer beladen.

Nach dem Aufbrechen der Eisdecke auf dem Meer beginnt die Jagd auf Walrosse. Vom Erfolg der Jagd hing bis in die jüngste Vergangenheit für Eskimo und die an der Küste lebenden Tschuktschen ihr Auskommen ab. Das Walroß lieferte ihnen Fleisch zur eigenen Ernährung, Futter für die Schlittenhunde und Häute zum Bau ihrer Unterkünfte und Boote. Mägen und Därme dienten zur Fertigung wasserundurchlässiger Kleidung und verschiedenen Hausgeräts, Walroßsehnen ersetzten den Nähfaden. Selbst die Knochen fanden Verwendung, nämlich beim Bau von Booten und Schlitten. Knochen dienten auch als Küchengeschirr, zum Beispiel das Schulterblatt, das als Schüssel genutzt wurde. Schließlich waren Walroßknochen Ersatz für Holz, man übergoß sie mit Tran und verheizte sie im Herd.

Es ist bezeichnend, daß die die Küsten bewohnenden Völkerschaften des Nordens verschiedene, manchmal sogar zahlreiche Bezeichnungen für alte und junge Walrosse, für Männchen und Weibchen kennen. Die Tiere — getrennt nach Alter und Geschlecht — finden auch in der Wirtschaft unterschiedliche Verwendung. Eskimo der Wrangel-Insel wie auch die der Tschuktschen-Halbinsel nennen alte Bullen antochpak, die Tschuktschen dagegen sagen kytchvaiju. Die Häute dieser Tiere sind sehr dick, runzlig und weisen viele Narben auf. Sie können überhaupt nicht verarbeitet werden. Auch das Fleisch taugt nicht viel, es ist zäh und hart. Ein altes Weibchen heißt in der Eskimosprache agnasalik, auf tschuktschisch nauryrka. Es liefert eine zwar dicke, aber dafür große Haut, die zum Bau von Baidaras zu gebrauchen ist. Das Fleisch ist ebenfalls zäh, aber nicht so zäh wie das alter Bullen. Die Haut eines jungen, aber schon ausgewachsenen Bullen, den die Eskimo als unkavak bezeichnen, ist besonders zur Herstellung von Riemen geeignet. Das Fleisch ist ebenso wie das junger ausgewachsener Weibchen, die in der Eskimosprache aivok heißen, recht gut im Geschmack und auch verhältnismäßig zart. Aus der Haut ganz junger Tiere, die die Eskimo kassekak und die Tschuktschen kairyrka nennen, lassen sich Sohlen für Torbasen schneiden. Ihr Fleisch ist besonders zart.

Die Bedeutung des Walrosses für die Inselbewohner hat sich natürlich in letzter Zeit beträchtlich vermindert, ist aber auch heute noch recht groß. Jede Wirtschaft verbraucht im Laufe des Jahres für Hundefutter, Köder für die Polarfüchse und zum Teil für die eigene Ernährung wenigstens fünf, sechs Tiere. Erheblich leichter wurde heute auch die Jagd auf Walrosse. Die Jäger fahren mit schnellen Motorbooten aufs Meer, die heranbugsierte Beute wird mit dem

Traktor ans Ufer gezogen, der auch beim Zerlegen der Tiere die Arbeit erleichtert.

Eine wesentliche Hilfe stellt die Rentierzucht für die Inselbewohner dar. Erst Mitte der fünfziger Jahre hatte man eine kleine Herde von der Tschuktschen-Halbinsel hierher gebracht. Es gab Bedenken, ob die umgesiedelten Tiere auf der rauhen Insel leben könnten und das ganze Jahr über genügend Futter zur Verfügung hätten. Doch die Ergebnisse des Versuchs übertrafen alle Erwartungen. Die Tiere überlebten nicht nur und vermehrten sich, so daß die Herde heute schon mehrere tausend Stück umfaßt, sondern sie haben sich inzwischen sogar positiv entwickelt. Wenn das durchschnittliche Fleischgewicht der Rentiere auf der Tschuktschen-Halbinsel bei fünfzig Kilogramm liegt, so erreichen die Tiere auf der Wrangel-Insel das anderthalbfache bis doppelte Gewicht. Die Tschuktschen-Rentiere magern zum Frühjahr stark ab, die von der Insel dagegen bleiben das ganze Jahr über fett. Dafür gibt es natürlich auch eine Erklärung: Auf der Insel kennt man weder Wölfe noch Mücken. Vielleicht liegt es auch daran, daß die Herde nicht von Hirten gehütet wird. Die Rentiere weiden dort, wo es ihnen gefällt, sie führen auf der Insel ein ungebundenes und ungestörtes Leben. Wahrscheinlich sind auch die Weidegründe hier nicht schlechter als auf dem Festland.

Im Jahre 1926, als die Erschließung der Insel noch in den Anfängen steckte, wurde eine Polarstation eingerichtet. Ihre Gebäude — Wohnhäuser, Werkstätten, Lagerschuppen und die Funkstation — befinden sich nur wenige Dutzend Meter von der Siedlung entfernt auf dem Sandstrand. Seit über vierzig Jahren werden hier nun schon regelmäßig Beobachtungen über Wetter und Schneeverhältnisse, Meer und Eisverhältnisse angestellt. Mehrmals am Tage funkt man Wettermeldungen zum Festland.

Das Leben der heutigen Inselbewohner hat natürlich trotz der recht guten Ausstattung der Siedlung seine Besonderheiten. Die einen sind charakteristisch für die Arktis überhaupt, andere nur dieser Insel eigen.

Dem Neuankömmling fallen vor allem die Hunde auf. Bei jedem Haus ist — sofern sie nicht gerade unterwegs ist — eine Koppel Hunde festgemacht, stehen mehrere Schlitten. Bellen, Heulen und Winseln gehören zum normalen Straßenlärm. Das Thema „Hund“, die Erörterung der Vorzüge und Mängel der vierbeinigen Helfer, nimmt in Gesprächen der Einwohner einen sehr breiten Raum ein. Ein gutes Hundegespann, um das ihn die Nachbarn beneiden, ist der Stolz seines Besitzers. Das nimmt auch nicht weiter wunder, ist doch der Hundeschlitten im Norden nach wie vor ein wichtiges Verkehrsmittel, und nach wie vor muß viel Mühe aufgewandt werden, um die Hunde mit Futter zu versorgen.

Nicht ganz einfach ist die Beschaffung von Wasser. Als „Rohstoff" dient fast das ganze Jahr über Schnee, der aus den nächstgelegenen Schneewehen gewonnen wird. Die Blöcke werden mit Sägen herausgeschnitten und dann mit Hunden zu den Häusern transportiert. Besonders lebhaft geht es in den „Schneebrüchen" an Sonnabenden, den Badetagen, zu. Als Heizmaterial verwenden die Inselbewohner hauptsächlich Steinkohle, die per Schiff herangebracht wird. Der große Kohleberg am Strand gefriert im Winter durch und durch, so daß sich die Einwohner beim „Abbau" der Kohle nicht weniger plagen müssen als die Bergleute.

Als Hauptnahrung dient den meisten Inselbewohnern Fleisch. Im Winter ißt man zu Hause und unterwegs mit dem Messer geschabtes gefrorenes, rohes Rentierfleisch, mit dem im Geschmack nur wenige „zivilisierte" Gerichte konkurrieren können. In russischen Familien reicht man zu dem Schabefleisch eine Soße aus Essig, Senf und Pfeffer. Eskimo und Tschuktschen essen das Fleisch meist ungewürzt. Sie haben aber dafür ihr eigenes scharfes Gericht — kopalgin genannt —, das ist Walroßfleisch, samt der Haut wie eine Roulade gewickelt und gesäuert. Kopalgin wird, wenn es sich so lange hält, auch noch im Sommer gegessen.

Wenn die Schüler hier im Unterricht den Eisbären behandeln, braucht mit ihnen keine Exkursion in den Zoo veranstaltet zu werden, den es natürlich auf der Insel auch gar nicht gibt. Es kommt vor, daß der Lehrer den Schülern im richtigen Moment vom Klassenfenster aus ein Exemplar in freier Wildbahn zeigen kann. Dafür ruft ein für mittlere Breiten ganz gewöhnliches Tier bei einem Einheimischen manchmal Staunen und Verwunderung hervor. Man erzählt sich zum Beispiel, welchen Eindruck hier die erste Ziege machte, die man zur Polarstation gebracht hatte. Nicht nur Kinder, sondern auch Hunde nahmen vor ihr Reißaus. Selbst alte Jäger, die schon manches in ihrem Leben gesehen, die mehr als einmal auf dem Meer Angriffe wütender Walrosse abgewehrt hatten, sahen sich, wenn sie ihr Haus verließen, erst vorsichtig um, ob dieses „gehörnte Ungeheuer“ nicht irgendwo in der Nähe war.

Bei den Eskimo und Tschuktschen von heute sind, obwohl keiner von ihnen mit Ausnahme der Alten in einer aus Fellen errichteten Jaranga gelebt hat, viele Bräuche der Vorväter lebendig. Diese Völkerschaften haben immer eine Vorliebe für Tänze gehabt, doch war der Platz, den ein Tänzer in der engen Jaranga dafür hatte, nicht größer als der, den die Sohlen seiner Stiefel einnahmen. Deshalb tanzt man auch heute noch in den geräumigen Holzhäusern nicht selten sitzend oder stehend, ohne sich von der Stelle zu bewegen. Bei den hiesigen Tänzen werden also nur Arme und Rumpf bewegt, doch mangelt es ihnen deshalb durchaus nicht an Dynamik und Ausdruckskraft. Vorwiegend werden Jagdszenen dargestellt.

Die Frauen verwenden heute noch scheinbar unpraktische, aber eben traditionelle, ehemals in der Jaranga übliche Geräte bis hin zu Messern von ganz ungewöhnlicher, halbmondförmiger Form. Auch heute noch haben Jäger, ja selbst Jugendliche, besondere Achtung vor dem Kolkraben, der „positiven“ Gestalt vieler Märchen und Sagen, die vor langer Zeit an langen Winterabenden in der Jaranga entstanden sind.

Obgleich es in den Häusern Stühle gibt, ziehen es Eskimo und Tschuktschen vor, auf dem Boden zu sitzen und auch dort zu arbeiten. Gewöhnlich werden Tische mit kurzen Beinen verwendet — auch das ist ein Tribut, den man der Vergangenheit zollt, als man noch unter der niedrigen Felldecke der Jaranga leben mußte.

Die Zahl der Bewohner ist auch heute noch nicht groß. Deshalb beeinflußten unsere Expeditionen, mochten sie auch nur wenige Teilnehmer haben, das Bevölkerungsbild der Siedlung doch merklich. An Zoologen weilten außer mir noch Felix Tschernjawski und Alexander Kistschinski hier. Ersterer gehörte zur Expedition 1964, Kistschinski gehörte 1969 dazu und arbeitete dann auch 1970 auf der Insel. Beide waren, obgleich man sie durchaus noch als junge Männer bezeichnen konnte, bereits erfahrene Forscher, Kenner der Arktis und Autoren vieler wissenschaftlicher Arbeiten. Zu unserer Expedition gehörten auch Jagdspezialisten, zum Beispiel Juri Gerassimow, ein bekannter Fachmann für die Betäubung von Wildtieren;

Botaniker fehlten ebenfalls nicht. 1964 hatten wir ferner den Kameramann Anatoli Popow, einen Meister seinen Faches, und seinen jungen Assistenten Igor mitgenommen. Unersetzliche Helfer bei unserer Arbeit waren uns die Jäger Wassili Nanaun, ein Eskimo, und der Tschuktsche Wanja Ulwelkot, hervorragende Kenner der Insel und deren Natur.

Unsere Expedition hatte die Aufgabe, das Leben seltener Tiere der Arktis — des Eisbären und der Schneegans — zu studieren und Maßnahmen zu deren Schutz und Regenerierung zu erarbeiten. Wir hatten auch die Vogelbasare zu untersuchen, den Polarfuchsbestand auf der Insel zu ermitteln und ganz allgemein die Inselfauna in ihrer Zusammensetzung zu erforschen. Schließlich galt es noch zu klären, ob sich die Insel für eine versuchsweise durchgeführte Akklimatisierung von Moschusochsen in der sowjetischen Arktis eigne. Einst waren diese Tiere auf der Insel weit verbreitet, und man findet heute noch fossile Reste auf der Insel, aber gegenwärtig haben sie sich nur noch im Norden Amerikas einschließlich Grönland gehalten. In einigen Gebieten, wie zum Beispiel Spitzbergen, sind in den letzten Jahrzehnten Moschusochsen eingebürgert worden. Ihr Fleisch ist gut, ihre Wolle erstklassig. Die Tiere sind äußerst genügsam, finden noch auf den kümmerlichsten Weideflächen der Kältewüsten ihre Nahrung und sind deshalb auch keine Konkurrenten von Rentieren. Es ist nicht ausgeschlossen, daß sie im Norden sogar domestiziert werden können. Die Frage der Einfuhr dieser Tierart in die UdSSR und ihre Einbürgerung wird deshalb schon seit langem von sowjetischen Zoologen diskutiert. Die Expedition konnte feststellen, daß klimatische Bedingungen, Relief und Ernährungsmöglichkeiten auf der Insel durchaus für Moschusochsen geeignet sind und einer Herde von maximal mehreren hundert Tieren Existenzmöglichkeit bieten. Von hier könnten dann wie von einer Zuchtstation aus Tiere auch auf anderen arktischen Inseln und Küstenabschnitten des Festlandes ausgesetzt werden.*

Hauptforschungsobjekt war aber dennoch der Eisbär. Neben der Klärung kaum oder überhaupt nicht untersuchter Fragen zur Biolo-

---

* Im Jahre 1974 wurde auf Taimyr die erste Gruppe Moschusochsen eingeführt. 1975 wurde aus Alaska eine Herde von 20 Tieren auf die Wrangel-Insel gebracht, und schon im Sommer 1977 waren auf der Insel die ersten Jungtiere zu sehen. — *Die Red.*

gie gehörte eine genaue Zählung der Eisbärenhöhlen zu unserem Programm. Damit hofften wir zu ermitteln, wie viele Eisbären in der Arktis leben, ob der Bestand zu- oder abnimmt.

Man muß wohl erwähnen, daß eine Ermittlung des Gesamtbestandes der Eisbären, die für die Einleitung von Schutzmaßnahmen außerordentlich wichtig ist, eine durchaus nicht leichte Aufgabe ist, denn die Tiere leben ja in riesigen, für den Menschen schwer zugänglichen Gebieten weit verstreut. Im Prinzip könnte man natürlich die Tiere vom Flugzeug aus zählen. Aber das wäre zu aufwendig und teuer. Um gleichzeitig die gesamte Arktis abfliegen zu können, brauchte man Dutzende von Flugzeugen. Außerdem sind die Eisbären im Sommer auf dem Eis oft im Nebel verborgen, im Winter durch die Polarnacht der Sicht entzogen. Schließlich ist es auch nicht gerade einfach, derartige Zählungen gleichzeitig in fünf Staaten durchzuführen, zu denen die Arktis und damit die Eisbären gehören. Darum muß man die Zählung auf einer verhältnismäßig kleinen Fläche durchführen und die ermittelten Werte auf das gesamte Verbreitungsgebiet der Art umrechnen, wobei natürlich erhebliche Fehler auftreten können, oder versuchen, indirekte Werte zu finden. Als solche könnte die Zahl der Eisbärenhöhlen in jenen Gebieten dienen, in denen die meisten „Wochenstuben" von Eisbären liegen. Diese Gebiete sind heute bekannt, und man kann auch mit annähernder Genauigkeit sagen, wie hoch der Anteil der Eisbärenhöhlen auf der Wrangel-Insel an deren Gesamtzahl in der Arktis und wie groß der Anteil der trächtigen Weibchen in den Höhlen am Gesamtbestand ist. Wenn man nun diese Zahlen kennt und weiß, wie viele Höhlen sich auf der Wrangel-Insel befinden, kann man zwar nur annähernd, aber mit relativ geringem personellem und materiellem Aufwand den gegenwärtigen Eisbärenbestand ermitteln. Werden dann die Zählungen in jedem Jahr wiederholt, läßt sich feststellen, ob der Bestand zunimmt oder sich verringert und ob die ergriffenen Schutzmaßnahmen ausreichend sind.

Nicht zuletzt gehörte es auch zu den Aufgaben der Expedition, Verfahren zur Betäubung und Markierung von Eisbären zu erproben. So ist die Markierung von Vögeln mit Fußringen aus Aluminium in der zoologischen Forschungsarbeit weit verbreitet. Dadurch läßt sich feststellen, wie und wohin die Tiere ziehen, ob die Brut und Überwinterungsgebiete konstant sind, wie groß die Lebenserwartung der Tiere ist und vieles andere. In unserem Falle war mit der Markierung eine spezielle Absicht verbunden, nämlich die, einen wirksameren Schutz der Eisbären zu erreichen. Denn nur so läßt sich klären, wie ausgedehnt die Wanderungen der Tiere sind, ob sie auf bestimmte Gebiete, etwa Meere oder deren Teile, beschränkt sind oder ob die Eisbären die gesamte Arktis durchstreifen und damit alle Tiere eine einheitliche, sich ständig vermischende Population darstellen. Im ersten Falle, das heißt, wenn es also tatsächlich „norwegische" und „kanadische" Eisbären geben sollte und solche, die nur in der UdSSR leben, wäre der Schutz eine innere Angelegenheit der jeweiligen Staaten. Im anderen Falle wird der Schutz der Eisbären zu einem internationalen Problem, das nur durch gemeinsame Bemühungen aller Arktisanliegerstaaten zu lösen ist.

Ein „Entbindungsheim“ für die Eisbären

Es ist der 20. März. Die Lufttemperatur steigt zwar auch tagsüber nicht über minus 20 °C, aber die Sonne wärmt doch schon spürbar. An den von der Sonne beschienenen Südhängen der Hügel zeigen sich schwarze Flecken. Hier ist der Schnee nicht getaut, sondern einfach verdunstet, ohne sich vorher in Wasser verwandelt zu haben.

Die Inselbewohner freuen sich über die Sonne, die unlängst über dem Horizont erschienen ist. Auf dem kleinen Erdaufwurf um das Haus sitzen die Mitarbeiter der Polarstation schon vom frühen Morgen an, ohne Hemd, nur mit Wattehosen und Filzstiefeln bekleidet, lassen sich von der Sonne bescheinen und unterhalten sich. Die Hunde räkeln sich wohlig blinzelnd im Schnee. Bei solchem Wetter nehmen auch die Lemminge gern ein Sonnenbad. Überall um die Siedlung herum sieht man im Schnee die Eingänge zu ihren Bauen.

Heute machen wir mit einem Kettenfahrzeug (Wesdechod) unsere erste Fahrt zum Osten der Insel. Trotz des recht bescheidenen Fassungsvermögens der Karosserie ist es vollgestopft mit Menschen. Außer unserer gesamten Expeditionsmannschaft fahren auch wachfreie Mitarbeiter der Polarstation als „Beobachter“ mit. Ein Faß mit Treibstoff mußte untergebracht werden, weiter die Filmkamera, irgendwelche Kisten und obenauf die Schachteln mit Knallkapseln und Rauchpatronen. Das übliche Durcheinander beim Aufladen und Einsteigen — und dann setzt sich unser Fahrzeug in Bewegung. Zuerst überquert es das Eis der Lagune, klettert den steilen Uferhang hinauf und schaukelt dann lange über die harten, gleichsam zu Stein gewordenen Schneeriffel (Sastrugi). Wenn das Fahrzeug schwerfällig über die Schneedünen springt und mit Schwung aufschlägt, sind seine Kettenspuren auf dem Schnee kaum erkennbar. Wir fahren eine Stunde, zwei Stunden, eine dritte. Durch die Schaukelei haben Menschen und Gegenstände alle ihren Platz gefunden, so daß es im Laderaum gar nicht mehr so beengt ist. Dann hat auch diese Fahrt ihr Ende. Wir sind am Oberlauf der Sneshnaja, einem vorher festgelegten, „erfolgversprechenden“ Abschnitt.

Wir nehmen für alle Fälle Karabiner oder Leuchtpistolen mit, stecken uns zwei, drei Knallkapseln in die Tasche und schwärmen zu zweit oder einzeln im Gelände aus. Mit Karabiner und Knallkapseln versehen, mache ich mich allein auf den Weg. Allmählich verhallen die Stimmen, das Knirschen der Schritte, und eine eigenartige, dröhnende Stille breitet sich um mich aus. Selbst der eigene Herzschlag und das Atemgeräusch scheinen als vielfach gebrochenes Echo von der Umgebung zurückgeworfen zu werden. Wie an der Küste scheint auch hier die Sonne frühlingsmäßig warm. In der Pelzkleidung schwitzt man, das Gehen fällt einem schwer. Ab und zu muß man die beschlagene Sonnenbrille putzen. Nimmt man sie ab, kneift man unwillkürlich die Augen zusammen, um sie vor dem vom Schnee reflektierten blendenden Sonnenlicht zu schützen. Ich überquere einige längliche Hügel, steige in eine tiefe Schlucht hinab und — stoße, für mich selbst unerwartet, auf eine Bärenhöhle.

Diese Höhle hatte die Bärin noch nicht geöffnet; ich hätte sie gut und gern übersehen können, zumal sie am Fuße des Hanges angelegt war und der Eingang von oben und von den Seiten von einer überhängenden Schneewächte verdeckt wurde. Das etwa faustgroße Atemloch an der Stirnseite konnte man ohne weiteres für einen Stein halten, der aus der Wehe herausragte. Doch die Spuren, die der Atem der Bärin und der Jungen hinterlassen hatte und die sich auf der bläulichweißen Schneewand als deutlich erkennbares gelbliches Muster abzeichneten, verrieten von hier unten die Höhle. Bei näherem Hinsehen erkannte ich auch Reif an den Rändern des Atemlochs und kleine, von der Wächte herabhängende Eiszapfen. Es gab keinen Zweifel — irgendwo hier ganz in der Nähe, vielleicht sogar direkt unter mir, lag die Eisbärin mit ihren Jungen. (Als ich Anfang Mai diese Stelle wieder aufsuchte, fand ich tatsächlich eine Höhle vor, die zwar schon von der Familie verlassen, aber noch gut erhalten war.) Die Bärin hörte natürlich die Schritte des Menschen und wird kaum über mein Auftauchen erfreut gewesen sein.

Später haben wir uns davon überzeugen können, daß man an eine bewohnte Höhle ohne jede Gefahr auch unbewaffnet ganz dicht herangehen kann. Das Schlimmste, was einem passieren kann, ist, daß die Bärin ihren Kopf für einen Moment durch den Schnee steckt und unmutig brummt. Diesmal aber griff die Hand ganz automatisch zum Gewehr auf dem Rücken. Ganz vorsichtig auftretend — denn der Gedanke, in die Höhle einzubrechen, war nicht gerade verlok-

es Uschakow leichter, Pelzjäger anzuwerben. Als er mit den Eskimo darüber verhandeln mußte, ob sie zur Insel mitkommen wollten, fragten alle zuerst, wer sonst noch fahre. Wenn sie hörten, daß Pawlow und Ierok schon zugestimmt hätten, zögerten auch sie nicht mehr."

Über die ersten Tage und Monate im Dasein der Inselbewohner berichten die knappen, aber sehr beredten Tagebuchaufzeichnungen Uschakows.

„Die Insel empfing uns alles andere als freundlich. Die ‚Stawropol', die uns hergebracht hatte, löschte Proviant und verließ die Insel am 15. August 1926. Von diesem Tage an hatten wir keine Verbindung mehr zum Festland. Innerhalb von drei Jahren statteten uns nur einmal Wasserflugzeuge einen Besuch ab. In diesen drei Jahren waren wir ganz allein auf uns selbst angewiesen und konnten nur auf unsere eigenen Kräfte rechnen...

Da wir absolut nichts über die bis dahin unbewohnte Insel, ihre Natur und die dortigen Lebensbedingungen wußten, war das erste Jahr für die Kolonie das schwerste. Den ganzen ersten Monat unseres Aufenthalts nahm der Bau von Unterkünften und Lagerschuppen in Anspruch.

Ebenso wichtig war für uns das Beschaffen von Fleisch. Die Kolonie, die vorwiegend aus Eskimo bestand und über hundert Hunde besaß, war ohne Fleisch dem Untergang geweiht.

So wurden alle Kräfte auf die Jagd konzentriert. Mehr als einmal mußten wir unser Leben riskieren, um die Kolonie nur halbwegs mit Walroßfleisch für den langen Polarwinter zu versorgen...

Der Nordost treibt das Eis in kompakter Masse die Küste entlang. Eine Meile vom Ufer entfernt bemerke ich auf einer Eisscholle eine kleine Walroßherde. Auch die Eskimo sehen die Tiere, doch heute laufen sie nicht schnurstracks zu den Booten, sondern stehen eng beisammen und blicken finster aufs Meer. Es lockt die Jäger heute nicht hinaus.

Der scharfe Wind peitscht auf dem offenen Wasser hohe Wellen empor. Hin und wieder hört man das Krachen berstender Eisschollen. Wo vor fünf Minuten noch offenes Wasser war, haben sich jetzt die Schollen fest zusammengeschoben. Das ist auch der Grund, weshalb die Eskimo, die sonst jederzeit bereit sind, Walrosse zu jagen, sich diesmal nicht vom Fleck rühren.

Meine einzige Hoffnung ist Ierok. Er ist ein tüchtiger Jäger und gilt als bester Steuermann an der ganzen Tschuktschenküste. Ich nehme ihn beiseite.

‚Ierok, wir haben kein Fleisch.'

‚Ja, Chef, wir haben kein Fleisch', stimmt Ierok zu.

‚Wir müssen hinaus!'

‚Ja, wir müssen hinaus.'

‚Warum rührt sich keiner?'

‚Du siehst doch, wie schnell das Eis treibt, was für ein schlimmer Wind ist! Sie haben Angst.'

‚Aber ein Winter ohne Fleisch ist noch furchtbarer.'

„Ja, Chef, du hast recht, ohne Fleisch ist der Winter furchtbar.'

‚Fährst du?'

‚Mit dir fahre ich. Und wenn wir sagen, wir müssen fahren, fahren sie auch.'

Wir nehmen unser Gewehr und gehen wortlos zum Boot. Pawlow, der unser Gespräch gehört hat, folgt uns, und dann schließen sich uns noch fünf weitere Eskimo an...

Die Polarnacht begann. Es war die erste und die schwerste im Leben der Kolonie. Ununterbrochene heftige Schneestürme und das Fehlen der Sonne machten jede längere Fahrt unmöglich. Die Fleischvorräte schrumpften schnell zusammen. Die Hunde mußten mit gekochtem Reis gefüttert werden, und wir verloren fast die Hälfte der Tiere.

Bald wurden auch die Menschen krank. Mehr oder weniger erkrankte nach und nach jeder in der Kolonie. Die Stimmung der Kolonisten sank von Tag zu Tag. Am 19. Januar 1927 forderte die Halsbräune unter ihnen ihr erstes Opfer: Der erfahrenste, treueste und tatkräftigste Eskimo, Ierok, starb...

Als ich in die Jurte kam, lag Ierok, in Felle gehüllt, da und phantasierte. Er atmete nicht, er röchelte, in seiner Brust rasselte es. Mir wurde klar, daß der Alte die Krankheit nicht überstehen würde. Sein Ende war nahe. Das Herz krampfte sich mir zusammen. Vor meinem geistigen Auge zogen Ereignisse vorüber, die wir zusammen erlebt hatten. Ich erinnerte mich, wie er einmal in einer dunklen Sturmnacht alle Jäger zusammentrommelte, um mich, Tatjana und Anakula zu suchen. Ich sah im Geiste seine kleine, untersetzte Gestalt im Scheine des Lagerfeuers, als er mir zur Seite stand und leidenschaftlich gegen den Aberglauben seiner Landsleute auftrat. Deutlich entsann ich mich gemeinsamer Jagderlebnisse, sah die langen Abende an mir vorüberziehen, die wir zusammen im Zelt verbracht hatten... Ich verlor einen Menschen, der mich verstand, der mir ein unersetzbarer Kamerad war, mit dem mich fünf Monate gemeinsamen Lebens und Kampfes fest verbunden hatten...

Die Fleischversorgung besserte sich nicht. Viele von uns wurden krank. Das alles rief bei den abergläubischen Eskimo den Gedanken wach, daß auf der Wrangel-Insel ein ganz böser Teufel wohne, der nicht dulde, daß in seinem Reich Menschen leben...

Als ich nach der Krankheit wieder auf den Beinen war, fuhr ich zur Nordseite, wo nach Meinung der Eskimo das Hauptquartier des Teufels lag, und konnte zu meinem Glück einen Eisbären erlegen. Das war ein Schlag gegen den Teufel. Die Jäger kamen zu der Überzeugung, daß der Teufel wohl doch nicht so mächtig sei, wie sie gedacht hatten, und zogen wieder zur Jagd aus..."

Das Leben der ersten Inselbewohner war hart, aber die Menschen wurden mit den Schwierigkeiten fertig und gingen aus dem Kampf mit Frost und Schneesturm, mit Orkan und Hunger als Sieger hervor. Sie jagten, machten topographische Aufnahmen, beschrieben die Insel, führten meteorologische Beobachtungen durch, sammelten Mineralien und Gesteine und legten zoologische Sammlungen und Herbarien an.

„ ‚Hatten Sie nicht Heimweh?‘

Diese Frage stellt man mir heute oft.

Ich antworte gewöhnlich: ‚Ja, ich habe Heimweh. Nach der Insel, nach meinen Eskimogefährten, nach meinem Hundegespann und den Schneestürmen.‘

Wegen der Eisverhältnisse warteten wir in diesem Jahr (1928 — S. U.) nicht auf den Dampfer und bereiteten uns auf die vierte Überwinterung vor. Die ‚Lietke‘ kämpfte sich buchstäblich durch eine Eismauer hindurch und durchkreuzte unsere Pläne. Wie klopften unsere Herzen, als wir den Eisbrecher sahen! War es doch das erste Schiff seit drei Jahren...

Die ‚Lietke‘ hat Fahrt aufgemacht. Im Nebel verschwindet unser Haus. Die Küstenlinie verschwimmt. Wir entfernen uns von der Insel. In diesen drei Jahren hat wohl jeder von uns mehr als einmal dieses Land verwünscht. Aber jetzt spüren wir, wie fest wir mit ihm, mit der rauhen Natur, mit den Schneestürmen verwachsen sind.

‚Hatten wir Heimweh?‘ “

Damit enden die Aufzeichnungen Uschakows.

Noch viel weniger haben die heutigen Inselbewohner Heimweh, von denen viele bereits auf der Insel geboren sind. Es sind nicht nur die Söhne, sondern schon die Enkel und sogar schon die Urenkel der ersten Siedler, die von der Tschuktschen-Halbinsel herübergekommen sind.

Die meisten Einwohner arbeiten im Sowchos und befassen sich mit dem Fang von Polarfüchsen und Meerestieren. Deshalb wird es im Herbst, wenn ein Schlittenweg gebahnt ist, ruhig in der Siedlung. Die Jäger fahren mit ihren Familien zu den Jagdhütten, die sich überall entlang der Küste befinden. Bereits vor Eröffnung der Saison legen die Jäger an auffälligen, meist erhöhten Punkten, die auch im Winter schneefrei bleiben, Walroß- oder Robbenfleischstücke als Lockköder aus. Das Fleisch wird so mit Steinen umlegt, daß es nur von einer Seite zugänglich ist.

Wenn die Vögel abgezogen sind und die Lemminge sich unter dem Schneeharsch verkriechen, bricht eine schwere Zeit für die Polarfüchse an. Sie naschen dann gern von dem aufgefundenen Köder, anfangs „kostenlos“, nach Eröffnung der Fangsaison aber müssen sie mit ihrem seidenweichen Fell bezahlen. Die Fuchsjagd ist aber gar nicht einfach. Im Sommer ist der Polarfuchs ziemlich vertraut, man kann ihn eigentlich ständig beobachten, er verbirgt sich auch nicht eiligst, wenn er einen Menschen sieht, im Winter jedoch bewegt er sich mit größter Umsicht, als wüßte er, daß der Wert seines Fells beträchtlich gestiegen ist.

Polarfüchse werden auf der Wrangel-Insel wie auf der Tschuktschen-Halbinsel mit Schlagfallen gefangen. Jeder Fänger hat seine besonderen Kniffe bei der Vorbereitung der Fallen (Entfernen des Rostes, Vermeiden fremder Witterung). Die Falle wird gewöhnlich unter der Fährte aufgestellt. Dazu wird seitlich von dem kleinen Pfad, den der Fuchs zum Köder ausgetreten hat, eine flache Vertiefung in den Schnee gegraben und dort hinein die Falle gelegt, und zwar so, daß zwischen Fährte und Falle nur eine ganz dünne Schneeschicht bleibt. Diese Millimeterarbeit erfordert Übung, viel Geduld und spezielles, wenn auch einfaches Gerät. Die Fallen werden in einem besonderen sauberen Sack transportiert, mit einer schmalen, langen Holzschaufel eingegraben, wozu der Jäger saubere, nicht anderweitig benutzte Handschuhe anzieht. An der Falle wird stets eine Kette befestigt mit einem schweren Klotz am Ende. Dieser „Anker", der ebenfalls im Schnee eingegraben wird, verhindert, daß das gefangene Tier mit der Falle davonläuft.

Die Hauptschwierigkeiten bei der Fangarbeit sind jedoch anderer Art. Um Polarfüchse mit Erfolg jagen zu können, muß man viele Fallen aufstellen, braucht man also ein großes Jagdrevier. Das wiederum bedeutet, daß man ein Hundegespann halten muß, das mit Futter versorgt sein will. Dutzende Kilometer legt ein Fänger am Tage zurück, Dutzende Fallen muß er täglich zurechtrücken, umsetzen, fängisch aufstellen und neu tarnen. Dabei leuchtet ihm nur das spärliche Licht des Mondes oder das matte Flackern des Nordlichts. Die Schneewüste ist einförmig und öde, und man muß den Weg schon sehr gut kennen, um nicht von ihm abzukommen. Der Frost läßt die Glieder erstarren. Hin und wieder wird der Jäger, weit von der Unterkunft entfernt, von einem Schneesturm überrascht. Die erschöpften Hunde legen sich endgültig nieder, so daß auch dem Jäger selbst nichts anderes übrigbleibt, als sich fröstelnd in seinen Rentierfellmantel mit Kapuze zu hüllen und sich am Schlitten ebenfalls niederzulegen. So ein Schneesturm kann manchmal mehrere Tage dauern. Mehr als einmal löst sich dem Jäger im Winter die Haut auf Wangen und Nase. Aber mag der Winter auch noch so hart sein — die Inselbewohner schreckt er nicht sonderlich. Ja, der Winter gilt hier beinahe als die beste Jahreszeit. Mit dem Hunde-

Pelzstrümpfe, Hosen, Hemden und der Winterkombination für die Frauen — Kerker genannt — sowie die Art ihrer Anfertigung haben sich im Laufe von Jahrtausenden entwickelt. Deshalb folgt man beim Nähen der Kleidung, bei dem grundsätzlich Rentier- oder Walroßsehne verwendet wird, einem bestimmten Grundschnitt. Gleichzeitig aber trägt jedes Stück die „Handschrift" der Näherin und spiegelt deren Geschmack wider. Kleidung oder Schuhwerk können also nicht nur haltbar und bequem, sondern auch schick sein. Solch Talent ist nicht nur der Stolz der Näherin, sondern auch der ihres Mannes.

Im Laufe des Sommers muß die Winterbekleidung fertiggestellt werden, denn sie hält bestenfalls zwei Winter. Ständig müssen auch die Sohlen an den Torbasen (den Stiefeln) erneuert werden, denn auf Eis und Steinen sind sie schnell abgetragen. Dann muß auch für das ganze Jahr ein Vorrat an Pflanzen für Speise- und sonstige Zwecke angelegt werden.

Weit verbreitet ist die Ansicht, daß früher die Nahrung der Eskimo und Tschuktschen nur aus Fleisch bestanden habe. Das trifft jedoch nicht ganz zu. Die Bewohner des Nordostens von Asien nehmen genau wie wohl überhaupt die Bewohner der Arktis gern und bei jeder Gelegenheit auch Pflanzenkost zu sich. Manche Pflanzen werden frisch genossen, andere eingesäuert und im Winter als Beilage gereicht. Heute essen die Bewohner des Nordens neben dem üblichen Brot und Grütze auch Obst und Gemüse sowie verschiedene einheimische eßbare Pflanzen (nach Angaben von Prof. Tichomirow verwenden die heutigen Tschuktschen in den Tundren im Nordostzipfel von Asien regelmäßig fünfzig Arten von Gräsern, Zwergsträuchern und Algen für Speisezwecke). Bei der Zurichtung der Häute und Felle gebrauchen sie Pflanzen zum Gerben und Färben. Deshalb gehen die Frauen an schönen Sommertagen, mit speziellen Haken versehen, in die Tundra. Wenn sie zurückkehren, sind sie mit Läusekraut und Steinbrech, mit Weidenzweigen und verschiedenen Wurzeln schwer beladen.

Nach dem Aufbrechen der Eisdecke auf dem Meer beginnt die Jagd auf Walrosse. Vom Erfolg der Jagd hing bis in die jüngste Vergangenheit für Eskimo und die an der Küste lebenden Tschuktschen ihr Auskommen ab. Das Walroß lieferte ihnen Fleisch zur eigenen Ernährung, Futter für die Schlittenhunde und Häute zum Bau ihrer Unterkünfte und Boote. Mägen und Därme dienten zur Fertigung wasserundurchlässiger Kleidung und verschiedenen Hausgeräts, Walroßsehnen ersetzten den Nähfaden. Selbst die Knochen fanden Verwendung, nämlich beim Bau von Booten und Schlitten. Knochen dienten auch als Küchengeschirr, zum Beispiel das Schulterblatt, das als Schüssel genutzt wurde. Schließlich waren Walroßknochen Ersatz für Holz, man übergoß sie mit Tran und verheizte sie im Herd.

Es ist bezeichnend, daß die die Küsten bewohnenden Völkerschaften des Nordens verschiedene, manchmal sogar zahlreiche Bezeichnungen für alte und junge Walrosse, für Männchen und Weibchen kennen. Die Tiere — getrennt nach Alter und Geschlecht — finden auch in der Wirtschaft unterschiedliche Verwendung. Eskimo der Wrangel-Insel wie auch die der Tschuktschen-Halbinsel nennen alte Bullen antochpak, die Tschuktschen dagegen sagen kytchvaiju. Die Häute dieser Tiere sind sehr dick, runzlig und weisen viele Narben auf. Sie können überhaupt nicht verarbeitet werden. Auch das Fleisch taugt nicht viel, es ist zäh und hart. Ein altes Weibchen heißt in der Eskimosprache agnasalik, auf tschuktschisch nauryrka. Es liefert eine zwar dicke, aber dafür große Haut, die zum Bau von Baidaras zu gebrauchen ist. Das Fleisch ist ebenfalls zäh, aber nicht so zäh wie das alter Bullen. Die Haut eines jungen, aber schon ausgewachsenen Bullen, den die Eskimo als unkavak bezeichnen, ist besonders zur Herstellung von Riemen geeignet. Das Fleisch ist ebenso wie das junger ausgewachsener Weibchen, die in der Eskimosprache aivok heißen, recht gut im Geschmack und auch verhältnismäßig zart. Aus der Haut ganz junger Tiere, die die Eskimo kassekak und die Tschuktschen kairyrka nennen, lassen sich Sohlen für Torbasen schneiden. Ihr Fleisch ist besonders zart.

Die Bedeutung des Walrosses für die Inselbewohner hat sich natürlich in letzter Zeit beträchtlich vermindert, ist aber auch heute noch recht groß. Jede Wirtschaft verbraucht im Laufe des Jahres für Hundefutter, Köder für die Polarfüchse und zum Teil für die eigene Ernährung wenigstens fünf, sechs Tiere. Erheblich leichter wurde heute auch die Jagd auf Walrosse. Die Jäger fahren mit schnellen Motorbooten aufs Meer, die heranbugsierte Beute wird mit dem

Traktor ans Ufer gezogen, der auch beim Zerlegen der Tiere die Arbeit erleichtert.

Eine wesentliche Hilfe stellt die Rentierzucht für die Inselbewohner dar. Erst Mitte der fünfziger Jahre hatte man eine kleine Herde von der Tschuktschen-Halbinsel hierher gebracht. Es gab Bedenken, ob die umgesiedelten Tiere auf der rauhen Insel leben könnten und das ganze Jahr über genügend Futter zur Verfügung hätten. Doch die Ergebnisse des Versuchs übertrafen alle Erwartungen. Die Tiere überlebten nicht nur und vermehrten sich, so daß die Herde heute schon mehrere tausend Stück umfaßt, sondern sie haben sich inzwischen sogar positiv entwickelt. Wenn das durchschnittliche Fleischgewicht der Rentiere auf der Tschuktschen-Halbinsel bei fünfzig Kilogramm liegt, so erreichen die Tiere auf der Wrangel-Insel das anderthalbfache bis doppelte Gewicht. Die Tschuktschen-Rentiere magern zum Frühjahr stark ab, die von der Insel dagegen bleiben das ganze Jahr über fett. Dafür gibt es natürlich auch eine Erklärung: Auf der Insel kennt man weder Wölfe noch Mücken. Vielleicht liegt es auch daran, daß die Herde nicht von Hirten gehütet wird. Die Rentiere weiden dort, wo es ihnen gefällt, sie führen auf der Insel ein ungebundenes und ungestörtes Leben. Wahrscheinlich sind auch die Weidegründe hier nicht schlechter als auf dem Festland.

Im Jahre 1926, als die Erschließung der Insel noch in den Anfängen steckte, wurde eine Polarstation eingerichtet. Ihre Gebäude — Wohnhäuser, Werkstätten, Lagerschuppen und die Funkstation — befinden sich nur wenige Dutzend Meter von der Siedlung entfernt auf dem Sandstrand. Seit über vierzig Jahren werden hier nun schon regelmäßig Beobachtungen über Wetter und Schneeverhältnisse, Meer und Eisverhältnisse angestellt. Mehrmals am Tage funkt man Wettermeldungen zum Festland.

Das Leben der heutigen Inselbewohner hat natürlich trotz der recht guten Ausstattung der Siedlung seine Besonderheiten. Die einen sind charakteristisch für die Arktis überhaupt, andere nur dieser Insel eigen.

Dem Neuankömmling fallen vor allem die Hunde auf. Bei jedem Haus ist — sofern sie nicht gerade unterwegs ist — eine Koppel Hunde festgemacht, stehen mehrere Schlitten. Bellen, Heulen und Winseln gehören zum normalen Straßenlärm. Das Thema „Hund“, die Erörterung der Vorzüge und Mängel der vierbeinigen Helfer, nimmt in Gesprächen der Einwohner einen sehr breiten Raum ein. Ein gutes Hundegespann, um das ihn die Nachbarn beneiden, ist der Stolz seines Besitzers. Das nimmt auch nicht weiter wunder, ist doch der Hundeschlitten im Norden nach wie vor ein wichtiges Verkehrsmittel, und nach wie vor muß viel Mühe aufgewandt werden, um die Hunde mit Futter zu versorgen.

Nicht ganz einfach ist die Beschaffung von Wasser. Als „Rohstoff" dient fast das ganze Jahr über Schnee, der aus den nächstgelegenen Schneewehen gewonnen wird. Die Blöcke werden mit Sägen herausgeschnitten und dann mit Hunden zu den Häusern transportiert. Besonders lebhaft geht es in den „Schneebrüchen" an Sonnabenden, den Badetagen, zu. Als Heizmaterial verwenden die Inselbewohner hauptsächlich Steinkohle, die per Schiff herangebracht wird. Der große Kohleberg am Strand gefriert im Winter durch und durch, so daß sich die Einwohner beim „Abbau" der Kohle nicht weniger plagen müssen als die Bergleute.

Als Hauptnahrung dient den meisten Inselbewohnern Fleisch. Im Winter ißt man zu Hause und unterwegs mit dem Messer geschabtes gefrorenes, rohes Rentierfleisch, mit dem im Geschmack nur wenige „zivilisierte" Gerichte konkurrieren können. In russischen Familien reicht man zu dem Schabefleisch eine Soße aus Essig, Senf und Pfeffer. Eskimo und Tschuktschen essen das Fleisch meist ungewürzt. Sie haben aber dafür ihr eigenes scharfes Gericht — kopalgin genannt —, das ist Walroßfleisch, samt der Haut wie eine Roulade gewickelt und gesäuert. Kopalgin wird, wenn es sich so lange hält, auch noch im Sommer gegessen.

Wenn die Schüler hier im Unterricht den Eisbären behandeln, braucht mit ihnen keine Exkursion in den Zoo veranstaltet zu werden, den es natürlich auf der Insel auch gar nicht gibt. Es kommt vor, daß der Lehrer den Schülern im richtigen Moment vom Klassenfenster aus ein Exemplar in freier Wildbahn zeigen kann. Dafür ruft ein für mittlere Breiten ganz gewöhnliches Tier bei einem Einheimischen manchmal Staunen und Verwunderung hervor. Man erzählt sich zum Beispiel, welchen Eindruck hier die erste Ziege machte, die man zur Polarstation gebracht hatte. Nicht nur Kinder, sondern auch Hunde nahmen vor ihr Reißaus. Selbst alte Jäger, die schon manches in ihrem Leben gesehen, die mehr als einmal auf dem Meer Angriffe wütender Walrosse abgewehrt hatten, sahen sich, wenn sie ihr Haus verließen, erst vorsichtig um, ob dieses „gehörnte Ungeheuer“ nicht irgendwo in der Nähe war.

Bei den Eskimo und Tschuktschen von heute sind, obwohl keiner von ihnen mit Ausnahme der Alten in einer aus Fellen errichteten Jaranga gelebt hat, viele Bräuche der Vorväter lebendig. Diese Völkerschaften haben immer eine Vorliebe für Tänze gehabt, doch war der Platz, den ein Tänzer in der engen Jaranga dafür hatte, nicht größer als der, den die Sohlen seiner Stiefel einnahmen. Deshalb tanzt man auch heute noch in den geräumigen Holzhäusern nicht selten sitzend oder stehend, ohne sich von der Stelle zu bewegen. Bei den hiesigen Tänzen werden also nur Arme und Rumpf bewegt, doch mangelt es ihnen deshalb durchaus nicht an Dynamik und Ausdruckskraft. Vorwiegend werden Jagdszenen dargestellt.

Die Frauen verwenden heute noch scheinbar unpraktische, aber eben traditionelle, ehemals in der Jaranga übliche Geräte bis hin zu Messern von ganz ungewöhnlicher, halbmondförmiger Form. Auch heute noch haben Jäger, ja selbst Jugendliche, besondere Achtung vor dem Kolkraben, der „positiven“ Gestalt vieler Märchen und Sagen, die vor langer Zeit an langen Winterabenden in der Jaranga entstanden sind.

Obgleich es in den Häusern Stühle gibt, ziehen es Eskimo und Tschuktschen vor, auf dem Boden zu sitzen und auch dort zu arbeiten. Gewöhnlich werden Tische mit kurzen Beinen verwendet — auch das ist ein Tribut, den man der Vergangenheit zollt, als man noch unter der niedrigen Felldecke der Jaranga leben mußte.

Die Zahl der Bewohner ist auch heute noch nicht groß. Deshalb beeinflußten unsere Expeditionen, mochten sie auch nur wenige Teilnehmer haben, das Bevölkerungsbild der Siedlung doch merklich. An Zoologen weilten außer mir noch Felix Tschernjawski und Alexander Kistschinski hier. Ersterer gehörte zur Expedition 1964, Kistschinski gehörte 1969 dazu und arbeitete dann auch 1970 auf der Insel. Beide waren, obgleich man sie durchaus noch als junge Männer bezeichnen konnte, bereits erfahrene Forscher, Kenner der Arktis und Autoren vieler wissenschaftlicher Arbeiten. Zu unserer Expedition gehörten auch Jagdspezialisten, zum Beispiel Juri Gerassimow, ein bekannter Fachmann für die Betäubung von Wildtieren;

Botaniker fehlten ebenfalls nicht. 1964 hatten wir ferner den Kameramann Anatoli Popow, einen Meister seinen Faches, und seinen jungen Assistenten Igor mitgenommen. Unersetzliche Helfer bei unserer Arbeit waren uns die Jäger Wassili Nanaun, ein Eskimo, und der Tschuktsche Wanja Ulwelkot, hervorragende Kenner der Insel und deren Natur.

Unsere Expedition hatte die Aufgabe, das Leben seltener Tiere der Arktis — des Eisbären und der Schneegans — zu studieren und Maßnahmen zu deren Schutz und Regenerierung zu erarbeiten. Wir hatten auch die Vogelbasare zu untersuchen, den Polarfuchsbestand auf der Insel zu ermitteln und ganz allgemein die Inselfauna in ihrer Zusammensetzung zu erforschen. Schließlich galt es noch zu klären, ob sich die Insel für eine versuchsweise durchgeführte Akklimatisierung von Moschusochsen in der sowjetischen Arktis eigne. Einst waren diese Tiere auf der Insel weit verbreitet, und man findet heute noch fossile Reste auf der Insel, aber gegenwärtig haben sie sich nur noch im Norden Amerikas einschließlich Grönland gehalten. In einigen Gebieten, wie zum Beispiel Spitzbergen, sind in den letzten Jahrzehnten Moschusochsen eingebürgert worden. Ihr Fleisch ist gut, ihre Wolle erstklassig. Die Tiere sind äußerst genügsam, finden noch auf den kümmerlichsten Weideflächen der Kältewüsten ihre Nahrung und sind deshalb auch keine Konkurrenten von Rentieren. Es ist nicht ausgeschlossen, daß sie im Norden sogar domestiziert werden können. Die Frage der Einfuhr dieser Tierart in die UdSSR und ihre Einbürgerung wird deshalb schon seit langem von sowjetischen Zoologen diskutiert. Die Expedition konnte feststellen, daß klimatische Bedingungen, Relief und Ernährungsmöglichkeiten auf der Insel durchaus für Moschusochsen geeignet sind und einer Herde von maximal mehreren hundert Tieren Existenzmöglichkeit bieten. Von hier könnten dann wie von einer Zuchtstation aus Tiere auch auf anderen arktischen Inseln und Küstenabschnitten des Festlandes ausgesetzt werden.*

Hauptforschungsobjekt war aber dennoch der Eisbär. Neben der Klärung kaum oder überhaupt nicht untersuchter Fragen zur Biolo-

* Im Jahre 1974 wurde auf Taimyr die erste Gruppe Moschusochsen eingeführt. 1975 wurde aus Alaska eine Herde von 20 Tieren auf die Wrangel-Insel gebracht, und schon im Sommer 1977 waren auf der Insel die ersten Jungtiere zu sehen. — *Die Red.*

gie gehörte eine genaue Zählung der Eisbärenhöhlen zu unserem Programm. Damit hofften wir zu ermitteln, wie viele Eisbären in der Arktis leben, ob der Bestand zu- oder abnimmt.

Man muß wohl erwähnen, daß eine Ermittlung des Gesamtbestandes der Eisbären, die für die Einleitung von Schutzmaßnahmen außerordentlich wichtig ist, eine durchaus nicht leichte Aufgabe ist, denn die Tiere leben ja in riesigen, für den Menschen schwer zugänglichen Gebieten weit verstreut. Im Prinzip könnte man natürlich die Tiere vom Flugzeug aus zählen. Aber das wäre zu aufwendig und teuer. Um gleichzeitig die gesamte Arktis abfliegen zu können, brauchte man Dutzende von Flugzeugen. Außerdem sind die Eisbären im Sommer auf dem Eis oft im Nebel verborgen, im Winter durch die Polarnacht der Sicht entzogen. Schließlich ist es auch nicht gerade einfach, derartige Zählungen gleichzeitig in fünf Staaten durchzuführen, zu denen die Arktis und damit die Eisbären gehören. Darum muß man die Zählung auf einer verhältnismäßig kleinen Fläche durchführen und die ermittelten Werte auf das gesamte Verbreitungsgebiet der Art umrechnen, wobei natürlich erhebliche Fehler auftreten können, oder versuchen, indirekte Werte zu finden. Als solche könnte die Zahl der Eisbärenhöhlen in jenen Gebieten dienen, in denen die meisten „Wochenstuben“ von Eisbären liegen. Diese Gebiete sind heute bekannt, und man kann auch mit annähernder Genauigkeit sagen, wie hoch der Anteil der Eisbärenhöhlen auf der Wrangel-Insel an deren Gesamtzahl in der Arktis und wie groß der Anteil der trächtigen Weibchen in den Höhlen am Gesamtbestand ist. Wenn man nun diese Zahlen kennt und weiß, wie viele Höhlen sich auf der Wrangel-Insel befinden, kann man zwar nur annähernd, aber mit relativ geringem personellem und materiellem Aufwand den gegenwärtigen Eisbärenbestand ermitteln. Werden dann die Zählungen in jedem Jahr wiederholt, läßt sich feststellen, ob der Bestand zunimmt oder sich verringert und ob die ergriffenen Schutzmaßnahmen ausreichend sind.

Nicht zuletzt gehörte es auch zu den Aufgaben der Expedition, Verfahren zur Betäubung und Markierung von Eisbären zu erproben. So ist die Markierung von Vögeln mit Fußringen aus Aluminium in der zoologischen Forschungsarbeit weit verbreitet. Dadurch läßt sich feststellen, wie und wohin die Tiere ziehen, ob die Brut und Überwinterungsgebiete konstant sind, wie groß die Lebenserwartung der Tiere ist und vieles andere. In unserem Falle war mit der Markierung eine spezielle Absicht verbunden, nämlich die, einen wirksameren Schutz der Eisbären zu erreichen. Denn nur so läßt sich klären, wie ausgedehnt die Wanderungen der Tiere sind, ob sie auf bestimmte Gebiete, etwa Meere oder deren Teile, beschränkt sind oder ob die Eisbären die gesamte Arktis durchstreifen und damit alle Tiere eine einheitliche, sich ständig vermischende Population darstellen. Im ersten Falle, das heißt, wenn es also tatsächlich „norwegische" und „kanadische" Eisbären geben sollte und solche, die nur in der UdSSR leben, wäre der Schutz eine innere Angelegenheit der jeweiligen Staaten. Im anderen Falle wird der Schutz der Eisbären zu einem internationalen Problem, das nur durch gemeinsame Bemühungen aller Arktisanliegerstaaten zu lösen ist.

Ein „Entbindungsheim“ für die Eisbären

Es ist der 20. März. Die Lufttemperatur steigt zwar auch tagsüber nicht über minus 20 °C, aber die Sonne wärmt doch schon spürbar. An den von der Sonne beschienenen Südhängen der Hügel zeigen sich schwarze Flecken. Hier ist der Schnee nicht getaut, sondern einfach verdunstet, ohne sich vorher in Wasser verwandelt zu haben.

Die Inselbewohner freuen sich über die Sonne, die unlängst über dem Horizont erschienen ist. Auf dem kleinen Erdaufwurf um das Haus sitzen die Mitarbeiter der Polarstation schon vom frühen Morgen an, ohne Hemd, nur mit Wattehosen und Filzstiefeln bekleidet, lassen sich von der Sonne bescheinen und unterhalten sich. Die Hunde räkeln sich wohlig blinzelnd im Schnee. Bei solchem Wetter nehmen auch die Lemminge gern ein Sonnenbad. Überall um die Siedlung herum sieht man im Schnee die Eingänge zu ihren Bauen.

Heute machen wir mit einem Kettenfahrzeug (Wesdechod) unsere erste Fahrt zum Osten der Insel. Trotz des recht bescheidenen Fassungsvermögens der Karosserie ist es vollgestopft mit Menschen. Außer unserer gesamten Expeditionsmannschaft fahren auch wachfreie Mitarbeiter der Polarstation als „Beobachter“ mit. Ein Faß mit Treibstoff mußte untergebracht werden, weiter die Filmkamera, irgendwelche Kisten und obenauf die Schachteln mit Knallkapseln und Rauchpatronen. Das übliche Durcheinander beim Aufladen und Einsteigen — und dann setzt sich unser Fahrzeug in Bewegung. Zuerst überquert es das Eis der Lagune, klettert den steilen Uferhang hinauf und schaukelt dann lange über die harten, gleichsam zu Stein gewordenen Schneeriffel (Sastrugi). Wenn das Fahrzeug schwerfällig über die Schneedünen springt und mit Schwung aufschlägt, sind seine Kettenspuren auf dem Schnee kaum erkennbar. Wir fahren eine Stunde, zwei Stunden, eine dritte. Durch die Schaukelei haben Menschen und Gegenstände alle ihren Platz gefunden, so daß es im Laderaum gar nicht mehr so beengt ist. Dann hat auch diese Fahrt ihr Ende. Wir sind am Oberlauf der Sneshnaja, einem vorher festgelegten, „erfolgversprechenden“ Abschnitt.

Wir nehmen für alle Fälle Karabiner oder Leuchtpistolen mit, stecken uns zwei, drei Knallkapseln in die Tasche und schwärmen zu zweit oder einzeln im Gelände aus. Mit Karabiner und Knallkapseln versehen, mache ich mich allein auf den Weg. Allmählich verhallen die Stimmen, das Knirschen der Schritte, und eine eigenartige, dröhnende Stille breitet sich um mich aus. Selbst der eigene Herzschlag und das Atemgeräusch scheinen als vielfach gebrochenes Echo von der Umgebung zurückgeworfen zu werden. Wie an der Küste scheint auch hier die Sonne frühlingsmäßig warm. In der Pelzkleidung schwitzt man, das Gehen fällt einem schwer. Ab und zu muß man die beschlagene Sonnenbrille putzen. Nimmt man sie ab, kneift man unwillkürlich die Augen zusammen, um sie vor dem vom Schnee reflektierten blendenden Sonnenlicht zu schützen. Ich überquere einige längliche Hügel, steige in eine tiefe Schlucht hinab und — stoße, für mich selbst unerwartet, auf eine Bärenhöhle.

Diese Höhle hatte die Bärin noch nicht geöffnet; ich hätte sie gut und gern übersehen können, zumal sie am Fuße des Hanges angelegt war und der Eingang von oben und von den Seiten von einer überhängenden Schneewächte verdeckt wurde. Das etwa faustgroße Atemloch an der Stirnseite konnte man ohne weiteres für einen Stein halten, der aus der Wehe herausragte. Doch die Spuren, die der Atem der Bärin und der Jungen hinterlassen hatte und die sich auf der bläulichweißen Schneewand als deutlich erkennbares gelbliches Muster abzeichneten, verrieten von hier unten die Höhle. Bei näherem Hinsehen erkannte ich auch Reif an den Rändern des Atemlochs und kleine, von der Wächte herabhängende Eiszapfen. Es gab keinen Zweifel — irgendwo hier ganz in der Nähe, vielleicht sogar direkt unter mir, lag die Eisbärin mit ihren Jungen. (Als ich Anfang Mai diese Stelle wieder aufsuchte, fand ich tatsächlich eine Höhle vor, die zwar schon von der Familie verlassen, aber noch gut erhalten war.) Die Bärin hörte natürlich die Schritte des Menschen und wird kaum über mein Auftauchen erfreut gewesen sein.

Später haben wir uns davon überzeugen können, daß man an eine bewohnte Höhle ohne jede Gefahr auch unbewaffnet ganz dicht herangehen kann. Das Schlimmste, was einem passieren kann, ist, daß die Bärin ihren Kopf für einen Moment durch den Schnee steckt und unmutig brummt. Diesmal aber griff die Hand ganz automatisch zum Gewehr auf dem Rücken. Ganz vorsichtig auftretend — denn der Gedanke, in die Höhle einzubrechen, war nicht gerade verlokkend —, ging ich mit schußbereitem Gewehr einige Schritte rückwärts, öffnete die Kartentasche und trug auf der Karte die erste gefundene Eisbärenhöhle ein.

Nun kann es weiter gehen. Ich blicke um mich und bemerke nicht weit entfernt auf einer Anhöhe einen meiner Kollegen. Er liegt lang ausgestreckt im Schnee, hat die Pelzmütze abgenommen und beobachtet über eine Schneeriffel hinweg irgend etwas höchst interessiert. Im nächsten Augenblick liege ich neben ihm und werde Zeuge eines eigenartigen Schauspiels. Auf dem gegenüberliegenden sonnenbeschienenen Hang gähnt als großer schwarzer Fleck der Eingang zu einer Bärenhöhle. Davor hebt sich auf der glatten Oberfläche einer Wehe ein Haufen Schneebatzen ab, erkennt man einige offensichtlich von Lebewesen gegrabene Vertiefungen oder Höhlen. Ich nehme ebenfalls die Pelzmütze ab, recke mich noch weiter vor und erblicke auf dem Grund der Schlucht die Bewohner der Höhle — eine Eisbärin mit zwei Jungbären. Die Mutter trampelt auf der Stelle, sucht etwas unter dem Schnee und verschwindet ab und zu mit dem Kopf in der entstandenen Vertiefung. Wie sich später herausstellte, lockten sie — mangels besseren Futters — ein paar kümmerliche Stämmchen der Kriechweide. Die Jungen waren zwar noch nicht sehr groß, aber doch schon recht flink und gewandt. Bald krochen sie zur Mutter in die Grube, bald begannen sie ein Spiel: Sie krabbelten nacheinander einen steilen Hang hinauf und rutschten ihn dann mit sichtlichem Vergnügen auf dem Bauch wieder herunter.

Unsere Beobachtungen wurden unterbrochen, weil in der Ferne der Motor unseres Fahrzeugs aufheulte. Sofort sicherte die Bärin und sprang dann mit langen Sätzen zur Höhle. Die Jungen überholten sie und verschwanden als erste darin. Die Mutter warf noch einen Blick zurück und zwängte ihren gewaltigen Körper mit bewundernswerter Gewandtheit durch den engen Eingang, als habe sie der Schnee verschluckt.

In der Dämmerung kehrten wir in guter Stimmung zur Siedlung zurück. Unsere Hoffnungen, die wir in das geländegängige Kettenfahrzeug gesetzt hatten, schienen sich zu erfüllen, auch im Winter erwies es sich in diesem gebirgigen Land als ein recht brauchbares Transportmittel. Innerhalb eines Tages hatten wir drei offene Eisbärenhöhlen gefunden und auf der Karte eingetragen. Alle diese bewohnten Höhlen waren zweimal entdeckt worden: einmal beim

Absuchen der Schneehänge zu Fuß und außerdem von anderen Beobachtern vom Wesdechod aus. Das heißt also, daß Zählungen von so einem Fahrzeug aus ziemlich genaue Ergebnisse bringen können.

Tags darauf machten sich unsere Kameraleute mit Hundeschlitten auf den Weg, damit Störungen bei der Arbeit durch Motorenlärm und Benzingeruch vermieden wurden. Sie sollten die Bärenfamilien bei den Höhlen filmen. Aber diesmal schien Anatoli und Igor das Pech zu verfolgen — es gab Pannen über Pannen. Es begann bereits vor der Abfahrt in der Siedlung. Zwei Schlitten waren schon mit umfangreichem Gepäck beladen — Kameras, Stativen, Filmbüchsen, Schlafsäcken und Zelten, Proviant und Hundefutter. Die Hundeführer und Passagiere brauchten nur noch vergessene Kleinigkeiten von zu Hause zu holen. Diesen Moment ohne Aufsicht nutzte ein Gespann aus, ruckte an, der Haltepflock — ein dicker Stock mit Eisenspitze — gab nach, und die Hunde jagten mit zunehmender Geschwindigkeit auf dem abschüssigen Weg von der kleinen Anhöhe hinab.

Die bei den Häusern angebundenen Hunde, die die Flüchtigen offenbar beneideten oder vielleicht auch bedauerten, heulten in allen Tonarten. Einwohner warfen sich dem Gespann entgegen, doch ohne Erfolg. Um nicht von dem nachfolgenden Schlitten angefahren zu werden, liefen die Hunde immer schneller. In einer scharfen Kurve kippte der Schlitten auf die Seite und schleifte, eine Wolke von Schnee aufwirbelnd, nach, wobei das ganze Gepäck herunterfiel. Seiner Last ledig, jagte das Gespann mit unverminderter Geschwindigkeit weiter, und es fehlte nicht viel, dann wäre es im Gewirr der zusammengeschobenen Eisschollen auf dem Randeis verschwunden. Der Schlitten hätte natürlich die harten Stöße nicht ausgehalten und wäre völlig zertrümmert worden... Doch auf den letzten Metern Strand verfing er sich in den Spanndrähten des Funkmastes — und die Hunde kamen zum Stehen. Unter dem Schmunzeln der zusammengelaufenen Leute wurde der Schlitten wieder hergerichtet, das Gepäck, das bei dem Sturz zum Glück keinen Schaden genommen hatte, wieder aufgeladen und verzurrt, und dann machte sich unsere kleine Expeditionsgruppe schließlich auf den Weg.

Seit dem frühen Morgen herrschte an diesem Tag ruhiges, sonniges Wetter, aber gegen Mittag hingen über den Gipfeln der in

Mitternachtssonne in der Arktis,
der Heimat der Eisbären

Die bei Geburt kaum rattengroßen
Eisbärenjungen bleiben noch lange
Zeit bei der Mutter

Eine betäubte Eisbärin wird gewogen

Stützpunkt am Dream Head auf der Wrangel-Insel

Lager der Expedition im Insel-
innern

Unterwegs in der arktischen Schnee-Einöde

Hundeschlitten sind als Verkehrsmittel im Hohen Norden auch heute noch unentbehrlich

der Ferne bläuenden Berge weiße Wölkchen. Sie schienen nicht weiter beachtenswert zu sein, doch betrachteten die Einheimischen sie etwas beunruhigt, kündigten sie doch einen nahenden Schneesturm an. Es dauerte tatsächlich auch gar nicht lange, da wallte feiner Schneestaub die Hänge bei der Siedlung herab. Die schmalen Fahnen vereinigten sich zu einem großen Strom. Die Sonne verdüsterte sich. Draußen tobte und heulte ein Schneesturm. Unser Hundegespann wurde von ihm keine zehn Kilometer von der Siedlung entfernt überrascht. Die Hunde, vom Kampf mit dem Wind und dem wirbelnden Schnee erschöpft, legten sich hin. So blieb nichts weiter übrig, als in der nächsten Senke das Zelt aufzuschlagen und im Schlafsack das Ende des Sturms abzuwarten. Zwei Tage und zwei Nächte mußte die Gruppe ausharren. Aber damit waren die Prüfungen noch nicht ausgestanden. Denn als der Trupp sich bei der ersten Möglichkeit wieder in Marsch setzte, geriet er erneut in eine heikle Lage.

Leise knirschend holperten die Schlitten wieder über die Schneeriffel. Die Hunde trippelten flink durch den Schnee. Die Sonne wärmte ein wenig. Da alle in dem engen Zelt nicht recht zur Ruhe gekommen und gehörig durchgefroren waren, dösten nicht nur die Kameraleute, sondern auch die Schlittenführer vor sich hin. Der Schlitten von Anatoli blieb etwas zurück. Plötzlich machten seine Hunde eine jähe Wendung und stürzten heftig bellend auf eine Bärenhöhle zu, die von dem vorausfahrenden Gespann nicht bemerkt worden war. Vielleicht durch einen Stoß, vielleicht auch vor Schreck, denn er hatte gar nicht begriffen, was los war, sprang als erster der Kajur, der Gespannführer, vom Schlitten. Die Narte schoß nun noch schneller dahin. Anatoli, der vorerst nicht wußte, worum es ging, hielt sich noch fester an den Stricken fest und preßte die Filmkamera an die Brust. Er wurde erst unmittelbar vor dem Höhleneingang abgeworfen, und vor seinen Augen verschwanden die Hunde mitsamt dem Schlitten in der Höhle. Unter dem Schnee brüllte und winselte es, und da kam auch schon das angeflogen, was eben noch ein Gespann gewesen war. Das Ganze dauerte nur Sekunden. Im folgenden sah man verstreute Schlittentrümmer, zerfetztes Gepäck und blutende Hunde, die sich im Schnee krümmten... An eine Fortsetzung der Fahrt war nun nicht mehr zu denken. Der unglückselige Trupp ließ in der Nähe fast das gesamte Gepäck zurück und kehrte mit dem unversehrt gebliebenen Schlitten in die Siedlung zurück.

Als der Schneesturm vorbei war, stieg ich auf einen Berg in der Nähe der Siedlung, setzte mich auf einen Felsbrocken und hielt Umschau. Der Wind hatte sich gelegt, aber die Sonne blickte als trübe rötliche Scheibe durch den Dunst. Irgendwo rief ein Kolkrabe, ein Vertreter der einzigen überwinternden Vogelart auf der Insel. Dicht vor meinen Füßen blitzten aus dem Schnee wie Glasperlen zwei Augen. Nach langem Zögern kam ein Halsbandlemming hervor, rollte wie eine wollige hellgraue Kugel dahin und verschwand in der nächsten Eingangsröhre.

Ein etwas entfernt liegender Hang ist völlig verschneit. Auf seiner Oberfläche sind die Kämme der Sastrugi und die vom Schneefegen ausgeblasenen Rinnen nur zu ahnen. Auf dem Schnee hebt sich ein dunkler Fleck ab. Durch das Fernglas gesehen, wird der Fleck zu einer Bärin mit zwei Jungen. Die Tiere laufen ziemlich schnell und zielstrebig in eine bestimmte Richtung, die Mutter vornweg, die Jungen folgen ihr hintereinander. Die Familie strebt dem nächsten Uferabschnitt zu. Etwas weiter, fast an der Grenze zwischen Land und Ufereis, entdecke ich durch das Fernglas am Strand eine weitere Familie, eine dritte taucht auf dem Kamm des Bergrückens auf. Offenbar wandern jetzt die Bärinnen massenweise von der Insel aufs Eis, und damit ist die günstigste Zeit gekommen, Bärenhöhlen zu suchen und zu registrieren.

Am frühen Morgen des 28. März setzte sich unser Wesdechod wieder in Marsch. Diesmal wollten wir den zentralen Teil der Insel untersuchen und den Berg Kit erreichen, wo nach Berichten viele Bärinnen ihre Höhlen haben sollten. Außerdem hatten wir am Berg Tundrowaja den Standort für das künftige Sommerlager festzulegen.

Also wieder die übliche Geschäftigkeit beim Einsteigen und Beladen, die Enge im Laderaum auf den ersten Kilometern, bis Insassen und Gepäck ihren Platz gefunden haben... Diesmal fahren zwar keine müßigen Zuschauer mit, dafür aber ist die Ladung umfangreicher, weil nämlich die Reise etwa zwei, drei Tage dauern soll und wir nicht ein, sondern zwei Fässer Treibstoff, dazu Schlafsäcke, Rentierfelle und Proviant mitnehmen müssen.

Das Gebirge bei der Siedlung ist schwer passierbar, deshalb haben wir beschlossen, es weiter westlich, von der Somnitelnaja-Bucht aus, zu überqueren.

Ohne Zwischenfälle legen wir den ersten Teil des Weges durch die Küstenebene zurück, erklimmen dann mit dem Fahrzeug den Paß, von wo wir einen guten Blick auf das großartige Gebirgspanorama haben. Nach Osten hin erstreckt sich das mächtige Zentralgebirge, gekrönt von den in den Wolken verschwimmenden Gipfeln der höchsten Erhebungen der Insel, dem Pik Sowjetski und dem Pik Berry. Vor uns im Norden sieht man den Berg Majak und etwas weiter die Perwaja. Im Westen türmen sich die schlafenden Riesen nicht unähnlich Mammutbergen. Streng, ja fast düster wirkt die Erhabenheit dieser Berge. Wohin man auch blickt, sind die Hänge fast schneefrei, reichen die Geröllfelder manchmal fast bis zu den Gipfeln hinauf. Hier ist nicht der Platz für den Bau von Bärenhöhlen, es sei denn, ein paar ganz anspruchslose Bärinnen quartieren sich in den kümmerlichen Wehen ein, die hier und da in Senken und Flußtälern zu erkennen sind.

Dennoch ist diese Gebirgseinöde nicht ganz ohne Leben. Auf dem lockeren Schnee, der sich vor dem Wind zwischen Sastrugi und Felsbrocken verbirgt, zeigen sich die breiten, halbmondförmigen Abdrucke von Rentierhufen, und bald stoßen wir auch auf die Herde selbst. Sie drängt sich in einer Mulde zusammen und ist von einer dichten Dampfwolke wie von einem Federbett eingehüllt. Wir können nur den Teil der Herde erkennen, der unserem Fahrzeug am nächsten steht, und doch ist deutlich zu sehen, daß die Tiere pausenlos auf der Stelle trampeln, vom Rand nach der Mitte zu drängen, wo es natürlich wärmer ist, denn das Thermometer zeigt heute immerhin an die minus 40 °C.

Unter die Spuren der Rentiere mischen sich hin und wieder auch Polarfuchsfährten, und das wohl kaum zufällig, denn um an die Pflanzen heranzukommen, zertrümmern die Rentiere mit den Hufen die harte Schneedecke und wühlen dabei sicher auch die Gänge der Lemminge unter dem Schnee auf, so daß dem Polarfuchs die Jagd erleichtert wird.

Leuchtende Flecken roter, bräunlicher und gelber Flechten schmücken stellenweise die steilen Felswände. Diese „Blumengärten“ nehmen sich hier ganz eigenartig aus. Sie, die Frost und Schneesturm getrotzt haben, wirken jetzt wie ein Symbol ewigen, unbesiegbaren Lebens.

Wir überqueren den letzten Paß — und vor uns dehnt sich die weite Ebene der Akademie-Tundra. Am Horizont taucht wieder das vom Eis umklammerte Meer auf. Das Ziel unserer Fahrt ist nahe.

Der Kit ist ein nicht sehr hoher, langgestreckter Berg, der bis zum Gipfel vom Schnee verweht ist. Bereits aus der Ferne machen wir am Hang eine Bärenhöhle aus, dann noch eine zweite. Zur ersten steige ich zusammen mit Felix auf. Der Hang ist steil, bis zur Höhle sind es etwa fünfzig Meter. Man kommt nur hinauf, wenn man Stufen in den Schnee schlägt. Wir hatten Axt und Schaufel mitgenommen, aber letztere nützt uns wenig. Selbst die Axt, die dröhnend gegen den hartgeblasenen Schnee prallt, schlägt nur mit Mühe ein, daß der Schneestaub nur so spritzt. Unsere Treppe wächst langsam, umgeht seitlich die Bärenhöhle, bis wir schließlich neben ihr stehen. Auf dem Boden des Eingangs hat sich frischer Schnee angehäuft, das heißt, die Höhle ist leer, die Bärenfamilie hat sie bereits verlassen.

Trotzdem werfen wir für alle Fälle Schneebatzen hinein und lauschen. Alles bleibt still. Das Einstiegloch ist eng, etwa achtzig Zentimeter im Durchmesser. Die Eisbärin passiert es bequem, aber ein Mensch, noch dazu im dicken Pelz, zwängt sich nur mit Mühe hindurch. Zuerst kriecht Felix in die Höhle, er ist etwas kleiner als ich. Wie aus dem Innern des Kit-Berges selbst klingt sein gedämpfter Schrei: „Es ist noch Platz, komm rein.“ Ich „gehe“ hinein, natürlich ebenfalls kriechend. Zuerst kommt ein gerader, horizontaler, etwa zwei Meter langer Eingangstunnel, dann geht's einige Stufen abwärts, und man ist in der eigentlichen Höhle. Obgleich sich draußen schon die Abenddämmerung herniedersenkt, herrscht hier nur ein Halbdunkel. Man erkennt, daß die eiförmige Höhle geräumig ist. Zu zweit können wir bequem sitzen und uns sogar hinlegen. Stehen kann man allerdings nur gebückt, denn die Höhle hat nur eine Höhe von 1,60 Meter. An den bläulichen Wänden und an der Decke glitzern matt die Kristalle von Eiskörnern. Der „Boden“ ist dunkler, von den Tatzen der Bewohner festgetreten. Nachdem wir die Höhle vermessen und noch eine Zigarette geraucht haben, klettern wir wieder nach draußen, ungern nur, denn hier ist es bequem und gemütlich, still und sauber.

Bis zum Einbruch der Dunkelheit können wir noch zwei Höhlen

untersuchen, vermessen und beschreiben, dann essen wir Abendbrot. Über der Lötlampe machen wir Konserven heiß und kochen Tee. Irgendwie bringen wir es fertig, uns alle zum Schlafen im Wesdechod zusammenzuquetschen. Hier ist es wärmer als unter freiem Himmel, wenn auch nur deshalb, weil die ganze Nacht hindurch jede halbe bis volle Stunde der Motor angelassen und angewärmt werden muß. Und trotzdem ist es selbst im Schlafsack alles andere als warm. Die Füße werden einem kalt. Einer kann es nicht mehr aushalten, arbeitet sich zum Ausgang vor und tritt dabei einfach auf die Schlafenden. Draußen stampft er mit den Füßen, läuft um das Fahrzeug herum — man hört den Schnee unter seinen Füßen knirschen —, zwängt sich aber dann, als ihm der Frost in die Nase kneift, wieder ins „Massengrab". Gegen Morgen — es dämmert noch — stehen fast alle gleichzeitig auf, von dem einen Wunsch beseelt, sich mit heißem Tee etwas aufzuwärmen. In den Schlafsäcken ist es vor Kälte nicht mehr auszuhalten.

Den Tag verbringen wir mit der Erforschung des Kit- und des Tundrowaja-Berges. Besonders gründlich gehen und fahren wir den Kit-Berg ab, doch finden wir hier weniger Bärenhöhlen als erwartet, insgesamt nur sieben. Sie alle sind bereits verlassen, wenn auch die Fährten bei einigen noch ganz frisch wirken, sie mögen von gestern oder vorgestern sein. Überall bietet sich dasselbe Bild: Die Bärin hat am Fuß des Berges den Schnee bis zu einem Meter tief aufgegraben und Gras und Weidenzweige geäst. Die Bärenjungen dagegen sind herumgetollt und die Hänge heruntergerutscht. Durch alle Senken ziehen sich die Fährten der Bärenmütter mit ihren Jungen, die auf kürzestem Wege zum Meer führen.

Gern hätten wir die Bewohner der Höhlen selbst gesehen, mit Hilfe des Wesdechod, ohne Blut zu vergießen die Jungen eingefangen. Bis vor einiger Zeit tötete man nämlich, um der Jungen habhaft zu werden, das Muttertier. Ab und zu suchten wir mit Ferngläsern die umliegenden Hänge und die Akademie-Tundra ab, aber vergebens. Da kam doch plötzlich ganz dicht bei unserem Fahrzeug eine Bärin mit einem Jungen um den nächsten Felsvorsprung! Die Tiere bewegten sich ganz unbekümmert. Die Mutter trottete mit hängendem Kopf, während das Junge bald zurückblieb, bald wieder nach vorn trabte und der Mutter vor den Beinen herumlief. Als der Motor aufheulte, wandte sich die Bärin sofort um, verhoffte einige Augenblicke, musterte die Lärmquelle und flüchtete dann entgegen unseren Erwartungen nicht in die ebene Tundra, sondern durch eine enge, gewundene Schlucht zurück in Richtung Berge. Über die Sastrugi schaukelnd, nahm unser Fahrzeug die Verfolgung auf. Aber leichter gesagt als getan! Die Tiere kletterten, als seien sie mit den „schwachen Seiten" unseres Fahrzeugs gut vertraut, auf die steilen Geröllhalden, verschwanden in engen Cañons, und schon auf dem ersten Kilometer hatten wir sie aus den Augen verloren.

Sieben bereits verlassene „Wochenstuben" finden wir auch an den Hängen des Tundrowaja-Berges. Das Ergebnis dieser zweitägigen Erkundung sind also vierzehn Bärenhöhlen!

Vom Süden her erstreckt sich bis an den Berg ein ausgedehnter Kessel, in dem Jahr für Jahr zahllose Schneegänse brüten. In ein, zwei Monaten werden auch wir uns hier niederlassen. Hier gibt es Hügel und viele Bäche, die durch eine Vielzahl von Schluchten fließen, aber erst im Sommer. Jetzt hat der Schnee das Relief völlig eingeebnet, und es ist schwierig zu entscheiden, wo der günstigste Standort für unser Lager ist, damit die Zelte an einem trockenen und ebenen Platz stehen, in der Nähe von Wasser, windgeschützt und gleichzeitig möglichst nahe bei den Brutplätzen der Gänse.

Wir verbringen noch eine Nacht bei eisiger Kälte, am folgenden Tag geht die Fahrt über steile Bergwände, bergauf und bergab, wobei manche Abfahrten großartige Zirkuskunststücke abgegeben hätten. Zurück fahren wir auf gerader Strecke, aber im Gebirge bedeutet das ja nicht, daß es die leichteste und kürzeste ist. Schließlich liegt die Siedlung vor uns. Der Ofen strahlt wohlige Wärme aus, zum Abend gibt es einen wohlverdienten Schnaps, und dann können wir herrlich schlafen...

Die Tage wurden immer länger. Anfang April stand die Sonne abends noch um 21 Uhr am Himmel. Bis 22 Uhr war es dämmrig, und erst danach flammten die ersten Sterne auf, flackerte das Nordlicht über das nächtliche Firmament. Aber der Winter gab sich noch nicht geschlagen, ja, der Frost verschärfte sich noch, und die Schneestürme wurden häufiger.

Die nächste Erkundungsfahrt unternahmen wir mit Hundeschlitten. Wir fuhren zu viert: Felix, ich und zwei Kajuren — Nanaun und

Ulwelkot. Nanaun war ein kleiner, hagerer alter Mann mit gutmütigem, freundlichem Gesicht, der andere mittleren Alters, stämmig und untersetzt, er wirkte auf den ersten Blick etwas finster. Nanaun war der letzte noch lebende Begleiter von Uschakow. Fast vierzig Jahre hatte er auf der Insel verbracht und kannte sie wie seine Westentasche. Einen besseren Führer hätte man sich nicht wünschen können. Allerdings war er momentan nicht ganz auf dem Posten, im vergangenen Winter hatte er sich das Bein gebrochen. Doch die Bitte, die Expedition zu unterstützen, schmeichelte ihm. Die Einwilligung Nanauns war auch entscheidend für den Erfolg der Verhandlungen mit Wanja Ulwelkot, der das beste Hundegespann auf der Insel besitzt und überhaupt zu den kundigsten Jägern zählt.

Wir fahren abends los, denn wir wollen in Wanjas Hütte übernachten, dreißig Kilometer von der Siedlung weg. Mit Wanja fährt Felix, ich fahre mit Nanaun. Der schwerbeladene Schlitten rumpelt und holpert knirschend über die Kämme der Sastrugi. Der alte Mann schweigt. Mit Schnalzen und „pod-pod“ ermuntert er hin und wieder die Hunde, stellenweise bremst er mit einem Knüppel. Bei dem Nordlicht ist der Weg gut zu erkennen. Über den ganzen Himmel ziehen sich von Ost nach West zwei riesige gelblich-rosafarbene „Schlangen“. Bald kriechen sie, sich träge windend und dabei synchrone Bewegungen ausführend, irgendwohin, bald erstarren sie und liegen lange unbeweglich. Doch dann umschlingen sie einander in krampfhafter Umarmung, wälzen sich als Knäuel über den Himmel, leuchten grell auf und zerfallen. Wieder kriechen die Schlangen, verschmelzen miteinander, trennen sich erneut, verschwinden unmerklich und verwandeln sich in einen Vorhang. Aber auch dieser Vorhang hängt nicht ruhig. Er wogt, wird gelb, grün, dann rot und wieder gelb. Die Palette des unsichtbaren Malers wird ärmer, jetzt nehmen die Falten ein beständiges Blau an, glätten sich, dann schnellt der Vorhang empor und nimmt die Gestalt eines riesigen Kommas an. Stundenlang könnte man zum Himmel emporschauen und die unendliche Phantasie der Natur bewundern, die diese kunstvollen Muster an das Firmament zaubert. Die Gedanken gehen gemächlich spazieren und wechseln einander ab. Nanaun schweigt. Ich bemerke, daß auch er nach oben schaut. Demnach ist auch ihm dieses Schauspiel noch nicht über. Woran mag er denken?

An seine Jugendjahre, an erfolgreiche Jagdzüge, unerfüllte Träume?... Alles ist möglich.

Wir sind von Kopf bis Fuß in Rentierfell gekleidet: Die Hemden — die Kuchljanki — sind aus Fell, an den Füßen tragen wir weiche Fellstiefel, Torbas genannt, und Fellstrümpfe, die Lipty. Trotzdem dringt die Kälte bis zum Körper durch. Allmählich werden die Zehen gefühllos, kriecht einem die Kälte über die Schultern, höchste Zeit, sich etwas warm zu machen. Ich springe vom Schlitten und laufe im Trab hundert, zweihundert Meter nebenher. Nanaun macht dasselbe. Beim Warmlaufen tut man gut, wenn man sich an dem quer über den Schlitten gespannten Rundholz festhält. Wenn nämlich die Hunde Erleichterung spüren, erhöhen sie das Tempo und versuchen, die Last gänzlich abzuschütteln. Nicht zufällig schleppt hinter dem Schlitten ein Seil nach. Wenn jemand vom Schlitten fällt und sich nicht sofort wieder aufrappelt, ist der Strick für ihn die letzte Chance, daß ihm der Schlitten nicht davonfährt.

Vielleicht muß ich an dieser Stelle einmal berichten, wie man mit einem Hundeschlitten fährt. Auf der Wrangel-Insel wie auch sonst in Ostsibirien werden die Hunde paarweise hintereinander angespannt, zu beiden Seiten eines langen Strickes, eines Riemens oder eines Stücks dünnen Drahtseils. Im Norden Westsibiriens und im europäischen Teil der Sowjetunion dagegen werden die Hunde fächerförmig angespannt und laufen nebeneinander in einer Reihe. Beide Arten haben ihre Vor- und Nachteile. Im ersten Falle werden die Hunde durch Zurufe gelenkt, im anderen mit den Zügeln. Für die paarweise Anordnung werden „qualifiziertere", besser abgerichtete Hunde benötigt als für die fächerförmige, ein solches Gespann ist nicht so manövrierfähig, man kann zum Beispiel keine scharfen Wendungen ausführen, andererseits werden die Kräfte der Hunde geschont. Mit dem paarweise angeordneten Gespann kann man den Schlitten schwerer beladen, man kann leichter über das Meereis fahren, sich leichter durch das Gewirr von Eisblöcken hindurchmanövrieren, kommt auf der Sohle enger Schluchten und in lockerem, tiefem Schnee schneller vorwärts. In beiden Fällen werden acht bis zwölf Hunde vorgespannt. Bei einer Last von vierhundert, fünfhundert Kilogramm kann das Gespann bei halbwegs guten Wegverhältnissen sieben bis acht Kilometer in der Stunde zurücklegen.

Den Transport mit Hundeschlitten gibt es in der Arktis seit

uralten Zeiten, aber er hat sich auch heute noch keineswegs überlebt. Die vierbeinigen Helfer sind ausdauernd, anspruchslos und können auch noch dort eingesetzt werden, wo ein Wesdechod nicht durchkommt. Sie können praktisch bei jedem Wetter „starten". Hier ist der Hund nicht einfach „Freund des Menschen", sondern unentbehrliches Arbeitstier, ohne das man in der Tundra nicht auskommt. Die Beziehungen zwischen dem Hund und seinem Herrn sind deshalb hier auch von besonderer Art, in der Regel rein utilitaristisch und frei von jeglichen gefühlsmäßigen Akzenten. Über den Hunderücken tanzt hin und wieder der schwere Knüppel, einen hinkenden Hund jedoch spannt der Kajur aus und nimmt ihn auch noch auf den Schlitten. Wenn im Frühjahr der verharschte Schnee und das Eis die Pfoten zerschneiden, macht er sich die Mühe, jeder Pfote speziell angefertigte „Stiefel" aus Robbenfell überzuziehen, und bessert während der Rast geduldig Dutzende zerrissener Sohlen aus.

Die Arbeit der Schlittenhunde ist schwer, und doch wird jede Fahrt von ihnen freudig begrüßt. Zu Hause sind sie ständig angebunden, deshalb sind Vorbereitungen zu einer Fahrt stets von munterem, erregtem Gebell begleitet. Kein Wunder, denn dabei kann man sich so richtig austoben und außerdem mit „Nachbarn" alte Rechnungen begleichen! Bei der paarweisen Anordnung arbeiten die Hunde, solange sie nicht abgekämpft und ermüdet sind, besonders eifrig und betrachten die Arbeit gleichsam als interessantes Spiel. Jeder Hund verfolgt den vor ihm laufenden und versucht nach Kräften, ihn einzuholen. Nur das vordere Paar macht dabei eine Ausnahme, denn es muß sich vor der Verfolgung der anderen retten. Stehenzubleiben und eine Balgerei anzufangen lassen die „Spielregeln" nicht zu, der Kajur hat hier die Rolle des strengen Richters inne.

Ein wichtiger Teil des Hundeschlittengespanns ist natürlich die Narte, der Schlitten. Tschuktschen und Eskimo haben es bei der Herstellung von Narten zu großer Meisterschaft gebracht. Ihre Narte ist stabil, leicht, kann sich, von Hunden gezogen, durch die schmalsten Spalten zwängen, wovon sich unsere Kameraleute erst kürzlich überzeugen konnten. Während der Fahrt ist sie in allen Verbindungsstellen beweglich, biegt sich wie eine Schlange, ächzt, bricht aber selbst bei schweren Lasten und harten Stößen nicht auseinander. Das ist im großen Maße darauf zurückzuführen, daß für ihren

Bau kein Nagel verwandt wird, alle Teile sind lediglich sehr geschickt durch Riemen miteinander verbunden.

Allmählich bewölkt sich der Himmel, das Nordlicht erlischt, und als wir Wanjas Hütte erreichen, ist stockdunkle Nacht. Das Haus ist bis zum Dach vom Schnee verweht und wirkt, selbst als sich am Fenster ein schwacher Lichtschein zeigt, zuerst düster. Doch da hören wir ein unregelmäßiges Blubbern, das in das gleichmäßige Tuckern eines Motors übergeht, und schon flammt hinter dem Fenster helles Licht auf, das das Hundegespann und die bereiften Reisenden beleuchtet — das Haus hat also seinen eigenen Generator. Die Wohnung ist geräumig, mit hoher Decke, warm und sauber. Die Hütte unterscheidet sich kaum von einem Haus in einem Dorf der Umgebung Moskaus. Der Flur ist der gleiche, dann die Küche, auf dem Tisch eine Wachstuchdecke, ringsherum Bänke, ein Herd. Ein Zimmer mit Metallbett mit vernickeltem Rahmen, darauf ein Berg Kissen. Was tut es schon, daß das Gesicht der Hausfrau von bräunlicher Farbe ist und vorstehende Wangenknochen aufweist, daß sie eine Rentierkeule mit einem halbmondförmigen Messer ohne Griff zerlegt...

Pelzhemd und Pelzstiefel haben wir abgelegt, ein fast eimergroßer Kessel mit starkem Tee ist geleert, ein ganzer Berg gekochtes Rentierfleisch, das uns die Hausfrau nach Tschuktschenart in einer länglichen Holzschüssel vorgesetzt hat, verzehrt. Auf dem Tisch steht ein frischer Teekessel. Wanja, im blauen Satinhemd, trinkt den Tee aus der Untertasse, er schnauft, von der Stirn läuft ihm der Schweiß. Wie ein „russischer" Bauer! Jeden Scherz Nanauns — der Alte macht gern Späße — quittiert Wanja, wie übrigens auch die anderen, mit Lachen. Wanjas Lachen ist besonders ansteckend, irgendwie kindlich unbefangen, dabei blitzen hinter den von Sonne und Wetter violett gefärbten Lippen seine gleichmäßig kräftigen blendendweißen Zähne. Die Wärme und das sättigende Abendessen machen sich bemerkbar. Die Augenlider werden den Erzählenden schwer, das Gespräch versickert. Felix verläßt als erster die Runde und streckt sich auf den von der Hausfrau ausgebreiteten Rentierfellen aus. Nanaun und ich folgen, schließlich auch Wanja, nur Ljusja, seine Frau, hantiert noch in der Küche und klappert mit dem Geschirr, bevor sie den Generator abstellt.

Am Morgen brechen wir früh auf, kaum daß sich die Sonne mit ihrem kalten, matten Licht über dem Horizont zeigt. Der Frost beißt in Wangen und Nase. Ohne Spuren zu hinterlassen, trippeln die Hundepfoten über den harten Schnee, rhythmisch rumpelt der Schlitten über die Kämme der Sastrugi. Auf unserer heutigen Fahrt wollen wir den gesamten Westteil der Insel von der Küste bis zu den uns bereits bekannten Bergen — Tundrowaja, Perwaja und Mamontowaja — untersuchen.

Es ist still. Unsere uns auf dem Schnee vorauseilenden Schatten werden immer kürzer. Die Sonne steigt höher und wärmt schon etwas. Aber ihre Wärme dringt noch nicht durch das Pelzhemd. Will man warm werden, muß man, wie gestern, vom Schlitten springen. Trotzdem spürt man schon den Hauch des Frühlings. Von irgendwoher ist wieder die Stimme des Raben zu hören. Sein Ruf klingt jedoch nicht mehr so ruhig und nüchtern wie vor zehn Tagen an der Siedlung. Heute schwingen neue Töne mit, so etwas wie Sehnsucht, Triumph und Leidenschaft. Die Kolkraben beginnen also bald mit dem Brutgeschäft.

Nanaun wendet sich zu mir um, schlägt einen Ärmel des Pelzhemdes zurück, holt eine Zigarette aus dem Ausschnitt hervor und steckt sie in Brand. „Metachljuk", sagt er und zeigt nach oben, „wir schießen nicht auf ihn und verwünschen ihn auch nicht." Auf meine Frage: „Weshalb?" erzählt mir der alte Mann mit ernsthafter Miene, der Himmel sei einstmals ständig dunkel gewesen, der Kolkrabe aber habe der Menschheit einen Dienst erwiesen und das Licht auf die Erde gebracht. „Er pickte einmal, so daß ein Loch entstand, das war ein Stern, er pickte noch einmal, so entstand ein weiterer Stern, dann hackte er viele Male, und so entstand die Sonne." Ich hatte diese Geschichte schon früher einmal in Sammlungen tschuktschischer Märchen gelesen. Den Schluß muß ich dann schon selbst erzählen: „Und weißt du auch, warum der Rabe schwarz ist?" Entweder hat Nanaun nicht das ganze Märchen gehört oder es gar vergessen, vielleicht ist er aber auch so höflich, daß er mir eine Möglichkeit geben will, mit meinen Kenntnissen zu glänzen. „Früher war er weiß, aber als er das große Loch hackte, versengte ihn die Sonne, und seit dieser Zeit ist er schwarz." Nanaun lacht.

Der Frühling macht nicht nur den Kolkraben zu schaffen. Auf dem lockeren Schnee waren heute die ersten Doppelfährten von

Polarfüchsen zu sehen, zeigten sich die ersten gelblichen Urinmarken der Rüden auf den Kämmen der Sastrugi, denn auch für die Polarfüchse kommt die Ranzzeit heran.

Ulwelkot bringt seine Hunde zum Stehen. „Die Narte schreit, wir müssen sie einreiben“, sagt Nanaun. Die Kufen „schreien“ tatsächlich, sie quietschen und knirschen, deshalb muß die Gleitfläche mit einer dünnen Eisschicht überzogen werden. Besonders auf Schnee gleitet der Schlitten dann bedeutend leichter. Nanaun hebt die Narte mit dem Knüppel hoch und kippt sie auf die Seite. Dann holt er aus dem Pelz eine Plastflasche mit Wasser, bindet vom Haltebogen einen Fetzen Bärenfell los, nimmt etwas Wasser in den Mund, sprüht es auf das Fellstückchen und verreibt es leicht und schnell auf der Kufe. Dann wird der Schlitten auf die andere Seite gekippt und die zweite Kufe eingerieben. Schon erledigt, es kann weitergehen.

Wir überqueren den Mamontowaja-Fluß. Irgendwo links von uns bleibt an der Küste Nanauns Jagdhütte zurück. Den größeren Teil des Jahres lebt er mit seiner Familie in der Siedlung, aber zum Polarfuchsfang kommt er schon viele Jahre hierher. Hier kennt er jede Bülte, jeden Stein. Auch die Hunde kennen die Gegend gut und versuchen dauernd, zur Hütte abzubiegen. Sie scheinen sich über ihren Herrn zu wundern, der an seiner Behausung vorbeifährt. Hunde sind natürlich kein Wesdechod, und der Weg kommt einem doch recht lang vor, aber dennoch erreichen wir den Fluß Neoshidannaja, folgen ihm und gelangen so in die Berge. Sie gehören schon zum Westplateau. Wir machen halt, reiben noch einmal die Kufen ein, legen die Fahrtrouten fest, vereinbaren einen Treffpunkt für die Übernachtung und trennen uns.

Nanaun kennt diese Gegend tatsächlich wie seine Westentasche. „Paß auf, gleich kommt eine Bärenhöhle“, sagt er, und wirklich ist kurz darauf am Hang der charakteristische rundliche schwarze Fleck zu erkennen. „Hier habe ich oft Eisbären geschossen“, und da ist auch schon wieder eine Höhle. Um festzustellen, ob die Höhlen verlassen oder noch besetzt sind, und um nicht zu jeder hinaufsteigen zu müssen, spannen wir einen Hund aus und lassen ihn los. Der unansehnliche, kleinwüchsige, braune, zottige Köter scheint zu verstehen, was wir von ihm wollen, und macht sich sogleich eifrig an die Arbeit. Furchtlos arbeitet er sich zur Höhle vor, schaut hinein, beschnuppert alles und kommt sogleich mit schuldbewußter Miene und mit dem Schwanz wedelnd, als wolle er sich entschuldigen, zurück. Die Höhle ist leer. Wir finden noch an die zehn weitere, aber alle sind bereits verlassen. Ich trage sie in die Karte ein, mache mir im Notizbuch Angaben zu Hanglage und Hangneigung, fertige eine Skizze von der Lage der Höhle an und vermerke die ungefähre Entfernung bis zum Fuß des Berges. In einige Höhlen krieche ich selbst hinein und vermesse sie. In der Zwischenzeit können sich die Hunde verschnaufen, und Nanaun vereist die Kufen.

Unser zottiger Helfer heißt Apsinak, was in der Eskimo-Sprache soviel wie Lemming bedeutet. In Wanjas Gespann gibt es noch den schönen wolfsgrauen Rüden Pipekalgin, was ebenfalls Lemming bedeutet, jedoch auf tschuktschisch. In den beiden Gespannen sind überhaupt die meisten Hunde nach Vögeln oder Säugetieren benannt. Da gibt es zum Beispiel bei Nanaun Hunde namens Lochlok (Schneegans), Alchpa (Lumme) und Anipa (Schnee-Eule). Letztere ist übrigens keineswegs weiß, sondern entweder von Natur grau oder aber sehr schmutzig. Einer unserer Hunde heißt Nylchkak (Kormoran), ein anderer sogar Ammichljuk (Hermelin), obgleich auf der Insel überhaupt keine Hermeline vorkommen. Bei Ulwelkot gibt es einen „Kormoran“ — Igwyrgwy — und ebenfalls eine Schnee-Eule — Takkal.

Apsinak schert seitwärts aus, läuft auf eine flache Wehe und bleibt plötzlich stehen. Seine Rückenhaare sträuben sich, und er bellt, was das Zeug hält. Mit Mühe kann Nanaun das Gespann, das Apsinak folgen will, zum Stehen bringen. Er lenkt die Hunde ein Stück zur Seite und traktiert die temperamentvollsten mit seinem Stock. Dann langt er den Karabiner von der Narte. Als wir uns nähern, steigert sich Apsinaks Wut nur noch. Er scharrt mit den Pfoten und versucht, in den Schnee zu beißen. Wenn man genau hinschaut, erkennt man einen bläulich schimmernden Fleck von etwa dreißig Zentimetern Durchmesser — eine noch nicht verlassene Bärenhöhle. Die Bärin hat offenbar erst begonnen, einen Durchschlupf nach draußen zu wühlen. Apsinak wittert das Tier, springt um seinen Fund herum und ist nicht wegzubringen. Nur mit Gewalt können wir ihn am Halsband wegzerren. Noch lange stehen ihm die Haare auf dem Rist in die Höhe.

Wie sich nachher herausstellte, hatte auch Felix einen Hund als

Helfer eingesetzt, der, an einer langen Leine geführt, ebenfalls eine noch besetzte Bärenhöhle fand.

Am vereinbarten Übernachtungsplatz treffen wir in der Dämmerung fast gleichzeitig ein. Nanaun und Ulwelkot machen sich sofort daran, für die Hunde Robbenfleisch zu hacken. Ich stelle mit Felix das Zelt auf; wir befestigen es an den Schlitten sowie an Felsbrokken, die speziell für unsere Zwecke aus dem Schnee zu ragen scheinen.

Auf unser aller Gesichtern kräuselt sich der Reif, er rieselt uns in Flocken von Wimpern, Kapuze und Pelzhemd. Auch unsere Rücken und das Fell der Hunde glänzen silbrig von Reif. Den ganzen Tag hatten wir wahrscheinlich mehr als 40 °C Frost. Diese niedrigen Temperaturen muß man einkalkulieren, sie erschweren die Arbeit nicht wenig.

Da ist zum Beispiel das Problem der Verpflegung auf dem Marsch. Was soll man an Proviant mitnehmen? Brot scheidet natürlich von vornherein aus. Es ist nach wenigen Stunden so hartgefroren, daß man es nicht einmal mit der Axt zerteilen kann, geschweige denn mit einem Messer. Konserven? Ohne Lötlampe lassen auch sie sich schlecht heiß machen, außerdem würde der Bissen augenblicklich auf dem Wege von der Büchse zum Mund auf dem Löffel erkalten. Bleibt noch Fleisch. Man kann es kochen, am besten und schnellsten auf Tschuktschenart, indem man das Wasser mit dem Fleisch nur zum Sieden bringt, dann ist es besonders schmackhaft und saftig. Noch einfacher ist es jedoch, es zu raspeln. So machen es auf ihren Fahrten die hiesigen Jäger, und ihrem Geschmack kann man trauen.

Ein weiteres Problem sind die Bärte. Diese stolze Manneszierde wird bei dem Frost zu einer echten Plage. Der sich bildende Reif taut und verwandelt sich in Eis. Die Eiskruste wächst immer mehr an, verklebt einem die Lippen und läßt Wangen und Kinn an der Kapuze anfrieren. Um den Mund zu öffnen, muß man die Eiszapfen an Backen- und Schnurrbart mit der bloßen Hand auftauen, was nicht gerade angenehm ist. Unsere Schlittenführer sind da fein heraus: Ihre spärlichen Barthaare wachsen langsam und machen ihnen bei den kurzen Fahrten keine großen Scherereien. Felix und ich hingegen müssen uns täglich rasieren. Ich trage gewöhnlich einen Rasierapparat mit Federaufzug bei mir, und zwar unter dem

Pelzhemd, damit er nicht beschädigt wird und das Öl bei der Kälte nicht erstarrt. Rasieren muß man sich in mehreren Etappen und den abgekühlten Mechanismus von Zeit zu Zeit unter dem Pelzhemd am bloßen Körper wieder in Gang bringen.

Stoffe und Gegenstände, einem von Kindheit an bekannt, verändern sich bei Frost völlig. Wenn wir das Zelt aufgebaut haben, machen wir uns sogleich an die Vorbereitungen zum Mittagessen, das gleichzeitig das Abendessen ist. Felix bindet die Petroleumkanne los, holt den Kocher, öffnet den Verschluß und ist sprachlos vor Verwunderung. Aus der Kanne rinnt träge eine weiße, dickflüssige Masse, auskristallisiertem Honig nicht unähnlich. Das Petroleum ist gefroren. Felix hält mir die Kanne unter die Nase, damit ich diese Tatsache bezeugen kann. Aber dann ist der Kocher doch irgendwie gefüllt, das Petroleum wurde mit einem Stück brennendem Papier aufgetaut. Mit Beil und Teekessel gehe ich zur nächsten Schneewehe „Wasser“ holen. Jetzt bin ich es, der sich wundert. Das stählerne Beil, das schon allerhand mitgemacht und seine hervorragende Qualität bereits unter Beweis gestellt hat, hält nicht einmal einen Schlag auf Schnee aus. Eine riesige Scharte hat es nahezu unbrauchbar gemacht. Nun bitte ich meinerseits Felix, die ungewöhnliche Tatsache zu bezeugen.

Die Hunde mühen sich mit ihrem Stück Gefrierfleisch ab, und auch wir machen uns an das Abendessen. Es ist einfach. Von einer Rentierkeule wird ein ansehnliches Stück abgehackt, das dann mit dem Beil in kleinere Stücke zerteilt wird. Hierfür ist einige Übung nötig, denn ein starker Schlag kann uns nicht nur auch dieses Beil kosten, sondern uns auch um das Essen bringen, gefrorenes Fleisch ist spröde wie Glas, und „Splitter“ fliegen weit nach allen Seiten. Mit dem Messer werden die Fleischstücke dann in weißliche lockige Späne verwandelt. Diese nennt man Stroganina. Wir speisen im Zelt und sitzen dabei um den zischenden Kocher. Die Fleisch„späne“ tauen im Mund auf und schmecken gut. Wenn sie aufgegessen sind, folgen neue. Dann trinken wir noch starken, aromatischen Tee, anschließend wird es ruhig im Lager.

Am nächsten Morgen machen wir uns wieder auf den Weg. An diesem Tag untersuchen wir die letzten Zuflüsse der Neoshidannaja, das gesamte Einzugsgebiet der Gussinaja und den Oberlauf der Mamontowaja. Ein weiterer Tag geht mit der Besichtigung der

Westküste und des größten Teils der Namenlosen Berge („Besymjannyje“) hin. Auf unseren Karten tauchen immer neue Linien auf — die zurückgelegten Routen, und Punkte — die gefundenen Bärenhöhlen. Mehrmals verbellen die Hunde Bärinnen in den Höhlen, die sich noch keinen Ausgang durch den Schnee gegraben haben. Unsere Freunde vom anderen Gespann wären beinahe in eine ähnliche schwierige Situation wie unsere Kameraleute geraten. Es war schon gegen Abend. Felix und Ulwelkot unterhielten sich angeregt. Plötzlich heulten die schon müde wirkenden Hunde auf, stürmten los, und nur wenige Meter vor dem Gespann tauchte eine Bärenhöhle auf, in die gerade das gelbliche Hinterteil einer Bärin verschwand. Zum Glück verloren die beiden nicht den Kopf. Felix hängte sich an den Haltebogen und kippte den Schlitten um, Wanja schaffte es, ein Stück vorzulaufen und den Hunden den Zugang zur Höhle zu versperren. Mit Schreien und mit Hilfe des Knüppels konnten sie die erregten Hunde von der Höhle wegbringen.

Wassili hat auf der Insel seine „eigene“ Lagune. Sie ist ihm zu Ehren benannt worden und ist auch auf den Karten als Nanaun-Lagune eingetragen. An ihrem Ufer schlagen wir unser drittes Lager auf. Die Stimmung hebt sich, die Fahrt nähert sich ihrem Ende. Wir brauchen nur noch die Nordhänge der Namenlosen Berge und die Bärenberge abzufahren, und dann sind wir schon wieder am Tundrowaja-Berg, wo sich unsere Route mit der trifft, die wir mit dem Wesdechod zurückgelegt haben. Wir brauchen nur noch einen Tag mit gutem Wetter, zumindest so einen wie gestern und vorgestern.

Der nächste Morgen ist wieder still, sonnig und kalt. Wir frühstücken schnell, brechen das Lager ab und machen uns auf. Die Namenlosen Berge haben wir schon erkundet, bleiben nur noch die Bärenberge. Da sind sie schon, zwei nicht sehr hohe Kegel, die einsam und allein in der Akademie-Tundra stehen. Nach den Berichten vieler Jäger, die auch von Nanaun bestätigt wurden, sollen an diesen Bergen besonders viele Bärenhöhlen liegen, Wochenstuben „in unübersehbarer Menge“ vorhanden sein. Wir haben also den interessantesten Teil unserer Fahrt vor uns. Da trifft uns von vorn ein eisiger Windschwall, ein zweiter, ein dritter... Von den Kämmen der Sastrugi fegen Ströme von Schneestaub, sie fließen zusammen und hüllen die Akademie-Tundra, soweit man sehen kann, in einen glitzernden Schleier. Ständig wechseln sie die Färbung, steigen in die Höhe. Ein hübsches Schauspiel, aber es ist angenehmer, es durch das Fenster von einer warmen Stube aus zu betrachten. Unbarmherzig schneiden die Schneekristalle in die Haut, nehmen einem den Atem, blenden einen, und man hat Mühe, vom Wind nicht umgeworfen zu werden. Die Hunde stehen.

Der Himmel hüllt sich in trüben Dunst, die gestaltlose Sonnenscheibe will ihn durchdringen, aber dann verschwindet sie. Es wird immer dämmriger, obwohl wir erst Mittag haben. Irgendwo in den Schneewirbeln verschwindet auch das zweite Gespann. Nanaun beugt sich über die liegenden Hunde, da spielt ihm der Sturm einen bösen Streich. Er fährt ihm unter das Fellhemd, bläht es wie ein Segel auf und packt den alten Mann mit großer Gewalt von unten, als wolle er ihn lebendig gen Himmel fahren lassen. Ich erwische Nanaun gerade noch an den Schößen, als er am Schlitten vorbeifliegt. „Was tun?" frage ich den Gefährten. „Wir müssen einen ruhigen Platz suchen", antwortet er. Aber wo? Zurückzufahren wäre zu ärgerlich, dann ist es schon besser, sich gegen den Wind bis zu den Bärenbergen durchzuschlagen. Dorthin fährt wahrscheinlich auch das andere Gespann, auf dessen Schlitten sich das Zelt, der Kocher, also alle lebensnotwendigen Dinge, befinden.

Endlos und mühsam ist der Marsch gegen den Wind, obwohl die Strecke höchstens zwei, drei Kilometer lang ist. Wir gehen voran, die Hunde folgen. Schritt um Schritt, mit Pausen zum Atemschöpfen. Aber da flaut der Wind ab, wir sind im „Windschatten" jener Berge, denen wir die ganzen Tage zustreben. Hier rieselt ständig trockener Schnee, aber das ist etwas ganz anderes als der wütende Schneesturm, den wir hinter uns haben. Wir biegen in die erste beste Senke ein und lassen uns völlig erschöpft auf den Schlitten fallen. Auch die Hunde legen sich sofort hin und rollen sich zusammen. Mit steifen Fingern holen wir die Schlafsäcke heraus, kriechen in Stiefeln und Pelzhemden hinein und verbringen so, Rücken an Rükken, eng aneinandergepreßt, im Halbschlummer den Rest des Tages und die Nacht. Es schneit und schneit. Auf Schultern, Kopf und Knien türmen sich schwere Schneemassen. Von Zeit zu Zeit müssen wir aufstehen und sie abschütteln. Wiederholt müssen wir auch aus den Schlafsäcken kriechen und die Hunde hochjagen, damit sie unter der Schneedecke nicht ersticken. Gegen Morgen wird es wärmer. Der Schnee im Gesicht taut und verwandelt sich zu Brei. Der Wind wird böig und legt sich allmählich. Die aufgehende Sonne zerteilt den Dunst. „Lebst du noch?“ rufe ich den still gewordenen Gefährten an. „Ich lebe noch“, antwortet Nanaun und schüttelt den Schnee von sich ab.

Um mich zu orientieren und die steif gewordenen Beine und Arme zu erwärmen, klettere ich über eine Schneewächte den Hang hinauf und schlage mit dem Gewehrkolben Stufen in den Schnee Der Schneesturm ist vorüber. Von den Kämmen der Sastrugi wehen nur noch dünne Fahnen. Schneestaub. Vor mir breitet sich die Ebene der Akademie-Tundra aus, man sieht das erstarrte Meer — die in der Sonne blitzenden Grate der Eisblöcke. Von dem anderen Gespann keine Spur. Ich will gerade einen Schuß abfeuern, um den vermißten Kameraden ein Signal zu geben, da bemerke ich doch, wie sich nur wenige Schritte von mir entfernt ein Schneeklumpen bewegt. Er dreht sich langsam um und nimmt allmählich die Gestalt eines Bärenkopfes an — zwei schwarze Augen, eine schwarze Nase, kurze, rundliche Ohren. Unsere Blicke treffen sich. Die Bärin ist starr vor Schreck, faucht, wölbt die Lippen vor und verschwindet wieder in der Höhle. Erst jetzt sehe ich mir die Hänge selbst genauer an und entdecke eine Bärenhöhle, dann noch eine, eine dritte...

Für die Erkundung der Bärenberge brauchen wir fünf, sechs Stunden. Dann machen wir uns auf den Heimweg und halten dabei die Augen offen, ob wir nicht irgendwo die Spuren von Ulwelkots Schlitten sehen. Wir entdecken sie, als wir die ersten Ausläufer der Namenlosen Berge passieren. Wie sich dann herausstellt, hat Wanja bei dem Sturm ebenfalls eine windgeschützte Stelle gesucht, hielt es aber für besser, dorthin umzukehren, wo er und Felix sich schon auskannten. Sie hatten die Nacht angenehmer als wir verbracht, im Zelt, und zuvor heißen Tee getrunken. Jetzt waren sie auf der Suche nach uns.

Als wir Wanjas Haus erreichen, ist es wieder Nacht. Beim Abendessen ziehen wir erste Bilanz: Der ganze Westteil der Insel ist abgesucht, über sechzig Bärenhöhlen sind gefunden und kartiert, Nanaun und ich haben leichte Frostschäden an Wangen und Nasen.

Einige wenig bekannte Seiten des Lebens, das die Eisbärinnen im Winter führen, sind nun klar. Bei der Besichtigung der Höhlen fällt einem besonders die enge Bindung der Tiere an das Meereis auf. Wenigstens die Hälfte der von uns auf der Insel gefundenen Höhlen — 1964 waren es insgesamt etwa zweihundert — lagen in Küstennähe, höchstens acht Kilometer vom Meer entfernt. Nur wenige Bärinnen waren tiefer ins Land gegangen und hatten sich zwanzig oder gar dreißig Kilometer von der Küste entfernt. Sehr wichtig für die Anlage der Höhle sind die Beschaffenheit der Schneedecke, die Bedingungen, unter denen sich der Schnee ansammelt und taut. Besonders gern suchen die Bärinnen offensichtlich dabei steile Nordhänge auf, und das ist sicher kein Zufall. Auf den von der Sommersonne besser durchwärmten Südhängen sind bis zum Herbst keine Schneeansammlungen mehr zu finden. Die mächtigsten Wächten bilden sich an Hängen mit einem Gefälle von 20 bis 25 Grad, ebendort liegen auch die meisten Bärenhöhlen. Die Schneehöhe hat auch Einfluß darauf, wie hoch am Hang die Höhle angelegt wird. Am Fuß eines Hanges gibt es gewöhnlich keine Höhlen, denn die sich hier ansammelnden Schneemassen sind zu mächtig, und die Bärin hat im Frühjahr große Mühe, sich wieder herauszuarbeiten. Die meisten Höhlen befinden sich deshalb auf oberen Hangabschnitten, wo die Schneehöhe zwei bis drei Meter erreicht. Wo Relief und Schneeverhältnisse günstig sind, wie in den Bärenbergen, liegen die Bärinnen sehr dicht beieinander, zuweilen nur dreißig bis vierzig Meter voneinander entfernt. Wir haben sogar erlebt, daß zwei Bärinnen buchstäblich nebeneinander wohnten.

Die Anlage der Bärenhöhlen ist ziemlich einfach und einheitlich. In den meisten Fällen bestehen sie aus einer zwei, drei Meter langen und anderthalb Meter hohen und breiten Kammer. Decke und Wände sind sehr fest und zeigen überall Krallenspuren. Ans Tageslicht führt ein schmaler Korridor, der meist nicht länger als ein Meter ist, nur bei sehr mächtigen Schneeansammlungen muß die Bärin einen längeren Gang graben.

Fünf Tage und fünf Nächte tobte der Schneesturm. Der Orkan erreichte eine selbst für diese Gegend ungewöhnliche Stärke und wirbelte vor der Verkaufsstelle Fässer und leere Kisten sowie von den

Häusern losgerissene Bretter und Blechstücke durch die Luft. Man konnte gerade noch die ausgestreckte Hand erkennen, und ein Weg zum Nachbarhaus gestaltete sich zu einem schwierigen Problem. Nach dem Sturm wurde es jedoch merklich wärmer, und man spürte einen Hauch von Frühling. Die Temperatur näherte sich immer mehr dem Gefrierpunkt, der Schnee wurde körnig, an der Südseite der Dächer und der Eisblöcke im Meer hingen Eiszapfen. Am 13. April tauchte in der Siedlung die erste Schneeammer auf. Sie suchte an dem Kohlenhaufen Futter und wurde begeistert begrüßt. Den ganzen Tag über fanden sich an dem Kohlenhaufen Inselbewohner ein, um sich mit eigenen Augen von der Ankunft des gefiederten Frühlingsboten zu überzeugen, sein einfaches Lied zu hören. Am Abend kam dann die erste Schnee-Eule in diesem Jahr vorbeigeflogen.

Der Orkan ließ das Eis bersten, und unweit vom Ufer brach eine breite Wake auf, deren Umrisse sich am Himmel widerspiegelten. Ringelrobben strebten dem offenen Meer zu, häufiger besuchten jetzt die Insel einzelne Eisbären. Einer kam am frühen Morgen zur Polarstation und wurde von den Hunden mit wütendem Gebell empfangen. Aber unser Mischka war nicht sehr mutig, und so sahen die wach gewordenen „Poljarniki" nur noch das gelbliche Hinterteil des Bären im Küsteneis verschwinden. Ein anderer Bär besuchte die Station gegen Mittag, als die in der Sonne müde gewordenen Hunde fest schliefen. Er lockte einen ganzen Schwarm Amateurfotografen aus den Häusern. Sie liefen, sich gegenseitig behindernd, hin und her, die mutigsten sprangen vor dem Bären herum. Ununterbrochen klickten die Verschlüsse. Aber der Bär blieb gelassen. Gemächlich und mit Würde trabte er an den Häusern vorbei über die Landzunge aufs Meer hinaus, ohne sich von seinem Weg abbringen zu lassen.

Einmal schlenderte ich mit Nanaun über die Landzunge hinter der Station entlang. Wassili zeigte mir die Stelle, wo der Dampfer seinerzeit die ersten Siedler an Land gebracht, wo das erste von ihnen errichtete Haus gestanden hatte. Man konnte direkt zusehen, wie die letzten Schneeflecken wegtauten und nur kurze Zeit noch feuchte Flecke hinterließen. Über dem schwarzen Sand flimmerte die warme Luft. Der alte Mann kramte in Erinnerungen und erzählte über allerlei interessante Begebenheiten in seinem Leben. So ging er einmal im Sommer zu Fuß die Küste entlang. Die Wärme machte ihn müde, er zog die Robbenfellstiefel aus, legte sie zum Trocknen auf die Steine und streckte sich aus. Als Wassili wieder erwachte, sah er, wie sich ein Eisbär über die Pelzstiefel beugte. „Aber der war größer als dieser dort“, fuhr er ruhig fort und zeigte irgendwohin. Ich blickte um mich und fuhr doch unwillkürlich zusammen. Der Landzunge folgend, trabte über das Randeis ein kapitaler Eisbär mit fast reinweißem Fell. Deutlich waren die Bewegungen der Schulterblätter zu erkennen, hoben sich die schwarzen Sohlen an den Tatzen ab. Man konnte sogar sehen, wie die langen Haarbüschel an seinen Hinterbeinen durch den Schnee schleiften. Der Bär würdigte uns jedoch keines Blickes. Er strebte wohl der Küche der Station zu, von der zweifellos verlockende Düfte kamen; doch als er die Hunde bellen hörte, verhoffte er, schien einen Augenblick zu überlegen und trollte sich dann in Richtung Eisblöcke.

„Und wie ging es dann weiter?“ fragte ich Nanaun. „Als ich mich bewegte, packte der Bär einen Stiefel und zog damit ab. Es tut mir heute noch leid um sie, es waren ganz neue Stiefel“, schloß er lachend seine Erzählung.

Die Sonne ging jetzt nicht mehr unter und schien Tag und Nacht. An den Südhängen der Berge vergrößerten sich zusehends die schwarzen Flecken der schneefreien Flächen. Am blauen Frühlingshimmel trillerten ununterbrochen die Schneeammern, nachts war von der Tundra her das zärtliche Gurren der balzenden Schnee-Eulen-Männchen zu hören. Die Insel belebte sich allmählich, aber der Frühling unterbrach unsere Arbeit vorerst noch nicht. Die Bärenlager waren, obgleich einige davon schon über einen Monat leerstanden und es verschiedentlich Schneesturm gegeben hatte, noch ziemlich gut erkennbar. Unser Wesdechod befuhr die Tundra genauso zuverlässig wie im Winter. Wenn nachts der Schnee überfror, glitten auch noch gut die Narten. Die Erforschung der Insel ging übrigens ihrem Ende entgegen, mit jedem Tag verblieben auf unseren Karten immer weniger „weiße Flecken“.

Nur unsere Kameraleute verfolgte weiterhin das Mißgeschick. Ihnen war es immer noch nicht gelungen, die wichtigste Einstellung, den Spaziergang einer Eisbärin mit ihren Jungen in der Nähe der Höhle, zu filmen. Anatoli und Igor machten verzweifelte Anstrengungen, aber die Tiere schienen jede Begegnung mit ihnen zu meiden. Mehrmals mußten die Aufnahmen wegen des Wetters unterbrochen werden. Entweder verschwand im entscheidenden Moment die Sonne, oder die Bärenfamilie hüllte fegender Schnee ein. Anatoli setzte jetzt für das Auffinden einer besetzten Bärenhöhle eine ansehnliche Prämie aus, und viele Jäger durchstöberten in der Hoffnung auf die Belohnung die Insel nach allen Richtungen. Dadurch konnten wir unsere Karten durch neue Punkte — die Fundorte — ergänzen.

Ab und zu machten sich die Kameraleute selbst auf die Suche, aber ohne Erfolg. Da nahm Anatoli zum äußersten Mittel Zuflucht (ich hoffe, er ist mir nicht böse, daß ich sein Berufsgeheimnis verrate). Bereits im März hatten Jäger den Filmleuten ein Eisbärjunges mitgebracht. Dieser quirlige Kleine lebte bei uns im Hause und war bisher nur in „Nebenrollen" aufgetreten. Jetzt wurde er „Star". In eine Schneewehe bei der Siedlung grub man eine Höhle, die ein Bärenlager darstellen sollte. Das Bärenjunge „spielte" ziemlich echt das Verlassen der Höhle, einen „Spaziergang", den Hang hinunterrutschen wollte es allerdings nicht. Dann begannen die Aufnahmen inmitten der nächstgelegenen Eisblöcke, wo das Junge, obwohl es inzwischen erst wenige Zentimeter gewachsen war, eine ... Bärin darstellen mußte!

Aber da schien den Kameraleuten doch noch das Glück zu lächeln. In den letzten Apriltagen brachte ein Bote die Nachricht, daß bei den steilen Küstenfelsen im Süden der Insel östlich der Siedlung eine besetzte Höhle gefunden worden sei. Die erfreuten Kameraleute machten sich sofort auf den Weg.

Doch ach, auch dieses Mal konnte die Hauptszene nicht gefilmt werden. Die Höhle war zwar tatsächlich noch besetzt, aber diesmal hatte die Bärin einen Fehler gemacht. Der Höhlenausgang führte mindestens fünf Meter senkrecht nach oben, so daß die Jungen nicht herauskonnten. Die Mutter benahm sich sehr vorsichtig. Sie steckte nur die Nasenspitze heraus, und als sie die Witterung der Menschen aufnahm, verschwand sie sofort wieder. Anatoli und Igor brachten mehrere Tage bei der Höhle zu, setzten mehrmals das Tarnzelt um, in dem die auf die Höhle gerichtete Kamera untergebracht war, doch eingedenk des Sprichworts, wonach der Sperling in der Hand besser ist als die Taube auf dem Dach, kehrten sie schließlich wieder nach Hause zurück, um die Aufnahmen mit ihrem „Schauspieler" fortzusetzen.

Auch ich machte mich bald mit Nanaun in Richtung Osten auf

den Weg. Nachts hielten wir bei den Küstenfelsen Rast, damit die Hunde verschnaufen konnten. Die Gryllteisten, die die Spalten bewohnen, waren schon zurückgekehrt. Dutzende dieser schwarzen Vögel mit den roten Beinen flogen pfeifend an uns vorüber aufs Meer hinaus, verschwanden hinter den Eisblöcken und kehrten zurück. Die Felsen selbst glichen einem bezugsfertigen Haus: Um die einzelnen Etagen und Wohnungen ging es recht lebhaft zu. Hier und da gab es Streitereien, ein ungeduldiger Bewohner hat schon seine Behausung gesäubert und den Schnee vom Winter hinausbefördert. Das Pfeifen der Gryllteisten mischte sich mit dem Trillern der Schneeammern. Hoch am Himmel flog mit heiserem Schrei eine fast schneeweiße Eismöwe vorüber.

Die Hunde hatten sich im Schnee ausgestreckt, japsten und kümmerten sich nicht um das Leben und Treiben um sie herum. Aber plötzlich sprang Apsinak mit gesträubtem Fell auf, und laut bellend rannte das ganze Gespann auf das Packeis zu. Mit geübter Bewegung stemmte sich Nanaun mit aller Kraft auf den Knüppel und brachte die Hunde zum Stehen. Wir banden sie sicher an und erklommen einen Eisblock. Das Ufereis entlang wanderten drei Eisbären — ein großer und zwei kleine. Ihre Fährten begannen bei einer Schneewehe unterhalb des erwähnten nahegelegenen Felsens. Dort gähnte der dunkle Eingang zum Bärenlager, aus dem sich die Jungen also doch herausgezwängt hatten. Etwas abseits spießten noch Zeltstäbe. Damit wanderte die letzte Hoffnung der Kameraleute aufs Meer hinaus — vielleicht die letzte Bärenfamilie dieses Jahres. Das „Entbindungsheim“ der Eisbären hatte sich geleert.

Auf der Wrangel-Insel markiert

Ein nicht sehr lauter Knall eines Schusses, und auf der Backe der aus ihrer Höhle herausschauenden Bärin ist in dem gelblichen Fell ein roter Fleck zu erkennen — die Einstichstelle einer „fliegenden Spritze“. Ein rotes Federbüschel — das Schwanzleitwerk der Spritze — zeigt an, daß der Schuß getroffen hat.

Alle springen eilig von der Höhle weg. Aber das Tier zeigt sich nicht, gibt überhaupt kein Lebenszeichen von sich. Es vergehen fünf Minuten, zehn Minuten. Im Bärenlager bleibt es still. Wir entschließen uns, den Hang hinaufzuklettern. Juri beugt sich über den Eingang, blickt in die Höhle und winkt mich heran. Man kann kaum etwas sehen, aber im Halbdunkel erkennt man trotzdem drei schwarze Punkte — Augen und Nase — auf den Eingang gerichtet. Man ahnt die Umrisse des breiten Kopfes, der, wie es aussieht, reglos am Boden des Schneekorridors liegt. Sascha bringt eine lange Stange, nur so kann man feststellen, ob die Spritze gewirkt hat. Für alle Fälle halte ich den Karabiner schußbereit, Juri hat eine mit Kugeln geladene Doppelflinte. Ich habe die Handschuhe ausgezogen, der eiskalte Abzughahn verbrennt einem geradezu den Finger, aber darauf kann ich jetzt nicht achten. Die Spitze der Stange stößt den großen weichen Körper an, aber das Tier rührt sich nicht...

So gelang es uns erstmalig, eine Eisbärin in ihrem Lager zu betäuben, und zwar war das Ende März 1969 in den Bärenbergen. Diesmal waren wir nicht auf die Insel gekommen, um nur wieder die Bärenlager zu zählen, sondern wir wollten uns auch bei der Betäubung und Markierung der Eisbärinnen selbst Praxis erwerben.

Das Betäuben von Tieren, besonders von Großsäugern, ist die am wenigsten aufwendige, zuweilen sogar die einzig mögliche Fangmethode, die in den letzten Jahren in der zoologischen Forschungsarbeit breite Anwendung findet. Allerdings handelt es sich dabei um eine schon recht alte Erfindung des Menschen, denn seit Urzeiten verwandten südamerikanische Indianer bei der Jagd das Pflanzengift

Kurare, mit dem sie die Pfeilspitzen bestrichen. Heute stehen den Zoologen verschiedene synthetische Präparate zur Verfügung, die in ihrer Wirkung dem Kurare ähnlich sind. Auch Verfahren zur Anwendung dieser Präparate wurden entwickelt. Die Forscher benutzen spezielle Kugeln, die mit einem Pulver gefüllt sind, oder besondere Pfeile, die mit Bogen oder Gewehr abgeschossen werden und in Vertiefungen eine Paste oder ein Pulver enthalten. Meist verwendet man jedoch sogenannte fliegende Spritzen aus Metall, die mit einem Gewehr abgeschossen und auf Entfernungen von fünfzig, sechzig Metern eingesetzt werden. Wenn die Kanüle in den Körper des Tieres eindringt, schiebt sich ein Kolben nach vorn und drückt das Betäubungsmittel heraus.

Zoologen oder Jagdwissenschaftler verfolgen natürlich einen ganz anderen Zweck als die Indianer. Die Indianer Südamerikas wollen mit dem Gift an ihren Pfeilspitzen ein Beutetier töten. Den Zoologen geht es nur darum, ein Tier für gewisse Zeit bewegungsunfähig zu machen, um es in einen Käfig zu bringen (zum Beispiel, um es in einen Zoo zu schaffen oder es an einem anderen Ort auszusetzen), um notwendige medizinische Prozeduren vorzunehmen, das Tier zu messen, zu wiegen oder, wie in unserem Falle, es zu markieren.

Das Markieren von Eisbären ist dabei eine Arbeit für sich und keineswegs einfach. Antilopen, Hirschen und selbst anderen Bären kann man nach der Betäubung helle, weithin sichtbare Halsbänder aus Kapron oder einem anderen dauerhaften Material umlegen. Der Eisbär ist körperlich jedoch so gestaltet, daß ein Halsband wieder abrutschen würde, weil der Durchmesser des Kopfes kleiner ist als der des Halses. Ohrringe aus Metall oder Plast, die in Gebieten mit gemäßigtem und heißem Klima Verwendung finden, frieren aus den Ohren von Eisbären oft heraus und gehen verloren.

Das Markieren eines Eisbären ist deshalb eine langwierige Prozedur. Da es nichts Besseres gibt, werden trotzdem Marken aus rostfreiem Stahl verwandt mit einer Nummer und der Aufschrift „Сообщи Москва“*, die man an jedem Ohr anbringt. Damit die Marken möglichst lange getragen werden, ist die Arbeit äußerst gewissenhaft

---

* Ausländische Markierungen tragen natürlich andere Aufschriften — *Anm. d. Red.*

auszuführen. Zur Sicherheit wird dem Tier die Nummer zusätzlich noch mit einer speziellen Tätowierzange in die Innenseite der Unterlippe eingedrückt und mit wasserfester roter Farbe groß auf das Fell des Hinterteils aufgemalt, wo sie natürlich nur bis zum Haarwechsel im Herbst erhalten bleibt. Diese Methode entspricht dem internationalen Standard. Um zu vergleichbaren Ergebnissen zu kommen, kennzeichnen Fachkollegen in den USA, in Kanada und Norwegen die Eisbären in der gleichen Weise.

Natürlich möchte man von jedem betäubten Tier möglichst viele Daten sammeln. Es wird also vermessen, die Zähne müssen untersucht werden, damit man wenigstens annähernd das Alter des Tieres bestimmen kann, eine Blutprobe wird entnommen und anderes mehr. Man darf dabei jedoch nicht vergessen, daß der Eisbär nur zeitweilig bewegungsunfähig ist, wobei die Zeitdauer recht unterschiedlich sein kann. Das Tier kann also jeden Moment aufstehen und seinen Unmut zum Ausdruck bringen.

Mit der Kennzeichnung von Eisbären hat man vor noch nicht allzu langer Zeit begonnen. Die ersten, anfangs nicht sehr erfolgreichen Versuche in dieser Richtung wurden 1962 auf Spitzbergen und 1965 in Alaska unternommen. Doch beherrschte man sehr bald die Technik, und schon 1970 trugen bereits über fünfhundert Tiere in verschiedenen Teilen der Arktis Ohrmarken und andere Spuren engen Kontakts mit Zoologen.

Die kanadischen Zoologen kennzeichnen Eisbären an der Küste der Hudsonbucht, in einer der ungewöhnlichsten Gegenden der Arktis. Obwohl die Bucht südlich des Polarkreises liegt, trägt sie im Winter einen mächtigen Eispanzer. Sie befindet sich zwar auf der geographischen Breite von Leningrad und sogar von Moskau, doch besteht der Küstenstreifen aus echter Tundra, und zwischen den Eisblöcken streifen Eisbären umher, die sich hier durchaus heimisch fühlen. Ungewöhnlich ist auch die Lebensweise der dortigen Eisbären. Wenn zum Sommerausgang das Eis in der Bucht aufbricht, sammeln sie sich an der Küste, suchen in Tanghaufen und Abfällen in der Nähe menschlicher Siedlungen nach Nahrung und kommen sogar in die Nähe großer und lärmerfüllter Städte. Ungewöhnlich erscheint einem schließlich auch die Arbeit der kanadischen Zoologen. Sie betäuben und markieren die Bären auf dem Land, nachdem sie sie mit Stahldrahtschlingen gefangen haben, und brauchen dazu keine Expeditionen in abgelegene und schwer zugängliche arktische Gegenden zu unternehmen. Sie leben in Churchill, einer modernen Stadt, und fahren auf einer Asphaltstraße mit dem Auto zu ihrem „Jagdrevier".

Im Herbst 1969 bot sich mir Gelegenheit, dort zu weilen, und unwillkürlich beneidete ich meine kanadischen Kollegen. Vor allem überraschte mich die Zahl der Eisbären. Bei einem Flug mit einem Hubschrauber zählte ich auf hundertfünfzig Kilometern am Ufer der Bucht fünfundsiebzig Tiere, die nicht nur einzeln oder familienweise auftraten, sondern in ganzen „Herden" zu zehn und sogar zu zwölf Exemplaren. Die hungrigen Tiere wurden von dem Fleisch- oder Fischgeruch angelockt, sie attackierten geradezu die Fallen und gerieten oft direkt vor den Augen der Leute in die aufgestellten Schlingen. Da das Seil den Bären zuverlässig an einer Vorderpranke festhält, ist alles Weitere — Betäubung und Kennzeichung — keine besonders schwierige Angelegenheit. Hinzu kommt, daß weder Schneesturm noch strenge Kälte die Arbeit behindern.

Die norwegischen Forscher arbeiten im Westen der Barentssee. Sie suchen die Eisbären von einem Kutter aus und betäuben die Tiere im Wasser von Bord des Schiffes oder von einer Schaluppe aus. Manchmal verfolgen sie auch ein Tier auf dem Eis. In dem Falle bewaffnen sie sich mit Gewehren und Pistolen, obgleich sich gezeigt hat, daß man dieses überaus neugierige Tier verjagen kann, wenn man mit kleinen metallischen Gegenständen klappert, etwa mit einem Schlüsselbund. Die betäubten Tiere hieven die Norweger an Bord und bringen sie in einen großen Käfig, wo sie sie untersuchen. Den Käfig verlassen die Tiere dann schon allein, auf ihren eigenen Beinen. In Alaska schießt man vom Hubschrauber aus mit Betäubungsspritzen auf die Bären.

Wir nun sollten uns die Technik von Betäubung und Markierung nicht irgendwelcher Tiere aneignen, bei uns ging es um Weibchen und Jungtiere in Höhlen. Das ist nur im März/April möglich, wenn das Wetter in der Arktis nicht gerade das beste ist. Schon deshalb mußte man auf viele Schwierigkeiten gefaßt sein. Da wären beispielsweise die „fliegenden Spritzen", mit denen wir jetzt ausgerüstet sind. Bei Kälte haben sie so ihre Mucken. Wä rige Lösungen von Präparaten kann man nicht verwenden, denn wenn der Flug der Spritze auch nur kurz ist, so gefriert der Inhalt inzwischen doch. In Alkohol sind nicht alle Präparate löslich. Bei strengem Frost wird die ganze Apparatur zur Betäubung überhaupt unbrauchbar, das Gewehr versagt den Dienst, das Fett im Lauf wird steif. Das ist aber noch nicht das Schlimmste. Schwierig wird es, an ein Bärenlager heranzukommen, das an einem hohen, steilen Hang liegt (und gerade dort liegen die meisten), eine kleine Plattform zu finden oder freizuschlagen, auf dem die ganze Mannschaft und die nötige Ausrüstung Platz finden. Selbst wenn auch ein Kollege neben einem steht und einem notfalls Feuerschutz gibt, so ist die unmittelbare Nähe der Höhlenbewohner nicht gerade angenehm. Zudem muß die Spritze auf ganz kurze Distanz und unbedingt in die Wange abgefeuert werden, da der Schütze lediglich den Kopf des Tieres zu sehen bekommt.

Nur so läßt sich schließlich ermitteln, ob die Weibchen ihr ganzes Leben immer an demselben Platz ihre Jungen werfen, aus welchen Gebieten der Arktis sie hierher kommen, wie stark bei den Tieren das „Heimatgefühl" ausgebildet ist. Außerdem macht die Aneignung zuverlässiger Methoden zur Betäubung von Eisbären in den Bärenlagern das unblutige Einfangen der Jungen möglich, dient damit also unmittelbar dem Schutz der Tiere. Denn nach jungen Eisbären besteht eine ständige Nachfrage. In Zoos und im Zirkus erfreuen sie sich großer Beliebtheit. Zu diesem Zweck ist in der UdSSR der Fang einer ganz geringen Zahl von Tieren erlaubt — die einzig zulässige Form einer wirtschaftlichen Nutzung des Eisbären in der sowjetischen Arktis. Um die Jungen jedoch einfangen oder aus der Höhle nehmen zu können, mußte man noch bis vor kurzem die Muttertiere töten. Der Fang von Jungbären gab somit manchmal einen willkommenen „Deckmantel" für Wilddiebe ab. Bereits 1969 wurde jedoch der Abschuß von Weibchen beim Fang von Jungbären in der Sowjetunion gänzlich verboten. Die Muttertiere dürfen nur noch betäubt werden.

Die Bärenberge sind äußerlich durch nichts besonders auffällig. Im Sommer erscheinen sie, vom Flugzeug aus oder überhaupt aus größerer Entfernung gesehen, gegen die gelblichgrüne Akademie-

Tundra im Hintergrund wie niedrige graue Hügel. Wenn im Winter die Konturen der Berge durch die Schneeansammlungen noch mehr geglättet sind, wirken diese Hügel noch flacher und unauffälliger. Auf vielen Karten sowie im Sprachgebrauch hiesiger Jäger werden sie auch als Dream Head — etwa „Traumberge"— bezeichnet. Ich weiß nicht, was ihnen zu diesem Namen verholfen hat, aber mich haben sie tatsächlich Jahre hindurch gelockt. Auf der Karte der Insel findet man übrigens eine ganze Anzahl englischer Bezeichnungen, die aus dem vorigen Jahrhundert von amerikanischen Seeleuten stammen.

Bereits aus Gesprächen mit den Pionieren bei der Erschließung der Insel, mit G. Uschakow und A. Minejew, ging hervor, daß hier die meisten „Wochenstuben" der Eisbären liegen mußten. Von zahlreichen Bärenhöhlen an den Hängen des Dream Head haben mir 1960 auch viele Inselbewohner berichtet. 1964 überraschte mich und Nanaun hier ein Schneesturm. Obwohl wir uns damals an die vierundzwanzig Stunden in den Bergen aufgehalten hatten, standen mir für die Erforschung nur wenige Stunden zur Verfügung. Nun endlich, fünf Jahre später, bekam ich die Möglichkeit, diesen interessanten Teil der Wrangel-Insel näher kennenzulernen. Am 23. März brachte ein Traktor eine ziemlich geräumige Hütte mit einem eisernen Ofen, einem Vorrat an Kohle und Verpflegung sowie der notwendigen Ausrüstung und fuhr sofort wieder zurück zur Siedlung. Sascha Kischtschinski und ich blieben in der Hütte und warteten auf die restlichen Expeditionsteilnehmer und den Beginn der Arbeit — die Betäubung und Markierung der Eisbären.

Am Morgen des nächsten Tages — es herrschte ruhiges klares Wetter — waren wir bereits unterwegs. Schon in unmittelbarer Umgebung der Hütte fanden wir in verhältnismäßig geringer Entfernung voneinander drei Bärenhöhlen — zwei vom Schnee halb zugeweht und folglich verlassen, eine noch besetzt. Die Bewohnerin streckte für einen Moment den Kopf heraus, brüllte dumpf und verschwand sogleich wieder.

Wir halten uns bei jeder Höhle nur kurz auf, um sie zu beschreiben und in die Karte einzutragen. Neben jeder Höhle stecken wir einen Metallstab mit einem roten Fähnchen in den Schnee. In nächster Zeit wollen wir die Insel mit dem Flugzeug abfliegen und versuchen, die Höhlen aus der Luft zu zählen. Die

Fähnchen sollen uns dabei als Orientierungspunkte dienen und uns helfen, zu entscheiden, wie genau eine Zählung aus der Luft ist, und ob sie sich überhaupt lohnt.

Dieser Teil der Insel scheint den Eisbären tatsächlich besonders zu gefallen. Die ovalen Trittsiegel ziehen sich neben unserem Weg hin und kreuzen ihn in allen Richtungen. Sie stammen sowohl von Einzelgängern als auch von Familien. Stellenweise vereinigen sie sich zu regelrechten Wechseln. Einige Fährten sind ganz frisch, von gestern oder gar von heute, andere schon eine Woche alt oder noch älter. Die Spuren eines Tieres, eines Menschen oder eines Fahrzeugs „altern" in der Arktis übrigens ganz anders als etwa im Wald. Die frische Fährte eines Bären — natürlich nicht die auf lockerem Schnee, der bei ruhigem, warmem Wetter gefallen ist — erkennt man nur an den schwachen Abdrücken der Krallen. Der Schnee hat sich unter dem Gewicht des Tieres aber dennoch etwas verfestigt und leistet deshalb einem Schneesturm mehr Widerstand als der der Umgebung. So tritt die Fährte nach jedem Sturm immer deutlicher zutage und ragt bis zu zehn Zentimetern über der Umgebung empor. Der Abdruck nimmt mehr und mehr die Gestalt eines Pilzes an, der allerdings nur von kurzem Bestand ist. Schon der nächste Schneesturm „sägt" ihm den Fuß ab, und die Fährte ist zerstört.

Die Sonne wollte schon am Horizont verschwinden, als wir an einem Hang eine regelrechte Eisbären„siedlung" entdeckten. Sie bestand aus vier bereits offenen, aber noch bewohnten Höhlen, die nicht weiter als zwanzig bis fünfundzwanzig Meter voneinander entfernt angelegt waren. Später stellte sich heraus, daß an diesem Fleck noch zwei weitere Weibchen mit ihren Jungen überwinterten.

Drei Bärinnen bekamen wir nicht zu Gesicht, mit der vierten aber machten wir ziemlich enge Bekanntschaft. Wir hatten uns der Höhle schon auf etwa zweihundert Meter genähert, als die Bewohnerin in dem schmalen Eingangsloch auftauchte, den schon ohnehin langen Hals herausreckte und die Ankömmlinge in Augenschein nahm. Die drei schwarzen Punkte in dem weißgelben Fell — Augen und Nase — hoben und senkten sich. Der tiefblaue Schatten auf dem Schnee gab die langsamen Bewegungen des Tieres wieder. Im schräg einfallenden Licht traten die streifigen großen und kleinen Sastrugi, der Höhleneingang und die herumliegenden Schneebrokken besonders deutlich hervor: geradezu ideale Bedingungen für

Fotos! Wir machten die Apparate bereit und näherten uns langsam der Höhle. Sascha entsicherte vorsichtshalber den Karabiner, den er jetzt vorn auf der Brust trug.

Bis zur Höhle sind es noch etwa fünfzig Meter. Die Bärin zieht den Kopf zurück, mustert uns aber auch weiterhin, bis jetzt noch ruhig und beinahe friedfertig. Jetzt stellt sich heraus, daß die Höhle zwei Eingänge hat, der eine liegt etwa einen Meter über dem anderen. Im unteren ist der uns zugewandte Kopf der Mutter zu erkennen, aus dem oberen gucken, einander wegdrängelnd und abwechselnd, die neugierigen Jungen heraus.

Wir haben schon einige Einstellungen „im Kasten" — die Bärin und auch die ganze Familie. Wir hätten sie aber ganz gern auch etwas größer im Bild und gehen noch dichter heran. Bis zur Höhle bleiben noch zwanzig Meter, dann fünfzehn, schließlich nur noch zehn. Aber da ist die Geduld der Bärin zu Ende. Sie schiebt ihren breiten Kopf heraus, verschwindet wieder, streckt dann Kopf und Hals vor, plötzlich birst die dünne Schneedecke, und das Tier springt mit einem Satz nach draußen.

Ich ging als erster und bleibe nun stehen. Da ich Sascha mit dem Karabiner neben mir weiß, stehe ich ganz ruhig und betrachte das Tier aufmerksam. Die Bärin will uns ganz offensichtlich „einschüchtern". Durch die gespitzten Lippen stößt sie ein ärgerliches Zischen aus. Sie sträubt das Fell auf dem Rist und will so größer erscheinen, als sie in Wirklichkeit ist. Offenbar aus demselben Grunde springt sie ein, zweimal auf der Stelle in die Höhe. Sie faucht nochmals und verschwindet dann, rückwärts gehend, in der Höhle. Ich drehe mich zu Sascha um, und da sehe ich doch, daß ihm der Karabiner ruhig vor der Brust baumelt, während er selbst mit klammen Fingern vergeblich versucht, eine neue Filmkassette einzulegen...

Wie die Bärin entfernen auch wir uns im Rückwärtsgang und lassen die Familie nun in Ruhe. Da die Bewohnerin der nächsten Höhle weniger friedfertig sein kann, nehme ich den Karabiner an mich. Inzwischen ist es aber auch schon dämmrig geworden, und wir kehren zur Hütte zurück.

Schon der erste Ausflug in die Bärenberge hat gezeigt, daß in diesem Jahr wenig Schnee liegt. Die Lager sind nicht sehr tief, so daß die Bärinnen keinen langen Korridor zu graben brauchen, um sie aufzubrechen. Die Tiere stoßen manchmal nur die Decke durch, und schon sind sie draußen. Die herausgeworfenen Schneemengen bei den Höhlen sind auch nur unbedeutend, und so sind diese recht schwer zu entdecken. Manche findet man erst, wenn man unmittelbar davorsteht. Im Alleingang dürfen wir jetzt die Hänge nicht abgehen, zu groß ist die Gefahr, durch die nur dünne Decke einer Höhle einzubrechen und als ungebetener Gast von der Besitzerin empfangen zu werden. Da wenig Schnee liegt, lassen sich aber auch Unterschiede im Verhalten der Tiere, in der Art, wie sie auf einen nahenden Menschen reagieren, feststellen. Es wurde deutlich, daß sich Tiere unter einer mehr oder weniger dicken Schneeschicht in ihre Höhle zurückziehen, da sie diese für sicher halten. Einige Weibchen jedoch, wie die, mit der wir zusammengetroffen waren, hatten sich in diesem Jahr kein tiefes Lager anlegen können, so daß sie sich nicht auf die Sicherheit der Höhle verlassen konnten. Sie zogen es daher vor, ihren Unterschlupf zu verteidigen.

Am folgenden Tag schien das Wetter wieder gut zu werden, und wir verließen auch diesmal schon früh unsere Hütte, um unsere Gefilde weiter zu untersuchen, doch kamen wir über die Bären„siedlung“ nicht hinaus. Der Wind blies immer heftiger, von den Kämmen der Sastrugi trieben Ströme von Schnee. Ein Schneesturm näherte sich, und wir mußten umkehren. Wir konnten nur noch die gestrige Bärenwohnung aufsuchen, die sich in eine offene Höhle verwandelt hatte, so daß man das Innere gut sehen konnte. Selbst aus der Entfernung war zu erkennen, daß die Bärin auf der Seite lag. Eine Vordertatze bewegte sich etwas, an ihrer Brust krabbelten die Jungen herum. Als wir bis auf zehn Meter herangekommen waren, hob sie den Kopf, rührte sich jedoch nicht vom Fleck. Offensichtlich bot die Höhle nicht mehr genügend Schutz gegen Kälte und Wind, die Mutter konnte die Jungen nicht mehr allein lassen, um die Besucher zu vertreiben.

Der Schneesturm hatte sich gerade gelegt, als bei der Hütte Motorengeräusch zu hören war. Mit dem Fahrzeug kamen Juri und der Leiter des Schutzgebiets — Nikolai Winkler. Jetzt war bei den Bärenbergen unsere ganze Expeditionsmannschaft versammelt. Nikolai stellte den Traktor mit langsam laufendem Motor unmittelbar neben der Hüttenwand ab, bei Frost ist es schwierig und lang-

Der Eisbär ist das größte Landraubtier unserer Erde

Eisbärenjunge spielen gern. In einer Bärenhöhle (oben)

Am Rand einer kanadischen Siedlung ist ein Eisbär in die Falle geraten

„Wegkreuzung“ in der Tundra. Raupenschlepper und Hubschrauber sind bei deren Erschließung nicht zu entbehren

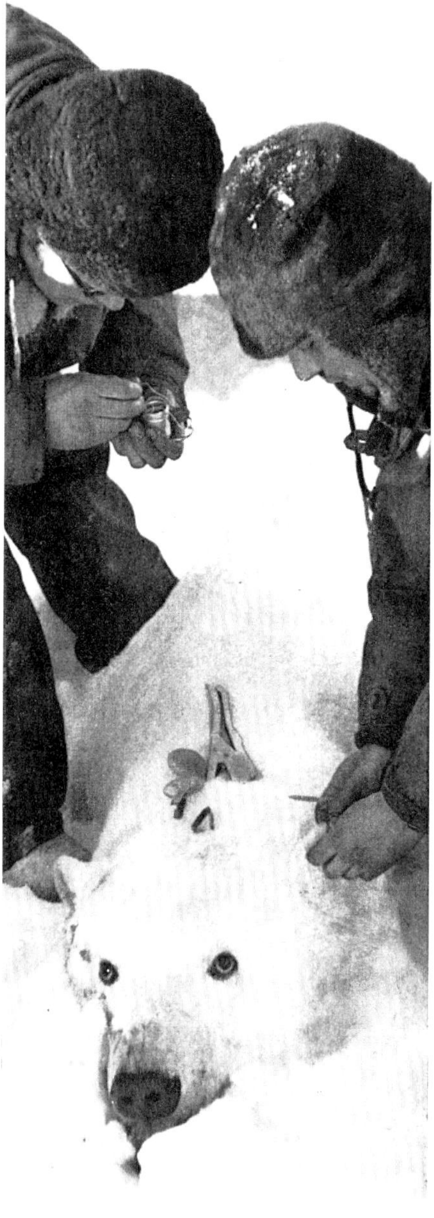

Markieren eines betäubten Bären

Sie haben sich schon gut an den Menschen gewöhnt (oben). Auch dieser Eisbär ist in eine Falle getappt

Der Autor des Buches, Sawwa
Michailowitsch Uspenski

wierig, den Motor neu anzulassen. In unserer zeitweiligen Behausung war es nun eng und laut, dafür aber auch hell, denn der Motor lief nicht einfach leer, sondern verwandelte sich vorübergehend in ein kleines Kraftwerk.

Am folgenden Tag wurde in einer der nächstgelegenen Höhlen die erste Bärin betäubt.

... Die Decke der Höhle ist schnell mit Schaufeln durchstoßen, die Bewohnerin liegt auf dem Bauch in einer tiefen Grube. Sie hat die Augen offen. Der Körper ist schlaff und reglos, zuckt aber von Zeit zu Zeit wie im Krampf. Tatze oder Kopf fallen sogleich auf den Schnee zurück, wenn man sie anhebt. Nun gilt es, schnell zu handeln. Nach vorher festgelegtem Plan macht sich jeder an die für ihn vorgesehene Prozedur — Anlegen der Ohrmarken, Vermessen, Aufmalen der roten Nummer auf dem Hinterteil. In der Grube ist es eng, außerdem stören die herumkrabbelnden Jungen, aber die Arbeit geht flott voran und ist schon kurz vor dem Abschluß, da schiebt sich aus einem Nebengang ein weiterer Bärenkopf in die Höhle!

Zuerst ist nur die Schnauze zu sehen, ich kann sie gut erkennen, sicher ein Jungtier, was anderes könnte es sonst sein? Die Schnauze berührt Saschas Ellenbogen, und Sascha schiebt, ebenfalls in der Annahme, es sei ein Bärenjunges, ohne sich nach ihm umzusehen, das „Quecksilber“ beiseite. Die Schnauze verschwindet, taucht dann aber wieder auf und schiebt sich schon nachdrücklicher unter Saschas Arm. Jetzt sehe ich, daß es gar kein Junges ist...

„Leute, noch ein Bär!“

Mein Schrei muß wohl ziemlich alarmierend geklungen haben, jedenfalls sind im nächsten Augenblick alle mit einem gewaltigen Satz aus der Grube heraus.

Der Schreck war jedoch nur kurz. Angespornt durch den Erfolg mit der ersten Bärin, trieben Sascha und Nikolai mit Schaufeln das Tier in seinen Unterschlupf zurück. Juri machte eine neue Spritze fertig, ich nahm zur Sicherung der Kameraden den Karabiner. Wieder knallte ein Schuß, und die zweite Bärin lag betäubt da. Wie sich herausstellte, trennte die beiden Höhlen nur eine etwa einen halben Meter starke Schneewand, in der sich ein Durchstieg befand, so daß die Bärinnen einander bequem besuchen konnten. Dieser

Fall ist natürlich eine Ausnahme und sehr wahrscheinlich ebenfalls durch den Schneemangel bedingt.

Zur Hütte kehrten wir diesmal erst bei völliger Dunkelheit zurück: Wir mußten feststellen, wie lange die Tiere bewegungsunfähig bleiben, und uns davon überzeugen, daß sie wieder in ihren Normalzustand zurückkehrten. Beide Bärinnen kamen wieder glücklich auf die Beine und machten sich davon, die eine zwei Stunden nach der Spritze, die andere etwas später. In den Säcken, die wir mitgenommen hatten, zappelten die Bärenjungen. Sie sollten nach Moskau befördert werden und waren ein handgreiflicher Beweis dafür, daß so ein „unblutiger" Fang durchaus möglich ist.

Am nächsten Tag konnten wir eine weitere Bärin betäuben, dann noch zwei, eine vierte und nochmals zwei. Mit jeder markierten Bärin wuchs unsere Erfahrung, ging die Arbeit besser von der Hand. Es zeigte sich, daß man am leichtesten mit Bärinnen fertig wird, deren Lager nicht zu tief angelegt sind. Ein solches Tier zeigt sich sofort und streckt nicht nur den Kopf, sondern auch den Hals heraus und bildet so die beste Zielscheibe für eine „fliegende Spritze". Es ist uns übrigens nicht noch einmal passiert, daß eine Bärin aus der Höhle herausgesprungen wäre. Schwieriger ist es schon, eine Bärin zu betäuben, deren Höhle einen halben bis einen Meter tief unter dem Schnee liegt. Sie brüllt und faucht in der Regel unter dem Schnee, läßt sich jedoch nicht an der Oberfläche sehen. In solchem Falle setzen wir eine Art Köder ein — ein Bündel Lappen oder Fell an einer langen Schnur. Die „Angel" wird in die Höhle hineingeworfen und langsam herausgezogen. Ärgerlich versucht das Weibchen, das Lappenbündel zu erhaschen, und so geling es, das Tier zum Ausgang zu locken. Wenn der „Köder" nicht hilft, müssen die Schaufeln in Aktion treten. Mit einer Stange stellt man fest, wie der Korridor verläuft und wo sich das Wurflager befindet. Über diesem wird dann ein senkrechter Schacht gegraben, durch den man auch die Spritze abschießt. Oft genug müssen jedoch zwei oder drei Schächte gegraben werden, ja manchmal noch mehr, so daß sich die Prozedur der Betäubung und Markierung über mehrere Stunden hinziehen kann. Am schwersten erreichbar sind die Eisbärinnen in besonders tiefen und kompliziert angelegten Höhlen. Wenn man ein solches Tier nicht mit einem „Köder" herauslocken konnte, war es fast unmöglich, das Lager aufzugraben.

Es hat sich vollauf bestätigt, daß die Bärin durchaus friedfertig, ja scheu und furchtsam ist. In ihrem Verhalten waren keinerlei Anzeichen von Aggressivität festzustellen, obwohl es für sie doch ein leichtes wäre, mit einem Menschen fertig zu werden.

Mit der Betäubung von Eisbären hatten wir nicht sofort Erfolge. Erste Versuche hatte unsere Expedition zwei Jahre zuvor auf Franz-Joseph-Land gemacht. Wir bemühten uns damals, Bärinnen mit Jungen mit dem Kettenfahrzeug hinterherzufahren, lauerten den Tieren im Ansitz an einem Eisloch auf und lockten sie mit toten Ringelrobben oder dem Geruch von heißem Robbentran an. Dabei konnten wir das Verhalten der Eisbären genauer studieren und einige zwar kleine, aber auch interessante Entdeckungen im Bereich ihrer Biologie machen. Außerdem traten die „schwachen Stellen“ der uns zur Verfügung stehenden Ausrüstung für die Betäubung der Tiere zutage — wir benutzten damals mit einem Trockenpräparat gefüllte Kugeln.

Die Erfahrungen jener ersten Expedition kamen uns natürlich sehr zustatten. Unsere Ausrüstung war jetzt vervollkommnet. Und dennoch hätte alles, wäre unsere Mannschaft anders zusammengesetzt gewesen, vielleicht wieder zu einem Mißerfolg geführt. Die Ruhe und Ausgeglichenheit Saschas, sein großes berufliches Können — sofern man diesen Ausdruck bei einem Wissenschaftler anwenden kann — wurden bestens ergänzt durch die große Lebenserfahrung und das Talent als Experimentator, die Juri eigen waren, und die ausgezeichnete Kenntnis der Insel sowie die Ausdauer, die Nikolai bewies. Die Bärin ist zwar friedlich, aber dennoch erforderte unsere Arbeit Mut; wie leicht kann ein Tier — wenn auch unbeabsichtigt — einen Menschen zerquetschen oder verstümmeln. Mut hatten alle meine Kollegen.

Auf der Suche nach der Bewohnerin einer Bärenhöhle sind sowohl Sascha als auch Nikolai wiederholt bis zum Gürtel in eine Höhle hineingekrochen. Um keine Spritzen zu vergeuden, schoß Juri zuweilen erst, wenn der Gewehrlauf die Bärin fast schon berührte.

Unsere Hauptaufgabe war also erfüllt. Irgendwo in den Eisfeldern laufen die ersten auf der Wrangel-Insel markierten Eisbärinnen umher. Vorläufig sind es nur wenige, aber es ist jetzt klar, wann und wie die Markierung zu erfolgen hat.

In den ersten Apriltagen schlug das Wetter um. Die Sonne schien irgendwie freundlicher, und es wurde merklich wärmer. Die Schneestürme hörten vorerst auf, und wenn es schneite, schwebten nur spärliche große Schneeflocken in der Luft. Am 9. April zeigte sich bei unserer Hütte die erste Schneeammer — sie kündigte den nahen Frühling auf der Insel an. An diesem Tag kehrten wir mit dem Traktor zurück zur Siedlung und mit uns die Bärenjungen, die sich damit auf eine lange und für sie ungewöhnliche Reise begaben.

Einige Tage darauf fuhr ich mit meinem alten Bekannten Ulwelkot zum Kap Blossom. Wie es hieß, sollten sich hier, wo Walrosse einen Liegeplatz hatten, des öfteren einzelne Eisbären sehen lassen. Irgendwo im Südwesten der Insel wurde ein „Wasserhimmel" sichtbar, dort gähnte eine Wake, wo sich vielleicht „unsere" Eisbärinnen aufhielten. Ein Zusammentreffen mit ihnen war besonders verlockend.

Die Nächte werden zusehends kürzer, so daß man jetzt zu jeder Tages- und Nachtzeit fahren kann. Wanja macht sich am späten Abend auf den Weg.

Der Schlitten holpert ächzend über die Sastrugi, die Hundepfoten trippeln über den harten Schnee. Ab und zu machen wir eine kurze Pause, um die Kufen einzureiben. Um Mitternacht flackert ein schwaches Nordlicht auf, wird jedoch bald von der Morgendämmerung verschluckt. Bei geruhsamer Unterhaltung vergeht die Zeit unmerklich, legen wir einen Kilometer nach dem anderen zurück. Da taucht aus der verschneiten Ebene (es ist kaum zu unterscheiden, wo das Land endet und das vereiste Meer beginnt) ein aus Balken errichteter Turm mit einer Plattform auf der Spitze auf — das Seezeichen von Kap Blossom, dem Endpunkt unserer Reise. Wanja fährt zu einer nahegelegenen Hütte, damit sich die Hunde ausruhen können, auch will er selbst ein bißchen schlafen. Ich besteige den Turm. Schlafsack, Fotoapparat, Fernglas, Kocher und Teekessel nehme ich mit.

Auf einem Liegeplatz von Walrossen, zumal auf einem großen wie diesem, finden Eisbären stets etwas Freßbares. Einige Walrosse sterben hier an Altersschwäche (vielleicht verenden von den alten Tieren mehr an Land als im Meer) oder an Verletzungen, die sie sich auf dem Weg zum Liegeplatz zugezogen haben. Wenn die Tiere, etwa durch Menschen aufgescheucht, in panischer Flucht ins Meer stürzen, erdrücken sie einander manchmal gegenseitig. Auf jeden Fall bleiben, wenn die Herde den Liegeplatz wieder verläßt, immer tote Riesen zurück. Die von solchen Tieren übriggebliebenen und eingesammelten Stoßzähne wurden früher deshalb auch „samornyje“ genannt, was etwa soviel wie „von verhungerten oder verendeten stammende“ bedeutet. Auch jetzt lagen, auf dem Uferstreifen verstreut, etwa ein Dutzend halb zugeschneiter Kadaver umher. Von einigen hatten die Eisbären schon nicht mehr viel übriggelassen. Die Eisbärfährten führten von einem Kadaver zum anderen.

Wanjas Gespann entfernte sich allmählich, bald verschwand es in Geländevertiefungen, bald tauchte es wieder auf, bis es schließlich zu einem dunklen Punkt verschwamm, so daß man nicht mehr zu unterscheiden vermochte, wo die Hunde, wo der Schlitten und wo der Mensch waren... Die Beschaulichkeit dieses Bildes wurde durch das Knirschen bedächtiger Schritte unterbrochen. Dem Turm näherten sich zwei Eisbären.

Vornweg trabte offensichtlich das Weibchen. Das konnte man aus der relativ geringen Größe, dem schlankeren Körperbau und sogar aus dem „weiblichen“ Gang schließen. Ihm folgte das Männchen. Das stand außer Zweifel, denn das Tier war von geradezu gigantischer Größe. Bei den Eisbären begannen die „Flitterwochen“. Der „Kavalier“ blieb höchstens zwei, drei Schritt hinter seiner „Dame“ zurück, verfuhr mit ihr aber offensichtlich recht streng, denn ein Ohr der Bärin hatte einen Riß und hing herab, die Wange war blutig. Etwa hundert Meter dahinter und etwas abseits folgte dem Paar ein weiteres Tier, wohl der weniger erfolgreiche Nebenbuhler.

Die Eisbären näherten sich meinem Ansitz. Jetzt, von mir nur noch fünf, sechs Meter entfernt, konnte man sogar erkennen, daß die Augenlider dicht bereift waren. Aus dem halboffenen Rachen des Männchens quoll stoßweise Atemdampf, war ständig ein dumpfes Keuchen oder Ächzen zu vernehmen. Das Weibchen rieb sich an einem Pfosten des Turmes die Flanke, so daß der ganze Bau ins Wanken geriet, aber dann hob es den Kopf und sprang zurück. Wahrscheinlich hatte es ein Geräusch auf der Plattform, das Klicken des Verschlusses meines Fotoapparates oder eine verdächtige Witterung wahrgenommen.

Ruhig und gemächlich setzten die Tiere ihren Weg fort. Sie

traten auf das Randeis hinaus und waren noch lange zu sehen. Harmonisch fügten sich ihre Gestalten in die morgendliche Landschaft und setzten ihr einen Glanzpunkt auf. Unwillkürlich kamen einem die Worte des englischen Zoologen Julian Huxley in den Sinn: „Große Tiere, die frei und furchtlos durch die unendlichen Weiten wandern — das ist genauso erregend und erhebend wie der Anblick eines schönen Bauwerks oder das Anhören einer genialen Sinfonie."

Nach kurzer Pause kam ebenso plötzlich vom Randeis her ein kleinerer Bär, vielleicht einer von den „Einheimischen", die sich hier immer ihr Futter holen. Geschäftig suchte er den Ufersaum ab und ging von einem Walroßkadaver zum anderen. Er trommelte mit den Vordertatzen darauf herum und versuchte, einige vom Boden loszureißen. Als er merkte, daß seine Bemühungen vergeblich waren, begab er sich zu einer hohen Sastrugi-Kette. Er grub sie auf, zog ein ansehnliches Stück gefrorenes Walroßfleisch heraus und begann dann mit seiner Mahlzeit. Es war noch keine halbe Stunde vergangen, da tauchten bei der „Gaststätte" nacheinander noch zwei einzelne, etwa ebenso große Eisbären auf, die sich jeweils an „ihrem" Walroß zu schaffen machten, ohne sich um die anderen „Gäste" zu scheren. Ihre Mahlzeit dauerte eine ganze Weile. Das erste Tier verbrachte über eine Stunde auf dem Strandstreifen und kehrte dann wieder aufs Randeis zurück. Hier verlor ich es sofort aus den Augen, offenbar hatte es sich hinter den nächsten besten Eisblöcken niedergelegt. Einer der verbliebenen Bären legte sich gleich am Uferstreifen, nur wenige Meter von dem Kadaver, von dem er gefressen hatte, zur Mittagsruhe nieder. Der dritte fraß etwa zwei Stunden lang, dann trollte er sich an der Küste entlang nach Norden.

Ich versuchte mich mit Tee etwas aufzuwärmen, allerdings vergeblich, und suchte dann mit dem Glas das Randeis und das Ufer ab. Auf dem Eis tauchten bald hier, bald dort gelbliche Pünktchen auf, die sich alle in derselben Richtung — nach Norden — bewegten. Die Massenwanderung der Eisbären in die Sommerquartiere — vom Rand der Eisfelder in die zentralen Teile der Arktis — war offensichtlich bereits in vollem Gange.

Der Tag neigte sich dem Ende zu. Der Wind blies heftiger. Auf dem Turm war es ganz und gar ungemütlich geworden, da tauchte gerade zum richtigen Zeitpunkt Wanjas Schlittengespann auf. Der auf dem Strand schlafende Bär witterte sein Nahen auf mindestens einen Kilometer. Er erhob sich, drehte, die Witterung prüfend, den Kopf hin und her und trabte dann zum Randeis.

Ich verstaute mit Wanja das Gepäck auf dem Schlitten, und ab ging es, zurück zur Siedlung.

Ihre Heimat ist das Eis

Die meisten Säugetiere und Vögel sind an ein ganz bestimmtes Stück Land, einen Fluß, einen See oder ein Meeresgebiet gebunden. Das ist ihre Heimat. Hier erblickten sie das Licht der Welt, hier ziehen sie ihre Nachkommenschaft auf, erhalten so ihre Art. Wie weit sie auch wandern oder fliegen mögen — zu Beginn der Fortpflanzungszeit kehren sie wieder in ihre Heimat zurück, die sie mit bewundernswerter Sicherheit wiederfinden, ganz gleich, ob es ein winziges Eiland im Meer, ein äußerlich durch nichts Bemerkenswertes sich auszeichnendes Tal, eine Bucht oder ein Waldrevier ist.

Jede Regel hat jedoch ihre Ausnahmen. Unter den Vierbeinern und Vögeln gibt es hin und wieder regelrechte Vagabunden, die ihr ganzes Leben auf Wanderschaft verbringen. Zu ihnen gehört der Eisbär.

Wenn das Eisbärenjunge im Alter von zwei, drei Monaten mit der Mutter die Höhle verläßt, macht es die ersten, noch unsicheren Schritte auf dem Meereis. Dies ist ein höchst bedeutsamer Wendepunkt im Leben des Tieres. Es wächst dann heran, wird selbständig, erlebt „Freud und Leid", aber bis ans Ende seiner Tage wird der männliche Eisbär durch das Eis wandern. Die Bärin überwintert höchstens alle drei Jahre in einer Schneehöhle, die übrige Zeit ist auch sie auf der Wanderschaft.

Der Eisbär unterscheidet sich von seinem braunen „Bruder" durch einen schlankeren Körperbau, Kopf und Hals sind länger als beim Braunbären. Charakteristisch sind die eigenartige, etwas bucklige Nase, die kurzen, stark behaarten Ohren, das dichte Fell auf den Sohlen sowie die schwach gekrümmten und relativ kurzen Krallen. Ein wichtiges Unterscheidungsmerkmal ist natürlich die Fellfarbe. Sie kann rein weiß, gelblich bis strohgelb und sogar grau, ja fast braun sein. Die unterschiedliche Färbung hängt von der Jahreszeit und der Lebensweise des Tieres ab. Rein weiß ist das Fell gewöhnlich im Spätherbst und Winter nach dem Haarwechsel, der einmal im Jahr erfolgt. Gelblich oder goldgelb wird es am Ende des Sommers. Man hat auch festgestellt, daß Tiere, die im Packeis leben und keinerlei Zugang zum Wasser haben, weißer sind als Exemplare, die häufig schwimmen und überhaupt viel Zeit am Wasser verbringen. Wenn sich ein Eisbär lange an Land aufhält, besonders dort, wo kein Schnee liegt, wird sein Fell schmutzig, es wird grau oder fast braun.

Der Braunbär ist vorwiegend Pflanzenfresser, was man aber vom Eisbär nicht sagen kann. Dieser ernährt sich fast ausschließlich von Robben. Deshalb hat der Eisbär auch ein ausgeprägteres Raubtiergebiß: Die Molaren sind relativ klein, weisen nur schwach ausgebildete Höcker auf den Kauflächen auf, die Schneide- und besonders die Reißzähne sind bedeutend kräftiger.

Das lange, dichte Winterfell, die dicke Unterhautfettschicht, die behaarten Ohren und Sohlen sind eine direkte Folge ständigen Aufenthalts im Freien bei niedrigen Temperaturen, die nicht nur im arktischen Winter, sondern auch im Sommer herrschen. Eine Verkleinerung der Ohren (bei anderen Arten auch anderer vorstehender Körperteile) ist bei arktischen Warmblütern ebenfalls weit verbreitet. Das ist ein weiteres Mittel im Kampf gegen die Kälte, zur Verminderung der Wärmeabgabe. Die weiße Färbung des Fells erleichtert dem Eisbären offensichtlich die Robbenjagd ganz erheblich. Es ist nicht ausgeschlossen, daß auf Grund seiner Färbung auch sein Wärmehaushalt ökonomischer ist. Diese Frage ist übrigens gar nicht so einfach, wie sie auf den ersten Blick erscheinen mag.

Nirgendwo auf der Erde finden wir so viele weiße Vögel und Säugetiere wie in der Arktis. Schnee-Eule, Elfenbeinmöwe, Schneegans, Moor- und Alpenschneehuhn, Polarfuchs und einige andere Bewohner hoher Breiten haben, wie auch der Eisbär, das ganze Jahr über oder doch den größten Teil des Jahres eine weiße oder fast weiße Gefieder- oder Fellfärbung. Die „polare Aufhellung" der Warmblüter ist also eine allgemeine Gesetzmäßigkeit. Andererseits schadet das helle Federkleid beispielsweise der Schnee-Eule im Sommer eher, als es ihr nützt. Auf schneefreier Tundra ist das weiße Gefieder kilometerweit zu sehen. Die demaskierende Färbung erschwert der Schnee-Eule den Fang von Lemmingen, ihrer Hauptbeute. Der Vogel muß eine Menge Beharrlichkeit und Anstrengungen aufbringen, um den vorsichtigen Beutetieren vor dem Bau aufzulauern. Auch das weiße Gefieder der Schneegans oder des männlichen Moor-Schneehuhns paßt ganz und gar nicht zu den Farben der sommerlichen Tundra. Im letzteren Falle hat die demaskierende Färbung aber wohl einen biologischen Sinn. Der Hahn lenkt gleichsam absichtlich die Aufmerksamkeit der Feinde auf sich, er opfert sich für die auf dem Gelege brütende Henne, für das Fortbestehen des Schneehuhngeschlechts.

Bis heute ist die Ansicht weit verbreitet, daß hellgefärbte Tiere, wie etwa der Eisbär, weniger Wärme abgeben und nicht so schnell abkühlen. Spezielle Experimente haben jedoch die Richtigkeit dieser Auffassung nicht bestätigt. Welchen Sinn hat dann aber die helle Färbung? Untersuchungen der letzten Jahre haben ergeben, daß die weiße Färbung in gewissem Grade obligatorisch für arktische Vögel und Säuger ist. Sie spiegelt die hohe Intensität der Oxydationsprozesse im Organismus und des Stoffwechsels überhaupt wider, ist gewissermaßen Ausdruck der Anpassung der Tiere an das Leben in hohen Breiten.

Beim Eisbären sind Gehör- und Gesichtssinn gut entwickelt. So hört er zum Beispiel auf zweihundert Meter das Knirschen menschlicher Schritte im Schnee. Einen auf dem Eis liegenden Seehund bemerkt der Bär bei klarem Wetter auf zwei, drei Kilometer; in der Polarnacht oder auf schneefreiem Land sieht der Bär allerdings bedeutend schlechter. Erstaunlich vollkommen ist auch sein Geruchssinn, das Vermögen, Beute auf große Entfernung oder durch eine dicke Schneeschicht hindurch zu wittern. Sein guter Geruchssinn leistet ihm jedoch manchmal einen schlechten Dienst. Jäger können nämlich durch den Duft von heißem Speck so ziemlich alle Tiere anlocken, die sich im Umkreis von mehreren Kilometern um Hütte, Zelt oder Ansitz aufhalten.

Meist sieht man den Eisbären gemächlich dahintrotten, er hält dabei den Kopf etwas gesenkt und wiegt ihn leicht von einer Seite auf die andere. Er erreicht bei dieser Gangart Geschwindigkeiten von vier bis fünf Kilometern in der Stunde. Ist er auf Nahrungssuche, läuft er schneller und mit erhobenem Kopf. Dabei klettert er oft auf Eisblöcke, stellt sich hin und wieder auf die Hintertatzen, hält Umschau und nimmt Witterung. Ein durch einen Wesdechod oder einen Traktor erschrecktes Tier fällt in Trab oder Galopp. Es kann dabei anfangs Geschwindigkeiten von fünfundzwanzig Kilometern in der Stunde erreichen, wird jedoch schnell müde und verfällt wieder in normalen Schritt. Wird der Bär weiter verfolgt, setzt er sich und versucht mit Gebrüll den Gegner abzuschrecken. Langsamer als ein Einzelgänger, selbst wenn er alt und fett ist, bewegt sich in solchen Fällen eine Bärin, die Junge führt. Damit die Jungen dem Verfolger entkommen können, bleibt die Bärin häufig stehen und lenkt die Aufmerksamkeit des Feindes auf sich. Relativ hilflos sind die Tiere übrigens nur in ebenen Eisfeldern oder auf dem Lande. Zwischen Eisschollen und Eisblöcken, wohin sie bei Gefahr immer zu entkommen suchen, können weder Mensch noch Kettenfahrzeug noch Hunde sie einholen. Der Eisbär ist ein ausgezeichneter Schwimmer und ein recht guter Taucher, davon zeugt sein ganzer Körperbau — die Stromlinienform des schmalen Körpers, der lange, bewegliche Hals und die hochliegenden Augen. Die Unterhautfettschicht hält ihn gut über Wasser, das spezifische Gewicht seines Körpers entspricht etwa dem des Wassers. Sein Rumpf ist, genauso wie bei allen echten Wassertieren, zum Beispiel bei dem Otter, gleichmäßig behaart. Außerdem nimmt das Fell kein Wasser an und hält die Luft. Die breiten Tatzen des Tieres geben gute Ruder ab. Der Bär fürchtet sich nicht vor großen Wasserflächen. Seeleute und Piloten haben gelegentlich Eisbären, hundert und mehr Kilometer vom nächsten Land oder Eismassiv entfernt, im offenen Meer schwimmend angetroffen. Ein schwimmender Eisbär erreicht eine Geschwindigkeit von fünf bis sechs Kilometern je Stunde. Er taucht mit offenen Augen, jedoch mit geschlossenen Nasenlöchern und Ohren und kann sich etwa zwei Minuten unter Wasser halten.

Der Eisbär ist der größte Vertreter der rezenten Bären und Fleischfresser überhaupt. Ein altes Männchen kann eine Länge von drei Metern erreichen bei einer Widerristhöhe von eineinhalb Metern und einem Gewicht von achthundert Kilogramm oder gar einer Tonne. Die durchschnittliche Länge ausgewachsener männlicher Eisbären beträgt etwa zwei Meter, die weiblicher Stücke etwas über eineinhalb Meter. Die Männchen wiegen meist fünfhundert bis sechshundert, die Weibchen zweihundert bis dreihundert Kilogramm.

Paläontologische Befunde zeigen, daß sowohl der Eisbär als auch der Braunbär Eurasiens und Nordamerikas einschließlich des ausgestorbenen Höhlenbären von einem gemeinsamen Vorfahren aus frühen Stadien der Eiszeit abstammen. Es wird vermutet, daß der Prototyp des Eisbären Mitte der Eiszeit bereits einige seiner charakteristischen Merkmale erworben hatte und sich die Eisfelder des Meeres zu erobern begann. Nach Ansicht des sowjetischen Zoologen Wereschtschagin beispielsweise waren die unmittelbaren Vorfahren des Eisbären primitive Braunbären, die zu den Küsten der nördlichen Meere strebten. Anfangs ernährten sie sich von dem, was das Meer angetrieben hatte, verschiedenen Wirbellosen, Fischen, Robben und deren Kadavern sowie toten Walen, allmählich jagten sie jedoch auch Robben, erwarben sich die Fähigkeit, während des ganzen Jahres aktiv im Eis zu leben, und gleichzeitig damit auch die charakteristischen Merkmale ihres Körperbaus. Eisbär und Braunbär sind demnach eng verwandt, was auch dadurch bestätigt wird, daß sich die beiden Arten in der Gefangenschaft manchmal verpaaren und durchaus lebensfähige Junge zur Welt bringen.

Das älteste Skelett eines Eisbären wurde bei Hamburg gefunden. Offensichtlich lebten die Tiere hier an der Küste während der letzten (Würm-)Vereisung. Ein weiteres Skelett eines Eisbären, der vor rund zehntausend Jahren lebte, wurde im Norden Dänemarks entdeckt. Diese Funde lassen die Vermutung zu — sie wurde von dem kanadischen Zoologen Harrington geäußert —, daß das Entstehungszentrum und Hauptverbreitungsgebiet der Art in Eurasien lag, am ehesten wohl im Gebiet der Nord- und Ostsee. Von hier aus breiteten sich die Eisbären schnell aus, und als die Inlandgletscher abschmolzen, hatten sie sich bereits das ganze heutige Verbreitungsgebiet erobert.

Der Mensch lernte den Eisbären schon vor langer Zeit kennen. Im alten Rom war die Art mindestens seit dem ersten Jahrhundert u. Z. bekannt. Wie Materialien aus den japanischen kaiserlichen Archiven bezeugen, gelangten bereits im siebenten Jahrhundert Eisbären und Felle nach Japan und in die Mandschurei. Die Bewohner dieser Länder konnten übrigens auch schon früher mit dieser Tierart in Berührung gekommen sein, denn hin und wieder gelangen Eisbären mit dem Treibeis bis an die japanische Küste. Die älteste schriftliche Quelle mit Angaben über Eisbären aus Nordeuropa stammt aus der Zeit um 880. Darin wird mitgeteilt, daß zwei Jungtiere aus Island nach Norwegen gebracht worden seien. Später gelangten lebende Tiere und Felle ziemlich häufig in die Hände europäischer Herrscher.

Im zwölften bis dreizehnten Jahrhundert begannen die Russen die Küste des Weißen Meeres und der Barentssee zu besiedeln. Zweifellos jagten die Küstenbewohner — die Pomoren — schon damals Eisbären und lieferten Felle nach Nowgorod und später nach Moskau, gelegentlich wohl auch lebende Tiere. Bemerkenswert ist, daß die wagemutigen Nowgoroder Seefahrer ihre Boote genau wie die Eisbären „Uschkui" nannten und sich selbst als „Uschkuiniki" bezeichneten.

1774 wurde der Eisbär erstmalig in der wissenschaftlichen Literatur als selbständige Art beschrieben. Der Autor der Beschreibung und damit sein „Taufpate" war der englische Zoologe Constantine Phipps.

In den letzten Jahrzehnten haben sich im Zusammenhang mit den vielfältigen wisssenschaftlichen Forschungen in der Arktis unsere Vorstellungen über diesen Teil der Erde, seine Fauna und damit auch über den Eisbären bedeutend erweitert. Dennoch sind viele Seiten der Biologie dieses Tieres nur ungenügend erforscht oder noch völlig unbekannt.

So ist zum Beispiel bis heute die systematische Einordnung dieser Art unklar. Indessen reicht die Klärung dieser Frage über das Interesse der Systematiker hinaus und steht in direkter Beziehung zur Erarbeitung von Schutzmaßnahmen für den Eisbären. Zu Beginn unseres Jahrhunderts nahm man an, daß mehrere selbständige Eisbärenarten existieren. Später wurde diese Ansicht verworfen, und die Zoologen faßten die Formen zu einer Art mit mehreren Unterarten zusammen. In der sowjetischen Arktis werden zwei Unterarten unterschieden. Zur einen gehören die Tiere aus der Barentssee und der Karasee (der Spitzbergen-Eisbär *Thalassarctos maritimus maritimus* Phipps), zur anderen Bären aus weiter östlich gelegenen Gebieten (der Sibirische oder Polar-Eisbär *Thalassarctos maritimus polaris* Pall):

Diese Unterarten sollen sich in der Größe und in einigen Besonderheiten der Schädelproportionen unterscheiden — die Tiere aus dem Westen der sowjetischen Arktis sind im allgemeinen etwas kleiner als ihre weiter östlich lebenden Artgenossen. Die Größenunterschiede lassen sich jedoch auch anders erklären, nämlich durch die unterschiedliche Erschließung der Arktis durch den Menschen. Wo die Eisbären seltener mit Jägern zusammentreffen, werden sie älter und folglich größer. Mit dem Alter nimmt jedoch nicht nur die Größe zu, sondern es verändern sich auch die Schädelproportionen. Wenn man weiterhin die Besonderheiten bei den Wanderungen der Eisbären in Betracht zieht (davon wird später noch die Rede sein), kann man annehmen, daß alle Tiere eine einheitliche, sich ständig vermischende Gruppe bilden. In einem solchen Falle gibt es keine in der Verbreitung streng abgegrenzten Unterarten oder Rassen, sie sind gemeinsamer Besitz der Staaten, die an der Arktis Anteil haben, denn jeder Eisbär kann innerhalb einer bestimmten Zeit an den Küsten Kanadas und Sibiriens, Grönlands, Spitzbergens oder Alaskas angetroffen werden.

Wenig erforscht sind nicht nur die Wanderungen, sondern auch die Fortpflanzung, die Überwinterung, Krankheiten und andere Aspekte im Leben der Eisbären. Sehr interessant und ebenfalls fast unerforscht sind die verschiedenen Anpassungsvarianten der Art an das Leben unter den rauhen Bedingungen der Arktis. In letzter Zeit interessieren sich die Zoologen immer stärker für den inneren Mechanismus der Orientierung der Tiere — der Bestimmung der Richtung und des Standorts. Vor nicht allzu langer Zeit wurde festgestellt, daß sich die Vögel im Raum mit Hilfe eines „Zeitsinns" orientieren und auch die Fähigkeit besitzen, den Sonnenstand und die Stellung der Sterne zu berücksichtigen. Der Eisbär kann, was die Länge seiner Wanderung anbetrifft, mit den Vögeln konkurrieren. In seiner Heimat taucht die Sonne allerdings mehrere Monate nicht über dem Horizont auf. Sein Orientierungssinn wird sich also wesentlich von dem der Vögel unterscheiden, wie er jedoch beschaffen ist, bleibt vorläufig unklar.

Charakteristisch für den Eisbären ist, daß er lange Zeit ohne Nahrung auskommen kann. Durchaus nicht jeden Tag gelingt es ihm, eine Robbe zu erbeuten. Ein hungernder Eisbär kann zu jeder Jahreszeit in Schlaf verfallen. Bei Nahrungsmangel auf einer kleinen, öden Insel zum Beispiel vermag er selbst im Sommer längere Zeit zu schlafen. Als Anpassung an lange Hungerperioden ist auch seine

Fähigkeit anzusehen, mit einem Mal gewaltige Nahrungsmengen zu sich zu nehmen (bis zu fünfzig, ja siebzig Kilogramm Fleisch und Fett). Der Eisbär ist imstande, sehr schnell Unterhaut- und Eingeweidefett anzusetzen und diese Reserven langsam zu verbrauchen, in der Leber kolossale Mengen Vitamin A zu speichern u. a. m. Er ist für den Zoologen also nicht nur als wenig erforschte Art und bemerkenswerte Zierde der arktischen Eiswüste interessant, sondern auch als eine Art „lebendes Modell", das den Wissenschaftlern bei der Lösung wichtiger allgemeinbiologischer Probleme helfen kann.

Die Eisbären sind also im ewigen Eis zu Hause und kommen kaum einmal südlich der Treibeisgrenze und des schmalen Streifens der Eismeerküsten vor. Mit dem Treibeis gelangen sie an die Küsten Islands, Südgrönlands, in das Beringmeer und sogar in das Ochotskische Meer. Man hat festgestellt, daß die Tiere auch den Nordpol erreichen. In seiner nächsten Umgebung tauchen nach Beobachtungen von Arktisexpeditionen und driftenden Forschungsstationen nicht nur Alttiere (sowohl Männchen als auch Weibchen), sondern auch Eisbärinnen mit Jungen auf.

Am zahlreichsten sind die Eisbären in Arktisbereichen mit zahlreichen offenen Wasserstellen anzutreffen, denn hier können sie am ehesten Robben erbeuten. Aus diesem Grunde streben sie im Winter vor allem zum Südrand des driftenden Eises oder zu großen Waken, die in der Hocharktis das ganze Jahr über vorhanden sind. Solche offenen Stellen im Eis sind schon lange bekannt, einige erhielten sogar Namen. So gibt es zum Beispiel an den Neusibirischen Inseln die Große Sibirische Wake, die lange Zeit für die Forscher ein unüberwindliches Hindernis auf ihrem Wege zum rätselhaften Sannikowland war (das, wie jetzt festgestellt worden ist, gar nicht existiert). Die Grönländische Wake bereitete Robert Peary auf seinem Weg zum Nordpol nicht geringe Schwierigkeiten. Eisfreie Meeresabschnitte befinden sich ständig im Norden von Franz-Joseph-Land, bei Nowaja Semlja und im Osten der Taimyr-Halbinsel.

Waken sind überhaupt charakteristisch für die Grenzen der Zentralarktis und bilden hier einen geschlossenen Ring, einen richtiggehenden „arktischen Ring des Lebens". Ohne sich weit von ihren Brutplätzen entfernen zu müssen, überwintern hier Gryllteisten, einige Möwenarten und andere Wasservögel. Praktisch nur hier kommt der arktische Delphin, der Narwal, vor. An diesen eisfreien

Stellen kommen die Robben besser durch den Winter, und sie sind es auch, die die Eisbären herlocken. Ein erstaunlich kühnes Experiment machte vor einem halben Jahrhundert der bekannte amerikanische Forscher Vilhjálmur Stefansson. Er propagierte die „Gastfreundlichkeit" der Arktis, indem er mit seinen Gefährten eine lange Reise über das Meereis unternahm. Dabei ernährten sich die Männer nur von der Jagd auf Robben und Eisbären. Seine Reiseroute folgte im wesentlichen dem „arktischen Ring des Lebens", wodurch sich auch der Erfolg dieses Experiments erklärt. Jedesmal, wenn sich die Expedition von Waken entfernte, litt sie an Nahrungsmangel.

Der größte Teil des Eises, in dem die Eisbären ihr Leben verbringen, befindet sich in fast ständiger Bewegung. Man hat berechnet, daß die Durchschnittsgeschwindigkeit der Drift etwa 2,5 Meilen (rund fünf Kilometer) pro Tag beträgt. In manchen Fällen kann sie 8 Meilen (etwa fünfzehn Kilometer) erreichen. Im größten Teil des Nördlichen Eismeeres driftet das Eis im Uhrzeigersinn und wird dann allmählich in die Grönlandsee hinausgetragen. Das Eis befördert dabei auch die Eisbären, die natürlich zudem selbständig wandern, Nahrung suchen und sich dort aufhalten, wo die Nahrung am besten erreichbar ist.

Die Eismassen bringen die Eisbären manchmal bis nach Island und Südgrönland. Dann ist allerdings Schluß mit dem „Komfort", denn nun müssen sie auf ihrem Weg nach Norden selbständig an der grönländischen Westküste und den kanadischen Arktisinseln entlangwandern. Im Eismeer gelangen sie dann wieder in den Bereich driftenden Eises und können somit schließlich wieder in den wenig gastlichen Nordatlantik geraten. Solche „Weltreisen" machen manche Tiere, wie der dänische Zoologe Alwin Pedersen vermutet, mehrmals in ihrem Leben.

Wenn sich im Sommer die Eismassen in der Arktis auflockern, verteilen sich auch die Eisbären gleichmäßiger. Zum Winter finden sich die meisten Tiere wieder am offenen Wasser ein. Bei ihren Wanderungen kommen sie auch öfter einmal auf festes Land, und wenn dann die Küste eisfrei wird, halten sie sich lange auf Inseln oder dem Festland auf, wo sie sich von Abfällen am Fuß von Vogelbergen, von Lemmingen, ja sogar von Zweigen und Wurzeln der Kriechweide ernähren. In manchen Gebieten, z. B. auf der Tschuktschen-Halbinsel, existieren regelrechte Eisbärenwechsel. Die Tiere benutzen sie, um auf dem kürzesten Wege von einer Bucht zur anderen oder aus der Tschuktschensee ins Ochotskische Meer zu gelangen und umgekehrt. Im Sommer halten sie sich nicht selten am Ufer der Hudsonbucht auf. Sie warten, bis das Eis wieder vordringt, und treiben sich auf den Müllplätzen bei den Siedlungen umher. Wenn sie überhaupt keine Nahrung finden können, wühlen sie sich zwischen Sträuchern oder sogar im Wald ein Lager und halten Sommerschlaf.

Gleich, wo sich das Tier aufhält, ob auf dem Eis oder auf dem Land, es findet mit bemerkenswerter Sicherheit die Stellen heraus, wo das Meer offen ist, mögen sie auch Dutzende oder gar Hunderte Kilometer entfernt sein, und wandert zielstrebig in diese Richtung. Polarfahrer, deren Schiff von Eismassen eingekeilt ist, versuchen einen „Wasserhimmel“ anzusteuern, das sind Stellen, wo sich Waken am Himmel widerspiegeln. Vielleicht orientiert sich der Eisbär in gleicher Weise.

Das Verbreitungsgebiet des Eisbären auf der Erde ist nicht sehr groß, und die eigentliche Heimat, die dieses Tier natürlich hat, auch wenn keine besonders starke Bindung zu ihr besteht, ist sogar ziemlich klein. Es sind dies einzelne kleine Inseln in der Arktis, gebirgige, vom Menschen wenig erschlossene Eilande, die auf den üblichen Wanderrouten der Eisbären liegen. Hier sammeln sich im Herbst die Eisbärinnen. Hier legen sie sich in ein Lager, bringen die Jungen zur Welt und begeben sich mit ihnen im Frühjahr wieder auf Wanderschaft. Vereinzelte Bärenlager trifft man an vielen Stellen auf dem arktischen Festland an. Einige Inseln sind jedoch besonders günstig für die Anlage von Höhlen, hier finden sich jedes Jahr zahlreiche Weibchen ein. Die Gebiete, wo die meisten Eisbären geboren wurden, liegen in der sowjetischen Arktis im Westen vom Franz-Joseph-Land und auf der Wrangel-Insel, außerhalb der sowjetischen Arktis östlich von Spitzbergen, nordöstlich und westlich von Grönland, auf einigen östlichen Inseln im arktischen Archipel Kanadas, insbesondere auf Baffinland und auf der Southampton-Insel.

Das Leben des Eisbären verläuft an sich recht einfach und einförmig. Hat er sich an einer erbeuteten Robbe satt gefressen und sich gleich an Ort und Stelle ausgeschlafen, trabt er weiter auf der Suche nach neuer Beute. Manchmal bleibt ihm das Glück hold, und er hat lange Zeit das angenehme Völlegefühl des Sattseins. Dann ist er

„verwöhnt“ und genießt nur den Robbenspeck. Die übrige Beute überläßt er seinen „Kostgängern“ — den Polarfüchsen, Elfenbeinmöwen und Kolkraben. Gewöhnlich lebt der Eisbär jedoch recht kümmerlich und muß nicht selten sogar Hunger leiden. Dann sind nicht nur für ihn, sondern auch für seine Begleiter schlechte Zeiten, besonders für die Polarfüchse. Die Elfenbeinmöwen und Kolkraben können mitunter einen erfolgreicheren „Ernährer“ ausfindig machen.

Die Welt des Eisbären beschränkt sich auf die Eisfelder. Hier aber fühlt er sich zu Hause, hier ist er in seinem Element. Die Tiere kennen sich hervorragend in den Besonderheiten des Eises aus, finden, ohne fehlzugehen, die bequemsten Wege in den scheinbar unüberwindlichen Eispackungen und machen, je nach Jahreszeit, Oberflächenbeschaffenheit und Ausdehnung der Eisfelder, auf unterschiedliche Weise auf Robben Jagd. Auf unseren Märschen hatten wir wiederholt Packeisfelder zu überwinden. Wenn wir dabei bald bis zum Gürtel im Schnee versanken, bald über rutschige, steile Eisflächen klettern mußten, hielten wir immer nach den Seiten Ausschau, ob wir nicht irgendwo eine Eisbärfährte entdeckten, die wenigstens streckenweise mit unserer Marschrichtung zusammenfiel, und versuchten immer, dem von einem solchen vierbeinigen Wanderer gebahnten Weg zu folgen. Er war stets der leichteste und bequemste.

Auf ebenen kompakten Eisfeldern lauert der Eisbär mit bewundernswerter Geduld manchmal stundenlang einer Robbe an ihrem Atemloch auf. Auf dem Hintergrund einer verschneiten Scholle wirkt der liegende Bär selbst wie eine hohe Schneewehe. Die verräterische schwarze Nase verbirgt er, wie viele Augenzeugen bestätigen, sorgfältig mit den Tatzen. Die Robbe braucht nur für einen Moment den Kopf herauszustrecken, schon packt sie der Bär mit der Pranke oder gleichzeitig mit Krallen und Zähnen. Im Winter bemüht sich die Robbe nach Kräften, das Atemloch offenzuhalten, und doch überfriert diese Öffnung im Eis. Zuweilen kann die Robbe nur die Schnauzenspitze herausstecken. Das stört den Eisbären allerdings nicht im geringsten. Wenn er seine Beute gepackt hat, zerrt er sie mit solcher Kraft durch das Atemloch, daß Rippen und Beckenknochen der Robbe zertrümmert sind. Das ist nicht weiter verwunderlich, denn der Eisbär vermag sogar ein Walroß oder einen Weißwal von mehr als einer Tonne Gewicht ein Steilufer hinaufzuziehen.

Im Frühjahr und zu Sommerbeginn sonnt sich die Ringelrobbe, die häufigste Robbenart der Arktis, gern auf dem Eis. Sie liegt gewöhnlich auf ebenen glatten Eisflächen, hebt oft den Kopf und sichert. Bei der geringsten Gefahr gleitet sie mit einem Schlag der Hinterflossen ins Atemloch und ist verschwunden. Der Eisbär erspäht in solchen Fällen von einem Eisblock aus die Beute. Die Jagd dauert manchmal stundenlang. Der Bär schleicht sich lautlos an das ausersehene Opfer heran, versteht es dabei, sich geschickt hinter jeder auch noch so geringen Deckung zu verbergen, und erreicht die Beute mit ein, zwei gewaltigen Sätzen. Einer Robbe im Treibeis nähert sich der Eisbär oft vom Wasser her, schwimmt tief eingetaucht oder sogar tauchend heran und soll sogar nach Berichten von alten „Polarhasen" zur Tarnung eine kleine Eisscholle vor sich herschieben.

Wenn die Wurfzeit herankommt, gehen die Bärinnen zu Beginn des Winters an Land, in der Regel im September oder Oktober. Zu dieser Zeit erscheinen sie auch auf der Wrangel-Insel. Hier wandern sie lange in verschiedenen Richtungen umher und halten Umschau. Schließlich legen sie sich in Vertiefungen oder flachen Höhlungen nieder, die sie in die im Sommer grau gewordenen vorjährigen Schneeanhäufungen scharren. Häufig überläßt die Bärin den Bau ihrer Höhle einfach dem Wind und dem Schnee. Der erste Schneesturm weht das Tier zu und türmt dabei nicht nur die Wände der Höhle auf, sondern bildet auch die Decke.

Die Zoologen wissen bis jetzt noch nicht, ob sich solche Lager sowohl Männchen als auch Weibchen oder nur die tragenden Weibchen anlegen. Auf der Wrangel-Insel wurden im Laufe der dreißigjährigen Geschichte ihrer wirtschaftlichen Erschließung Hunderte von Tieren erlegt, doch befand sich darunter nicht ein einziges Männchen oder ein nichttragendes Weibchen. Auch wir trafen in Nähe der Lager nur Muttertiere mit Jungen an. Gelegentlich haben hiesige Jäger Männchen oder nichttragende Weibchen in Schneehöhlen im Packeis oder Küsteneis gesehen. Diese Lager wurden jedoch nur zeitweilig benutzt und unterschieden sich in ihrer Anlage wesentlich von den eigentlichen Bärenhöhlen auf dem Land. Aus anderen Teilen der Arktis, zum Beispiel vom Norden der Taimyr-Halbinsel und aus Nordgrönland, ist jedoch bekannt, daß dort in Höhlen manchmal auch „ledige“ Tiere liegen. Je weiter nördlich ein Gebiet liegt und je schwieriger im Winter Nahrung zu beschaffen ist, desto häufiger benutzen vermutlich auch Männchen und nichttragende Weibchen solche Höhlen. Darin verbringen sie Schlechtwetterperioden und Hungerzeiten, verlassen sie aber bei erster Gelegenheit und nach unbestimmter Zeit wieder und setzen ihren Weg fort. Tragende Weibchen hingegen werden nur äußerst selten in Lagern im Eis angetroffen.

Beobachtungen auf der Wrangel-Insel und auf Franz-Joseph-Land haben gezeigt, daß die Zusammensetzung der Tiere, die diese „Wochenstuben“ benutzen, zwar ständig wechselt, denn die Bärinnen werfen nur alle zwei Jahre und zudem wahrscheinlich jeweils in einem anderen Teil der Arktis, die Bärenhöhlen sich jedoch in jedem Jahr an denselben Stellen befinden. Auch ihre Anzahl ist in jedem Winter annähernd gleich. Das zeugt sicherlich davon, daß geeignete Stellen zur Anlage von Höhlen in der Arktis knapp sind.

Im Mittwinter, etwa im November oder Dezember, kommen in den Höhlen die Jungen zur Welt. Sie tragen ein schütteres weißliches Haarkleid, sind hilflos, blind und taub und nicht größer als neugeborene Katzen, im Vergleich zur Mutter geradezu winzig. Den ganzen Winter nimmt die Mutter keine Nahrung zu sich, zehrt vielmehr von den im Körper gespeicherten Reserven und könnte eine größere Nachkommenschaft wahrscheinlich gar nicht ernähren. Ganz allgemein ist die in der Höhle überwinternde Bärin erstaunlich gut genährt, selbst im Frühjahr hat sie noch eine bis zu zehn Zentimetern dicke Unterhaufettschicht. Männchen und „ledige“ Weibchen dagegen sind im Frühjahr stark abgemagert.

Solange die Jungen in der Höhle leben, ernähren sie sich nur von Muttermilch, die wie Sahne dick und sehr fett ist. Wenn die Familie die Winterbehausung verläßt und die Mutter auf Jagd geht, lernen die Jungbären den Geschmack von Robbenspeck und -fleisch kennen, wenn sie auch bis zu anderthalb Jahren noch Milch bekommen. Die Bärin wirft in der Regel zwei, sehr selten drei Junge. Jüngere Weibchen bringen meist nur ein Junges zur Welt.

Im März/April, wenn in der Arktis der erste zaghafte Frühlingshauch zu spüren ist, sind die Jungen schon so selbständig, daß die Mutter einen Ausstieg graben kann und die Jungen ins Freie führt. Bevor die Familie aufs Eis übersiedelt, benutzt sie noch einige Tage die Höhle als Unterschlupf. Tagsüber macht sie kleinere Ausflüge und kehrt nachts wieder dorthin zurück. Bei gutem Wetter tummeln sich die Jungen, die jetzt schon ein Gewicht von zehn bis fünfzehn Kilogramm haben, ausgelassen im Schnee, spielen und wühlen mit der Mutter darin nach gefrorenen Grashalmen und Weidenzweigen. Bei Gefahr — sei es, daß ein Mensch, ein Hund oder ein Fahrzeug auftaucht — flüchtet die Familie in die Höhle. Als letzte verschwindet die Mutter, steckt noch von Zeit zu Zeit den Kopf heraus, wittert und äugt umher. Wenn die Gefahr sehr nahe ist, verbirgt sich die Familie und verhält sich still. Einige Bärinnen strecken für einen Augenblick den Kopf aus dem Ausstiegsloch und brüllen und fauchen, um den Feind zu vertreiben. Die Mutter verläßt in solchen Fällen jedoch die Höhle und ihre Jungen nicht.

Die Bärenfamilie bleibt lange zusammen, etwa zwei Jahre. Und dennoch haben die selbständig werdenden Jungen längst noch nicht ihre endgültige Größe und ihr volles Gewicht erreicht. Eisbären wachsen auch noch in den folgenden Jahren. Bei Weibchen endet das Wachstum, wenn sie vier, fünf Jahre alt sind, Männchen wachsen praktisch das ganze Leben. Eisbären werden spät fortpflanzungsfähig, die Weibchen im dritten Lebensjahr, die Männchen im vierten. Folglich wächst der Eisbärenbestand nur langsam, was in gewissem Grade durch die hohe Lebenserwartung ausgeglichen wird. Die Tiere sind etwa bis zum Alter von fünfundzwanzig Jahren fortpflanzungsfähig, einzelne können jedoch ein noch ansehnlicheres Alter erreichen, vielleicht dreißig oder gar vierzig Jahre, so alt werden sie jedenfalls im Zoo. Alte Tiere müssen sich natürlich recht mühsam durchschlagen und gehen schließlich an Hunger und Entkräftung ein. Sie sehen und hören dann schon schlecht, sind nicht mehr so beweglich wie früher, und die Zähne sind völlig abgeschliffen.

Die Bärzeit fällt in den arktischen Frühling. Sie dauert nicht lange, nur etwa einen Monat. Während der Brunst wandern Männchen und Weibchen gemeinsam und äußern sogar eine Art Bindung aneinander. Das „Eheglück" muß sich das Männchen jedoch schwer erwerben. Zahlreiche Narben und Schrammen zeugen anschaulich von den erbitterten Kämpfen, die in dieser Zeit zwischen den Rivalen ausgetragen werden. Die übrige Zeit des Jahres leben die Tiere in Familien zusammen (das heißt Bärinnen mit ihren Jungen), oder sie leben allein, ohne sichtbares Interesse für die Artgenossen zu zeigen.

Bei reichlichem Nahrungsanfall, etwa wenn ein Wal ans Ufer gespült wird, versammeln sich mehrere Eisbären. Sie verhalten sich völlig gleichgültig gegenüber den Nachbarn, besser gesagt, sie wahren eine Art „bewaffnete Neutralität", schlagen sich den Magen voll, schlafen sich aus, und wenn die Nahrung knapp wird, trennen sie sich wieder nach verschiedenen Richtungen.

Von Natur aus ist der Eisbär ungesellig und deshalb sicher nicht gerade froh über die Gesellschaft seiner Begleiter, der Polarfüchse, Möwen und Kolkraben. Vom Leibe halten kann er sie sich aber auch nicht. Besonders oft schließen sich ihm Polarfüchse und Elfenbeinmöwen an. Die meisten Polarfüchse wandern zum Winter aus der Tundra entweder nach Süden oder aber nach Norden, in das Meereis, die Elfenbeinmöwen verbringen ihr ganzes Leben im Nördlichen Eismeer. Kolkraben wagen sich nicht weit vom Land weg und tauchen als Kostgänger des Eisbären nur im Küsteneis auf. Solche Gemeinschaften bilden sich gewöhnlich im Herbst und lösen sich im Frühjahr oder Frühsommer wieder auf. Die Beziehungen, die sich zwischen den einzelnen Gliedern herausbilden, machen diese Gemeinschaften einander ähnlich. Die Begleiter behindern den Eisbären nicht bei der Jagd. Wenn diesen die Erfahrung gelehrt hat, daß sie zu gewandt und nicht zu fangen sind, beachtet er sie nicht mehr, zumal sich ein satter Bär kaum dafür interessiert, was aus den Resten seines Mahls wird. Zwei, drei Füchse, die sich als erste dem Eisbären angeschlossen haben, betrachten ihn schon als ihr „Eigentum" und verjagen später dazustoßende Artgenossen. Alle „Kostgänger" verfolgen sehr aufmerksam die Jagd ihres Ernährers und warten geduldig, bis er sich gesättigt hat. Der restlichen Beute bemächtigen sich die Polarfüchse. Für die Elfenbeinmöwen bleibt nur wenig, manchmal sind es nur ein paar Tropfen Robbenblut im Schnee. Die anwesenden Füchse zwingen sie außerdem, ständig auf der Hut zu sein.

In freier Wildbahn hat der Eisbär keine Feinde zu fürchten. In bezug auf Stärke könnte sich mit ihm höchstens das Walroß messen. Aber dieser Koloß der Arktis ist friedfertig. Als würden die Eisbären den ebenbürtigen Gegner achten, unterlassen sie es bei einer Begegnung auf dem Eis oder am Strand, Walrosse anzugreifen, und vermeiden so das Risiko, von den Walroßhauern übel zugerichtet zu werden. Sehr selten werden Eisbären auf dem festen Land Opfer von Wolfsrudeln.

Verluste unter den Eisbärenjungen verursachen besonders im Frühjahr die Bären selbst, vielleicht sogar die eigenen Väter. In dieser schweren Zeit, in der die Nahrung knapp ist, lauern einige Männchen den Junge führenden Bärinnen auf, überfallen sie und fressen die Kleinen, obwohl die Bärin ihre Nachkommenschaft erbittert verteidigt. Es ist nicht auszuschließen, daß starke Tiere manchmal auch ausgewachsene, aber kleinere und schwächere Artgenossen überwältigen. Vom Standpunkt der menschlichen Moral läßt sich solche Handlungsweise natürlich nicht rechtfertigen. Allerdings ist dieser Standpunkt bei der Einschätzung von Erscheinungen in der Natur wenig geeignet. Das Verhalten hungriger Tiere zu verurteilen ist zumindest voreilig, denn viele wichtige Details dieses Problems sind nicht bekannt. Kannibalismus ist übrigens in der Tierwelt weit verbreitet und in vielen Fällen biologisch gerechtfertigt, für die Art insgesamt nützlich.

Möglicherweise verenden Eisbären, besonders männliche, manchmal an den Verletzungen, die ihnen während der Bärzeit von Nebenbuhlern oder von Bärinnen, die ihre Jungen verteidigen, beigebracht wurden. Bei erlegten Stücken werden häufig Brüche an Rippen, Extremitätenknochen oder am Schädel festgestellt. Sehr wahrscheinlich ziehen sich die Tiere solche Verletzungen zu, wenn sich das Eis bewegt und zu Packeis auftürmt. Ein starker Stoß einer Eisscholle kann sogar einen Bären töten. Krankheiten, die nur beim Eisbären vorkommen, sind unbekannt. Die Tiere leiden an Gelenkentzündungen und hinken dann merklich. Sehr alte Tiere mit faulen und zerstörten Zähnen kennen zweifellos auch Zahnschmerzen.

Eisbären leiden genau wie Robben, Polarfüchse und Schlittenhunde an Trichinose, die durch Parasiten in den Muskeln von Mensch und Tier hervorgerufen wird. Man nimmt an, daß diese Krankheit in der Arktis erst vor kurzem auftrat oder sich zumindest so weit verbreitete und vielleicht durch Hausschweine eingeschleppt worden sein kann. In einigen Gebieten ist heute fast die Hälfte aller Eisbären von Trichinose befallen. Wie bei Haustieren verläuft die Krankheit auch bei ihnen schwer, und nicht selten verenden sie daran. Schließlich besteht auch der Verdacht, daß Eisbären in der Natur an der für sie nicht weniger gefährlichen Tuberkulose erkranken.

Hauptsächliche Todesursache bei Eisbären ist jedoch die Verfolgung durch den Menschen. Die Tiere sind nicht sehr scheu und zeigen zuweilen nicht die geringste Furcht vor Menschen, so daß die Jagd auf Eisbären, zumal mit modernen Schußwaffen, einfach und lohnend ist.

Solange der Eisbär nur von den wenigen mit Speer und Bogen bewaffneten Ureinwohnern des Hohen Nordens bejagt wurde, waren die Verluste an den Beständen natürlich gering. Doch bereits im siebzehnten, achtzehnten Jahrhundert drangen regelmäßig Fangschiffe in die arktischen Gewässer vor, so daß seit jener Zeit der Eisbärenfang zu florieren begann. Besonderen Aufschwung erlebte er Mitte des vorigen Jahrhunderts, als die Bestände an Grönlandwalen erschöpft waren und die Fänger sich nunmehr auf Robben, Walrosse und Eisbären konzentrierten. Besonders verbreitet jedoch war die Jagd auf Eisbären in den letzten drei, vier Jahrzehnten. Es ist bekannt, daß allein auf Spitzbergen zwischen 1920 und 1930 über viertausend Tiere erlegt wurden. Norwegische Jäger schossen 1924 siebenhundertvierzehn Eisbären ab, von 1945 bis 1963 waren es etwa sechstausend. Nach vorsichtigen Schätzungen wurden allein im Norden Eurasiens seit Anfang des achtzehnten Jahrhunderts über hundertfünfzigtausend Eisbären erbeutet.

Durch die Erschließung der Arktis, die Anlage von Städten und Siedlungen bedrängt der Mensch ohnehin schon das Tier. Von Jahr zu Jahr bleiben weniger für die Anlage von Höhlen geeignete Plätze. Der Mensch ist vielleicht auch indirekt schuld an der Ausbreitung der Trichinose.

Bereits vor hundert Jahren kamen erste Nachrichten, daß die Zahl von Eisbären auf den Inseln in der Barentssee, im Beringmeer und im Norden Kanadas auffällig abnahm. Später ging sie in verschiedenen Gebieten der Arktis mit geradezu katastrophaler Schnelligkeit zurück. Nach Beobachtungen sowjetischer Polarforscher passierten das Küsteneis bei Kap Tscheljuskin 1932 bis 1938 etwa vierhundert Eisbären, 1948 bis 1949 dagegen nur drei. Im Verlauf der letzten dreißig, vierzig Jahre hat sich die Zahl der Eisbären in Nord- und Ostgrönland auf die Hälfte, im Süden und Westen Grönlands sogar um neunzig Prozent verringert.

Die verstärkte Verfolgung der Eisbären fiel mit der gegenwärtigen Erwärmung der Arktis zusammen. In den letzten Jahrzehnten ist hier nicht nur die von Eis bedeckte Fläche kleiner geworden, es haben sich auch die Ernährungsmöglichkeiten für die Tiere verschlechtert, was wiederum eine Bestandsverminderung mit sich brachte. So verschwand an den Küsten Grönlands mit der Erwärmung des Meerwassers der kälteliebende Polardorsch. Ihm nach wanderte nach Norden die Ringelrobbe ab, die hauptsächlich von dieser Fischart lebt. Es ist klar, daß auch der Eisbär diese Gebiete verlassen mußte, denn die Ringelrobbe ist sein Hauptbeutetier.

Den Jäger interessiert, besonders in letzter Zeit, vor allem das Eisbärenfell. Die einheimische Bevölkerung verwendete die Felle schon immer als Schlafdecken, nähte daraus Kleidung und Schuhwerk. Noch heute tragen die Eskimo Nordwestgrönlands im Winter Hosen aus Eisbärenfell. Die Nenzen im Norden des europäischen Teils der UdSSR und Westsibiriens zogen bis in die jüngste Vergangenheit bei strengem Frost über ihre Stiefel „Überschuhe" aus Bärenfell, „toboki" genannt. Nenzen, Tschuktschen und Eskimo nahmen auf ihren Fahrten gewöhnlich ein Stück Eisbärenfell mit, denn es wird nicht naß, und man kann damit sehr gut die Schlittenkufen einreiben. Weil das Fell wasserundurchlässig ist und gut schwimmt, wurde es gern als Schwimmer an Fischnetzen verwendet. Das Sommerfell des Eisbären ist kurz und schütter. Aus solchen Fellen wird gewöhnlich Leder hergestellt.

Die meisten Eisbärenfelle bleiben natürlich nicht in der Arktis. Sie legen einen weiten und komplizierten Weg zurück und verwandeln sich schließlich in ein elegantes Schmuckstück für Wohnungen, einen Vorleger. Im Norden Kanadas und Alaskas erwarb ein Aufkäufer von Fellen vor hundert Jahren von Eskimo ein Eisbärfell für ein Päckchen Tabak und einige Schuß Pulver und Blei. Ende vorigen Jahrhunderts erhielten die Eskimo für die besten Felle fünf bis fünfzehn Dollar. In den fünfziger Jahren unseres Jahrhunderts stieg dort der Preis auf vierzig Dollar, in den letzten Jahren sogar bis auf zweihundert Dollar. Fertige Läufer sind natürlich auf der letzten Etappe ihres Weges vom Jäger zum Käufer um ein Vielfaches teurer.

Das Fleisch des Eisbären, besonders das von Jungtieren, ist durchaus eßbar, wenngleich das Fett, dem ein merklicher Trangeruch anhaftet, nicht jedermanns Sache ist. Ungenießbar ist lediglich die Leber. Die Nenzen, Eskimo und Tschuktschen warfen sie, wenn sie ein Tier aufbrachen, gewöhnlich ins Meer oder vergruben sie. Nicht nur, daß sie selbst die Leber nicht aßen, sie waren auch darauf bedacht, daß die Hunde nicht an die Leber herankamen. Neulinge in der Arktis, die von Eisbärenleber gekostet hatten, mußten diesen Fehler mit Kopfschmerz, Erbrechen, Sehstörungen und manchmal sogar mit dem Leben bezahlen. Man hat jetzt festgestellt, daß die Leber des Eisbären eine ungeheure Menge Vitamin A enthält. Wenige Gramm Leber können den Jahresbedarf eines Menschen an diesem Vitamin decken, in großer Menge genossen, ruft sie eine akute Hypervitaminose hervor, die einer Vergiftung gleichkommt.

Dennoch wurden Eisbären in der Vergangenheit weniger des Fells als vielmehr des Fleisches wegen erlegt. Die Jäger ernährten sich selbst davon und verfütterten es an die Hunde. Zur Zeit der Schlittenexpeditionen und Fußmärsche in der Arktis galt der Eisbär nicht umsonst als „Reserveverpflegungsdepot“ und hat somit indirekt zur Erforschung und Erschließung dieses Teils der Erde beigetragen. Manche Expeditionen planten sogar von vornherein die örtlichen Reserven ein und beschafften sich ihre Verpflegung hauptsächlich durch Jagd auf Eisbären. Ein im rechten Moment auftauchender Eisbär hat überhaupt schon manchmal hier in Not geratenen Polarforschern aus der Klemme geholfen und sie vor dem Hungertod bewahrt.

Lebende Eisbären, insbesondere Jungtiere, erfreuen sich allgemeiner Beliebtheit in zoologischen Gärten, Tierparks und im Zirkus. Alljährlich gehen mehrere Dutzend Jungbären durch die Tierhandlungen Europas und Amerikas. Sie kosten übrigens mehr als das beste Eisbärenfell. Die Tiere lassen sich gut in Gefangenschaft halten und passen sich den ungewöhnlichsten Bedingungen an, nicht nur im gemäßigten, sondern auch im heißen Klima. Sie können Jahrzehnte in der Gefangenschaft leben und bringen in vielen Zoos der Welt regelmäßig Junge zur Welt.

Der Eisbär wurde bereits 1793 in einem der ältesten zoologischen Gärten, im Zoo Paris, bei dessen Eröffnung ausgestellt. 1965 lebten über vierhundertfünfzig Eisbären in den Tiergärten von mehr als hundertfünfzig Städten auf allen Kontinenten, darunter in Zoos in Indien, Südafrika, Japan usw. In der UdSSR kann man Eisbären in dreiundzwanzig Tiergärten sehen. In der Gefangenschaft fressen sie Brot, Fleisch, Fisch, Robben- oder Walspeck, in südlichen Städten lehnen sie auch solches ihnen so völlig fremde Futter wie Gras, Äpfel oder Melonen nicht ab.

Nachkommenschaft von in Gefangenschaft gehaltenen Bären hatte erstmalig 1867 der Londoner Zoo zu verzeichnen. 1899 gab es Geburten in den Zoos von Moskau und Cincinnati; 1965 züchteten bereits fünfundzwanzig Zoos Eisbären, darunter auch der Zoo Adelaide in Australien. Regelmäßige Zuchterfolge haben in der Sowjetunion die Zoologischen Gärten Leningrad und Moskau.

Dort, wo die Jagd nicht verboten ist, wird der Eisbär meist bei zufälligen Begegnungen getötet. Oft verwenden die Jäger Hunde, die das Tier einholen und stellen müssen, bis der Jäger herangekommen ist. Freilich ist nicht jeder Hund einer solchen Aufgabe gewachsen. Ein guter, auf Bären abgerichteter Hund muß nicht nur scharf, sondern auch äußerst wendig sein und dem furchtbaren Schlag einer Bärenpranke ausweichen können. In den Gebieten mit „Wochenstuben“ war bis in die jüngste Vergangenheit die Jagd auf Bärinnen in der Höhle verbreitet. Eisbären werden auch vom Schiff aus gejagt, in Alaska verwendet man sogar Flugzeuge.

Der Jäger selbst ist bei einer Begegnung mit einem Bären kaum in Gefahr. Selbst ein verwundeter Eisbär versucht meist, seinen Verfolgern zu entkommen. Gewiß gibt es auch Ausnahmen. Ein Tier, das zum ersten Mal mit Menschen in Berührung kommt, hat keine Eile, sich in Sicherheit zu bringen. Es kommt vor, daß es die ihm unbekannten Zweibeiner überhaupt nicht beachtet, auf jeden Fall scheinen sie ihm nicht freßbar zu sein. Manchmal erwacht in einem Bären die Neugier, die übrigens nicht mit aggressiven Absichten gekoppelt ist, dann tritt er offen dem Menschen entgegen. So ein Tier kann man gewöhnlich durch Anruf, einen Steinwurf oder Schuß in die Luft vertreiben. Das Gefährlichste wäre, vor dem Bären zu fliehen. Bei aller Gutmütigkeit bleibt er doch ein Raubtier, und der ihm innewohnende Instinkt läßt ihn unwillkürlich die Verfolgung aufnehmen. Das Tier erinnert dann an ein Kätzchen, das mit Begeisterung einem Stück Papier nachjagt, obgleich Papier durchaus kein begehrter Leckerbissen für Katzen ist. Seine Langsamkeit täuscht, und im schnellen Lauf ist er besonders auf kurzen Strecken eindeutig im Vorteil. Unter solchen Umständen passieren wahrscheinlich auch die meisten Unfälle — Verstümmelungen oder sogar Tod von Menschen durch Eisbären.

Ein Mensch kann von einem Eisbären angegriffen werden, der seine Beute, etwa eine gerade gefangene Robbe, oder seine hilflosen Jungen verteidigt. Aber auch dann versucht das Tier nur, den möglichen Konkurrenten oder Gegner, der den Jungen etwas zuleide tun will, zu schrecken. Gewiß, der Eisbär ist kein Kätzchen, und wo Begegnungen mit ihm möglich sind, sollte man die geladene Leuchtpistole oder den Karabiner schußbereit halten. Dennoch gab es — allerdings seltene — Fälle, da Eisbären auf Menschen Jagd machten, sehr dreist wurden und weder Schreie noch andere Drohungen beachteten. In der Regel handelte es sich um abgemagerte alte Tiere, die sich ihre übliche Beute nicht mehr beschaffen konnten.

Die Fälle, da wirklich einmal ein Eisbär einen Menschen angriff, sind so selten, daß man sie zählen kann. Auf Nowaja Semlja kamen in der über einhundertjährigen Geschichte der Erschließung der Insel zwei oder drei Menschen auf diese Weise um. Auf der Wrangel-Insel wurden in den letzten dreißig, vierzig Jahren unter unterschiedlichen Umständen Tausende von Tieren erlegt, aber nicht ein einziger Mensch ist dabei zu Schaden gekommen.

Wie schon gesagt, zeigt sogar eine Bärin keine aggressiven Absichten, wenn ein Mensch bei ihrer Höhle auftaucht. Auf der Wrangel-Insel wurden in den letzten dreißig, vierzig Jahren unter Bärenhöhlen krochen — allerdings mit dem Revolver in der Hand — und unversehrt wieder herauskamen. Glaubwürdig ist auch folgende Geschichte: Ein unbewaffneter Schifahrer sauste einen steilen Hang hinab und brach in eine Bärenhöhle ein. Unmittelbar vor sich, an die Höhlenwand geschmiegt, sah er in halb sitzender Stellung eine starke Bärin. Der Mann hörte das Zischen des wütenden Tieres und spürte dessen warmen Atem in seinem Gesicht. Er hatte natürlich Angst, aber er arbeitete sich völlig unverletzt wieder aus der Höhle heraus.

Eine andere Begebenheit sei hier noch angeführt: Ein Eskimo von der Küste der Tschuktschensee wurde auf einer Eisscholle aufs Meer getragen und trieb unfreiwillig viele Tage auf See. Die Patronen waren verschossen, sein Gewehr war damit zu einer nutzlosen Last geworden. Als er einmal schlief, kam ein großer Eisbär auf seine Eisscholle. Anfangs betrachteten die neuen Nachbarn einander recht argwöhnisch, doch beruhigten sie sich bald. Das Tier zeigte sich in dieser Geschichte von einer weitaus vorteilhafteren

Seite. Als es einmal seinerseits schlief, bastelte sich der Eskimo aus seinem Messer und dem Gewehr eine Art Speer und tötete damit den Bären. So war er für den Rest der Fahrt mit Fleisch versorgt und kam wohlbehalten wieder an Land.

Typisch für das Verhalten von Eisbären ist ein Fall, den ein norwegischer Arktisforscher beschreibt: „Auf Nordostgrönland sah sich einmal ein unbewaffneter Seemann plötzlich einem Eisbären gegenüber. Solange der Seemann sich nicht von der Stelle rührte, stand auch der Bär ruhig da und beobachtete ihn. Erst als der Matrose davonlief, verfolgte er ihn. In seiner Angst riß sich der Matrose seine Jacke herunter, damit er besser laufen konnte. Als er sah, daß der Bär stehenblieb und die Jacke genau musterte, riß er sich nach und nach sämtliche Kleidungsstücke herunter, und jedesmal blieb der Bär stehen und prüfte die Sachen. Als der Matrose sein Boot erreichte, war er völlig nackt. Der Eisbär kam zum Boot und leckte dem verängstigten Matrosen die Hand. Erst als Menschen dazukamen, lief der Bär davon.“ (Aus dem Russischen rückübersetzt. — *Die Red.*)

Eisbären zertrümmern nicht selten Polarfuchsfallen, fressen die Köder oder die gefangenen Tiere, auf der Suche nach Freßbarem dringen sie auch in Vorratsschuppen ein. Mehr aus Neugier zerstören sie manchmal auch See- und Blinkzeichen an der Küste. Ein Schuß aus einer Leuchtpistole treibt ihnen gewöhnlich diesen Übermut aus. Manchmal wird dem Eisbären auch vorgeworfen, daß er sich von Robben ernähre und somit als Konkurrent des Menschen auftrete, der ja ebenfalls am Robbenfang interessiert ist. Derartige Anschuldigungen sind, zumindest gegenwärtig, jedoch kaum begründet. Der Bestand an Robben, insbesondere an Ringelrobben, in der Arktis ist doch sehr groß, und nur ein geringer Teil davon wird Beute von Robbenfängern. Gleichzeitig sind die durch Eisbären verursachten Verluste nur gering, auch wenn jeder im Jahr etwa fünfzig Robben frißt. Aber der Gesamtbestand des Eisbären auf der Welt ist ja ohnehin nicht gerade groß.

Versuche, den gegenwärtigen zahlenmäßigen Bestand an Eisbären zu ermitteln, hat es wiederholt gegeben. Die Aufgabe ist nicht eben leicht, und man hat sie auf verschiedenen Wegen zu lösen versucht. Der amerikanische Zoologe Scott hat 1959 die Tiere vom Flugzeug aus gezählt. An der Küste von Alaska ermittelte er auf einem fünfundsiebzig Meilen breiten Streifen rund zweitausendfünfhundert Eisbären. Angenommen, die Tiere sind gleichmäßig über die Eisfelder verteilt, ergäbe das nach Scott einen Gesamtbestand von siebzehntausend bis neunzehntausend Stück. Wenn man jedoch bedenkt, daß der Eisbär in seinem Areal nur sehr unregelmäßig verbreitet ist und die von der Zählung erfaßte Fläche praktisch sehr klein war, so ist klar, daß dieses interessante Experiment nur eine ungefähre Vorstellung vom Eisbärenbestand zu geben vermag.

Etwas größere Möglichkeiten ergeben sich bei der Auswertung der Daten der sowjetischen Eisaufklärung auf dem Luftwege, die von der westlichen Barentssee bis zur Beringstraße einschließlich der zentralen Arktis nach festliegenden Routen durchgeführt wird. Hierbei veranstaltete Probezählungen haben ergeben, daß die Populationsdichte der Eisbären in der sowjetischen Arktis im Durchschnitt ein Exemplar auf 711 Quadratkilometer Eisfläche, in der Barentssee, wo die Eisbären am häufigsten sind, ein Exemplar auf 400 Quadratkilometer beträgt. In der sowjetischen Arktis leben demnach fünftausend bis siebentausend Eisbären, in der gesamten Arktis sind es zehntausend bis fünfzehntausend.

Es wurde bereits erwähnt, daß es die Bärinnen sind, die mit größter Regelmäßigkeit Lager anlegen. Es ist weiterhin bekannt, daß tragende Weibchen etwa zwanzig Prozent des Gesamtbestandes ausmachen. Deshalb kann eine Bestandsaufnahme der Eisbärenhöhlen mehr oder weniger zutreffende Zahlen liefern. Danach läßt sich der Weltgesamtbestand an Eisbären, natürlich nur annähernd — denn eine exakte Erfassung der Höhlen ist noch nicht erfolgt —, mit achttausend bis zehntausend Exemplaren beziffern.

Mögen die Zählungen der Zoologen auch nur bedingt richtig sein, so zeigen sie doch, daß der Eisbär selten geworden — vergleichsweise sei erwähnt, daß es an Braunbären allein in der UdSSR mindestens 100 000 Stück gibt — und in seinem Bestand bedroht ist.

Am entschiedensten trat für den Schutz des Eisbären die Sowjetunion ein. Bereits 1938 wurde in der sowjetischen Arktis die Jagd auf Eisbären von Schiffen aus sowie auf den Arktisstationen verboten, ausgenommen sind Fälle dringender Notwendigkeit. 1956 verbot der Ministerrat der RSFSR generell jede Jagd auf Eisbären, und seit dieser Zeit ist nur noch der Fang von Jungtieren und auch der nur mit besonderer Erlaubnis zulässig. Die Bedeutung dieser Maßnahmen für den Schutz der Tiere kann nicht hoch genug eingeschätzt werden. Mitte des Jahres 1950 hatte die Zahl der Eisbären einen Tiefstand erreicht, bei dem die Art bereits vom Aussterben bedroht war. Jetzt ist der Bestandsrückgang nicht nur zum Stillstand gekommen, sondern es ist sogar eine leichte Zunahme festzustellen. Eisbären tauchen jetzt wieder in Gebieten auf, in denen sie lange Zeit nicht mehr anzutreffen waren. Sie kommen wieder zu im Eis driftenden Schiffen, begleiten sie längere Zeit und ernähren sich von den ihnen zugeworfenen Brocken und Abfällen. Manche Bären werden sogar zu „Berufsbettlern", die in der Nähe der Menschen ein bequemes und gesichertes Leben führen. Sie erkennen binnen kurzem ihren Hauptwohltäter, den Koch oder Büfettier, kennen sich aus im Tagesablauf an Bord und zeigen sich beim Schiff, wenn die Mannschaft die Mahlzeiten einnimmt. Diese bettelnden Eisbären gibt es auch in der Nähe von Siedlungen. Hier sind sie jedoch unerwünscht, denn hier können sie Menschen erschrecken, und besonders dreiste können ihnen auch Schaden zufügen. In den Gebieten Kanadas, in denen die Eisbärenjagd untersagt ist, werden Maßnahmen getroffen, damit die Tiere nicht an Müllplätze herankommen. Wenn man dort in eine Siedlung kommt, fallen einem sofort die fahrbaren Fallen auf. Die darin gefangenen Eisbären werden in die Tundra zurückgebracht und freigelassen. Solche, die wiederholt in Fallen geraten, also „Berufsbettler" sind, schafft man in zoologische Gärten.

Eine positive Rolle bei der Entwicklung hat zweifellos auch das Schutzgebiet auf der Wrangel-Insel gespielt. Ein zweites solches Schutzgebiet, in dem Eisbärinnen in großer Zahl ihre Lager haben, wurde von Norwegen in Ostspitzbergen eingerichtet.

Und dennoch haben all diese Bemühungen noch nicht die in sie gesetzten Hoffnungen erfüllt. Der Bestand erholt sich nur langsam, und es ist durchaus noch nicht sicher, ob sich das Schicksal des Eisbären auf der Erde zum Guten gewendet hat. In dem Teil der Arktis außerhalb der Sowjetunion wird der Eisbär, mit gewissen Einschränkungen zwar, nach wie vor bejagt, wobei alljährlich mindestens tausend Tiere erlegt werden.

In Kanada und Grönland läßt sich der Abschuß von Eisbären noch bis zu einem gewissen Grade rechtfertigen, da hier die Jagd nur der einheimischen Bevölkerung gestattet ist. In Alaska (USA) und auf Spitzbergen (Norwegen) werden Eisbären jedoch nicht nur von Einheimischen erbeutet, sondern von speziell zur Eisbärenjagd anreisenden Touristen. Nach Spitzbergen kommen diese mit Schiffen und schießen einfach von Deck aus. In Alaska wird ihnen ein Flugzeug zur Verfügung gestellt — natürlich nicht gerade kostenlos. Der Pilot sucht im Eis einen möglichst großen Eisbären und setzt in dessen Nähe den Jäger ab. Manchmal beteiligen sich an dieser Aktion auch zwei Flugzeuge, wobei eins die Rolle des Treibers übernimmt und das Tier dem Schützen zutreibt.

Mit einem Eisbären wird eine einzelne Person zu Fuß ohne weiteres fertig. Schiffe und Flugzeuge erleichtern nicht nur ungemein das Erlegen der Beute, sondern sie verstärken auch die Gefahr, daß der Eisbär ausgerottet wird. Es ist deshalb verständlich, daß Zoologen und echte Sportjäger vieler Länder, einschließlich der Vereinigten Staaten und Norwegens, derartige Jagdmethoden verurteilen und für deren Verbot eintreten. 1972 wurde dann auch in Alaska die Eisbärenjagd vom Flugzeug aus verboten, Norwegen hat jegliche Bejagung des Eisbären ab 1973 untersagt.

Den Eisbären zu erhalten ist möglich. Dazu sind jedoch internationale Bemühungen erforderlich. Ein wichtiger Schritt ist in dieser Beziehung bereits getan worden: 1956 fand in Alaska die Erste Internationale Konferenz zu diesem Problem statt. Fachleute und offizielle Vertreter der UdSSR, USA, Kanadas, Norwegens und Dänemarks berieten hier über den Stand der Erforschung dieser Art, stimmten das Programm zur weiteren Erforschung ab und erarbeiteten eine Reihe praktischer Maßnahmen zum Schutz des Eisbären. 1968 führte die Internationale Union für Naturschutz die Erste Internationale Arbeitstagung durch und bildete eine spezielle Kommission zur Koordinierung aller Bemühungen, die der Erforschung und dem Schutz des Eisbären dienen. 1970 und 1972 fanden die Zweite und die Dritte Internationale Arbeitstagung zu Eisbärenfragen statt, auf deren Empfehlung hin die Eisbärenjagd in Kanada, den USA und in Norwegen erheblich eingeschränkt wurde.*

* Im Jahre 1973 wurde zwischen den Arktisanliegerstaaten UdSSR, USA, Kanada, Dänemark und Norwegen die Internationale Vereinbarung zum Schutze der Eisbären abgeschlossen. — *Die Red.*

Das ist natürlich erst ein Anfang, aber er zeigt, daß die Eisbären, diese starken, gewandten und gutmütigen Tiere, in der Welt Freunde haben, die für ihren Schutz eintreten. Er läßt uns hoffen, daß uns die Tiere auch weiterhin erhalten bleiben, nicht nur in zoologischen Gärten, sondern auch in der Freiheit, in der Arktis.

Wohnheime für Vögel

An der Küste war der Frühling in seine Rechte getreten. Die Lufttemperatur stieg über den Gefrierpunkt. Ein feuchter Wind brachte aus der Tundra den herben Geruch tauender Erde und den Gesang der Schneeammern und kräuselte die Oberfläche der Pfützen in der Siedlung. In den Tälern der Tundraflüsse gab es jetzt Wasser, und vom Meer her zogen landeinwärts die ersten Schwärme von Eiderenten. (In der sowjetischen Arktis leben mehrere Arten; auf der Wrangel-Insel begegnet man vor allem der Pazifischen Eiderente.)

Die Rückkehr der Gänse stand bevor. Das zeigte nicht nur das Wetter oder der Kalender an, man konnte es auch an den Gesprächen und dem Verhalten der Inselbewohner merken. In jedem Haus putzte und lud man die seit dem Herbst ungenutzt dastehenden, angerosteten Schrotflinten. Während der Zugzeit dürfen die Einheimischen Schneegänse schießen. Wenn auch nicht jeder Schütze einen Vogel erlegt, so redet doch die ganze Männerwelt der Insel nur noch von Gänsen. Gänsejagd wird hier als eine Art Erholung, Zerstreuung angesehen, ja fast als Festtag betrachtet. Das liegt sicher daran, daß die Gänse das sichtbarste Zeichen des Frühlings sind, der in den hohen Breiten besonders sehnsüchtig erwartet wird. Die auf dem Randeis liegenden Ringelrobben beachtete vorläufig keiner. Die Robbenjagd ist zwar wichtiger, aber sie ist eben Arbeit, prosaischer Alltag. Abends war der Klub nicht mehr so voll: Filme, selbst die neuesten, mit den verheißungsvollsten Titeln lockten die passionierten Jäger nicht mehr.

Das „Gänsefieber“ hatte auch Nanaun gepackt. Frühmorgens kam ich an seinem Haus vorbei. An der Wand lagen teilnahmslos die ermatteten Hunde, nur Apsinak wedelte, als er mich erkannte, faul mit dem Schwanz in der Pfütze. Wassili saß mit seinem jüngsten Sohn, dem zehnjährigen Ljowa, auf der Treppe und schnitt Ladepfropfen aus alten Filzstiefeln.

„Geht's los?“ fragte Nanaun. Es war klar, worum es ging. Bald wollten wir in die Tundra zum Pik Tundrowaja übersiedeln, um dort in der Nähe der Brutkolonie die gefiederten Wanderer zu begrüßen, vom ersten Tag an das Leben der Gänse auf der Insel zu beobachten. Nanaun erwartete — zum wievielten Male wohl schon — mit Ungeduld den Gänsezug, und in Gedanken war er wahrscheinlich schon irgendwo am Hang des Berges, in seinem oftmals erprobten Ansitz.

Schließlich waren unsere Vorbereitungen beendet, und am 17. Mai schleppte uns der Raupentraktor, vor einen riesigen Schlitten gespannt, mit all unserer Habe ins Innere der Insel. Auf dem Schlitten schaukelte knarrend im Takt der Löcher auf dem Wege unsere Bretterbude mit Tür, Fenster, Kanonenofen, bis an die Decke vollgestopft mit Kisten, Säcken und Fässern. Die Raupenketten fraßen geschäftig Kilometer um Kilometer. Die Sonne schien hier genauso hell zu leuchten, aber je weiter wir uns von der Siedlung entfernten, je höher wir in die Berge kamen, desto rarer wurden die schneefreien Stellen, die Pfützen verschwanden völlig, und an die unten bereits einsetzende „rasputiza", die Zeit der Wegelosigkeit, erinnerten hier nur noch die von Schlittenkufen stammenden Schmutzstreifen im Schnee.

Einen vollen Tag waren wir unterwegs, und dann lag er vor uns, der Nistplatz der Gänse. Ringsum noch tiefer Winter. In unberührtem Weiß der Schnee. Ein eisiger, schneidender kalter Wind fegt von den Kämmen der Sastrugi Schneestaub herunter. Mich freut das Bild. Wir sind also nicht zu spät gekommen, wir können die Rückkehr der Gänse von Anfang an miterleben.

Das Herrichten des Lagers erforderte nicht viel Zeit. Den Platz hatten wir schon im Winter bei unseren Fahrten ausgewählt. Wir brauchten nur noch die Hütte vom Schlitten zu ziehen — das erledigte mühelos der Traktor —, neben dem Häuschen das Vorratszelt aufzubauen und dort den Teil unserer Habe unterzubringen, der vor Schnee und Regen geschützt werden mußte. Das Motorengeräusch des Traktors war noch nicht hinter den fernen Hügeln verklungen, da machte unser Lager schon einen bewohnten Eindruck. Aus dem hohen Schornstein kräuselte sich über dem Haus freundlich der Rauch, und auf dem Hügel und den Hängen der Schlucht — dem Ufer eines künftigen Baches — zeichneten sich die ersten Pfade ab.

Der Frühling schien diesen Teil der Insel völlig vergessen zu haben. Drei Tage hintereinander stieg die Temperatur nicht über −2 °C, hin und wieder gab es leichtes Schneefegen. Am Morgen des 22. Mai schneite es in dicken, nassen Flocken, und am Abend tobte ein ziemlich starker Schneesturm. Sonst sieht man um diese Zeit auf der Insel schon die ersten Gänse, aber in diesem Jahr hatte sie das Wetter aufgehalten. An Vögeln besuchten uns vorläufig nur die Schneeammern. Fünf oder sechs Paare, die bereits am Tag unserer Ankunft beim Lager aufgetaucht waren, vertrieben, wohl mit den Rechten von „Erstentdeckern", hartnäckig alle später ankommenden Artgenossen aus dessen Umgebung. Als wir das Lager hergerichtet hatten, bauten wir sogleich eine Falle für Schneeammern. Bereits wenige Stunden danach waren alle diese „Erstentdecker" in der Falle und unterschieden sich nun von den übrigen Schneeammern durch Aluminiumringe an den Füßen.

Am 25. Mai besuchte uns das Kettenfahrzeug. Es brachte noch einiges von unserem in der Siedlung zurückgebliebenen Gepäck und die letzten Neuigkeiten, und die waren interessant! Die Gänse hatten nämlich ihren seit alters üblichen „Flugplan" eingehalten. Trotz des Schneefalls war der erste Gänsetrupp am 21. Mai über der Somnitelnaja-Bucht aufgetaucht. Am 22. Mai überflog ein Trupp die Siedlung, und Nanaun, von den anderen Jägern darum beneidet, gelang es, einige Vögel zu schießen. Man erzählte, daß Wassili selbst auf seinen Erfolg nicht wenig stolz war, denn er schritt mit den lässig über die Schulter geworfenen Jagdttrophäen gemächlich durch die ganze Siedlung, obwohl der kürzeste Weg zu seinem Haus gar nicht dort entlang führte.

Das Wetter schlug erst am 26. Mai um. Schon am frühen Morgen stieg die Temperatur über den Gefrierpunkt. Der Schnee sackte zusehends zusammen, lustig tröpfelte es vom Dach unserer Hütte. Es dauerte nicht lange, und unter dem Schnee lugten Steine und die dunklen Flecken der Flechten hervor. Zu Mittag flog die erste aus neun Schneegänsen bestehende Kette über das Lager hinweg. Gegen Abend des folgenden Tages war schon etwa ein Viertel, einen Tag später fast die Hälfte der Tundra schneefrei. Der Frühling stürmte mit Macht das Innere der Insel. Am Himmel waren die melancholischen Rufe der ersten Kiebitzregenpfeifer zu hören. Die Schneeammern verschwanden nun aus der Umgebung des Lagers, denn jetzt hatten sie Zugang zu den Samen der Tundragräser und den Spalten zwischen den Steinen, in denen sie ihr Nest bauen konnten. Immer mehr Gänse tauchten auf.

Es gibt wohl kaum einen Menschen, von Jägern ganz zu schweigen, der gleichgültig bliebe, der nicht stehenbliebe beim Anblick ziehender Gänse, so harmonisch ist der Körperbau dieser großen Vögel, so vollkommen und geordnet ist ihr Flug. Einen besonders erregenden Anblick aber bieten Ketten von Schneegänsen, die am blauen Frühlingshimmel dahinziehen. Stundenlang könnte man ihnen zuschauen und die ruhigen Schläge der schwarzen Schwingenspitzen verfolgen. Ein Trupp nach dem anderen kam jetzt von Osten heran, überquerte den Gebirgskamm und kreiste dann, tiefer gehend, über dem Brutplatz.

In den nächsten Tagen wurde es nochmals kalt, nasser Schnee fiel, aber es war klar, daß der Winter wich. Am 2. Juni konnte man zum ersten Mal ohne Sonnenbrille aus dem Haus gehen, das bedeutete, daß über die Hälfte der Tundra vom Schnee befreit war. Das Schmelzwasser, das bisher von den Schneeverwehungen aufgesogen und festgehalten wurde, brach sich jetzt in zahllosen Bächlein Bahn, deren Murmeln und Plätschern zeitweilig mit dem vielstimmigen Chor der Vögel und dem Kläffen der Polarfüchse wetteiferte.

Es zeigte sich jetzt, daß die meisten Polarfüchse der Insel in der Umgebung der Gänsebrutplätze ihre Jungen zur Welt bringen. In nächster Umgebung, ja innerhalb der Kolonie selbst zählten wir auf einer Fläche von fünfzig Quadratkilometern zehn Polarfuchsfamilien. Die Populationsdichte der Füchse auf der Insel war hier am größten. Von besonderer Bedeutung sind hierbei die lokalen Bedingungen der Bodenbildung. Die ohnehin dünne Bodendecke auf der Insel wird durch Wind und Schmelzwasser stark zerstört. Trotz des reich gegliederten Bodenreliefs und der zahlreichen Flüsse und Bäche gibt es deshalb nicht allzu viele für die Anlage von Bauen geeignete Stellen. Die besten Bedingungen finden die Polarfüchse auf Rasenboden, der sich an Hängen von Hügeln und Flußtälern bildet, auf sandigem und sandiglehmigem Grund, an Stellen mit gut ausgebildeter Krautvegetation. An solchen Stellen legen auch die Schneegänse ihre Kolonien an. Die Polarfüchse finden hier also nicht nur günstige Bedingungen für den Bau ihrer Wohnhöhlen, sondern auch reichlich Nahrung vor, denn in der Gänsekolonie kann man den Sommer über von Eiern, Küken und gelegentlich auch Altvögeln recht gut leben.

Übrigens stellten wir noch eine weitere interessante Besonderheit im Leben der Polarfüchse der Insel fest. Als ich in jenen Tagen einmal durch das Gebiet der Kolonie ging, bemerkte ich in einiger Entfernung einen Polarfuchs, der auf einer schneefreien Bodenwelle lag. Das Tier, das mich zweifellos ebenfalls beobachtete, ließ mich bis auf etwa zwanzig Schritt herankommen, ehe es flüchtete. In dem Moment, als der Fuchs aufsprang, löste sich von seinem Bauch etwas Dunkles und fiel auf den Boden. Als ich näher herantrat, sah ich zu meinem Erstaunen in einem alten Gänsenest, das noch die Dunenauspolsterung enthielt, sechs hilflose, blinde junge Polarfüchse liegen. Obwohl es verhältnismäßig warm war, begannen die Welpen bald zu zittern und aus dem Nest zu kriechen. Ich entfernte mich von dem Nest, und unmittelbar vor meinen Augen kehrte die Mutter zurück und wärmte die Jungen mit ihrem Körper. Später wurde ein ebensolches Nest von Felix gefunden, ein weiteres fand ich selbst noch, es war also keine Einzelerscheinung. Tatsächlich ist, wie uns einheimische Jäger später erzählten, für die Polarfüchse der Insel überhaupt typisch, daß sie die Jungen außerhalb von Bauen werfen. Junge Polarfüchse, die im Freien liegen, findet man jedes Jahr.

Diese Besonderheit in der Biologie unterscheidet die Polarfüchse der Wrangel-Insel von Tieren anderer Gebiete der Arktis. In der Regel wirft der Fuchs überall seine Jungen in einem Bau oder zumindest in Verstecken in Schuttfeldern. Für alles gibt es natürlich eine Erklärung. Zur Wurfzeit der Insel-Polarfüchse sind die Baue noch vereist, denn die Schneedecke ist hier zu dünn und schützt die Baue nicht gegen das Eindringen des Frostes; andererseits verhindert der Dauerfrostboden die Anlage tiefer Erdbaue. Wenn der Boden oberflächlich auftaut, ist er sehr naß und somit auch ungeeignet. Sobald die Baue aufgetaut sind und der Boden etwas getrocknet ist, verschwinden die Jungen aus den provisorischen Lagern. Die Eltern haben sie nun in die sichereren unterirdischen Unterkünfte gebracht.

Die Schmelzwässer überfluteten auch die Winterbaue der Lemminge unter dem Schnee, die Sommerbaue waren noch vereist, so daß sich die Tiere in einer Notlage befanden. Sie liefen in der Tundra umher, griffen pfeifend Gänse und selbst Menschen an und verrieten sich dadurch schon von weitem. Über die abgetrockneten Flächen schnürten jetzt ständig Polarfüchse, und in der Luft schwebten beutesuchend Raubmöwen und Eismöwen.

Mit jedem Tag wurde die Vogelwelt um unser Lager reicher. Immer neue Limikolenarten trafen ein. Mit lauten, abgehackten Trillern jagten ganze Trupps buntscheckiger, rotbeiniger Steinwälzer durch die Luft. Hin und wieder trafen wir Pärchen der etwas gesetzteren Knutts, deren melodische schnurrende Balzstrophe oft zu hören war. Mit unwahrscheinlich aufgeblähtem Kropf schwirrten dicht über dem Erdboden mit monotonem Pfeiflaut die Graubruststrandläufer dahin. Überall über den Schuttfeldern erklang das Lied der Schneeammern, die nun schon lange nicht mehr unseren Futterplatz neben dem Haus besuchten, obgleich wir nach wie vor Grütze und Brotkrümel hinstreuten. Auch die nicht weniger melodischen Lieder der Spornammermännchen waren jetzt zu hören.

Am auffälligsten für Auge und Ohr waren jedoch die Schneegänse.

Anfang Juni hatten die Vögel zum größten Teil bereits den Brutplatz bezogen. Die Gänse hielten sich paarweise und versuchten, sofort ihr Nistrevier zu besetzen. Ein Teil der Nester aus dem Vorjahr lag jedoch noch unter dem Schnee, so daß der Platz knapp war und es nicht ohne Streitigkeiten abging. Oft konnte man beobachten, wie ein Gänserich mit einem anderen, der ebenfalls Anspruch auf dessen Revier erhob, verfuhr. Mit ausgebreiteten Flügeln und tief gesenktem Kopf stürzte sich der Revierbesitzer auf den Eindringling. Das genügte manchmal schon, aber hin und wieder kam es zu regelrechten Kämpfen. Bald packte der eine Ganter den Gegner im Nacken und prügelte ihn mit den Schwingen, bald tat es der andere, so daß die weißen Federchen wie Schneeflocken durch die Luft wirbelten. Aber der Revierbesitzer blieb dennoch Sieger. Das ist ganz natürlich: Die Quelle des Muts und der Entschlossenheit war die Nähe des Nestes (vielleicht auch das Gefühl, im Recht zu sein). Der Abgeschlagene flog eilig davon, von seiner Gans begleitet. Die Gänse sind wesentlich duldsamer gegeneinander, und während die Ganter ihre Angelegenheit klären, liegen sie friedlich daneben.

Den Paaren, die kein „Heim“ finden konnten, blieb nichts anderes übrig, als zu warten, bis der Schnee wegtaute. Sie schlugen sich zu Trupps zusammen und weideten auf den Hängen des Tundrowaja-Berges. Stellenweise war hier der Rasen schon völlig abgezupft und von den Gänseschnäbeln regelrecht „umgepflügt“.

Die Paare, die ein Revier besetzen konnten, begannen das Nest von der alten Auspolsterung zu säubern. Dadurch wurde das neue Nest schneller trocken, der Boden taute rascher auf und erwärmte sich. Am 3. Juni lag in vielen Nestern schon das erste Ei.

Die Schneeflocken schmolzen schnell zusammen, der Boden taute auf und trocknete ab. Die Lemminge, die die Überschwemmung überstanden hatten, verbargen sich nun in ihren Bauen, und so begannen sich die Polarfüchse für die Gänseeier zu interessieren. An die kamen sie jedoch nicht immer so leicht heran.

Unweit unseres Lagers lebten und jagten drei Paare Polarfüchse. Wir lernten sie allmählich unterscheiden, lernten sie „persönlich" kennen und fanden immer mehr Unterschiede in ihrem Verhalten, ihrem Charakter und ihrem Geschmack heraus.

Den am weitesten entfernten Bau bewohnte ein Paar richtiger „Pechvögel". Wenn die Füchse ihren dichten Winterpelz abgeworfen haben, sehen sie recht unansehnlich aus, aber diese beiden waren die mickrigsten und zotteligsten. Große Fetzen weißer Wolle, die vom Rücken und den Flanken abstanden, gaben ihnen das Aussehen zerlumpter Vagabunden. Diese Tiere holten sich ihr Futter vor allem von dem Müllplatz hinter unseren Zelten. Unser Lager hatte sich nämlich vergrößert: Die kürzlich angereisten Kameraleute hatten sich eine eigene Unterkunft aufgebaut, in Zelten waren auch ein neues Lager und ein Labor untergebracht. Es gab dort sicher keine Leckerbissen, dafür aber kam immer wieder Nachschub, und ohne ihn hätte das Pärchen kaum seine Jungen aufziehen können. Die Gänse zu bestehlen, versuchten sie offensichtlich nicht, es sei denn, sie konnten ein verlegtes Ei erbeuten. In Legenot werden nämlich nicht selten Eier irgendwo abgelegt. Durch die Kolonie stahlen sich unsere „Pechvögel" nur auf schmalen Streifen „Niemandsland" und wurden von den Gänsen überhaupt nicht beachtet.

Die Füchse aus dem uns am nächsten liegenden Bau hatten als erste das Winterfell völlig abgelegt. Sie waren die geschicktesten Diebe, die fast ausschließlich auf Kosten der Gänsekolonie lebten. Geschickt nutzten sie die Streitigkeiten der Vögel aus, schlichen sich von hinten an, und schon waren sie wieder mit Eiern im Fang verschwunden. Einer schlich gedeckt an und brachte die Vögel durch einen plötzlichen Satz in Verwirrung, und ehe die durch den „Scheinangriff" aufgeschreckten Vögel begriffen, was los war, hatte der andere Fuchs ein Ei gepackt und sich aus dem Staub gemacht.

Das dritte Paar — ausgesprochene Allesfresser — lebte am Hang des Tundrowaja-Berges. Die Füchse plünderten viele Nester von Limikolen und Spornammern, scheuten auch nicht die Mühe, Lemminge auszugraben. Oft tauchten sie in der Gänsekolonie auf, der Erfolg ihrer Beutezüge war allerdings wechselnd.

Bis Mitte Juni bauten die Gänse an den Nestern. An feuchten, moosigen Stellen, wo der Boden spät auftaut und sich schlecht erwärmt, bauten sie hohe Nester aus festgetretenem Gras. Wo es trockener war, kleideten sie flache Vertiefungen sparsam mit vertrockneten Pflanzen aus. Jeden Tag legten die Gänse je ein Ei, die Bebrütung begann jedoch erst, wenn das Gelege vollzählig war. So verfahren übrigens die meisten Vögel, deshalb schlüpfen die Jungen auch gleichzeitig. Wenn die Gänse das Nest verließen, deckten sie jetzt sorgfältig das Gelege mit Gras zu. Man konnte ganz dicht an solch einem Nest vorübergehen, ohne es zu bemerken.

Die Sonne schien jetzt völlig gleichmäßig volle vierundzwanzig Stunden lang täglich zu strahlen (wenn der Himmel nicht gerade bewölkt war), und doch hielten die Tiere einen ganz bestimmten Tagesrhythmus ein. In den Tagesstunden war es in der Kolonie wesentlich lauter und lebhafter, gab es häufiger Streitereien. Die Vögel wurden jetzt noch unduldsamer gegenüber Konkurrenten, an den Auseinandersetzungen beteiligten sich nicht nur die Ganter, sondern auch die Gänse. Viele Vögel waren in der Luft zu beobachten, sie flogen vorläufig noch zu den Weideplätzen außerhalb der Kolonie. Schnee- und Spornammern sangen lauter und fleißiger. Nachts dagegen verstummten die Vögel, dafür wurden die Polarfüchse aktiver. Unsere „Pechvögel“ zeigten sich am Abfallhaufen auch am Tage, wesentlich häufiger jedoch in den Nachtstunden. Ihre Ankunft kündeten sie durch heiseres, gedehntes Bellen an.

Am 10. Juni fand ich das erste mit weißen Dunen ausgekleidete Gänsenest. Jetzt konnte man die Nester schon von weitem erkennen, aber das war nun ohne Bedeutung, denn die Vögel brüteten, hielten sich ständig beim Nest auf, und wesentlich wichtiger als die Tarnung war sein Schutz vor Kälte.

Ich wollte feststellen, ob die Gans nachlegt, wenn man ihr die Eier wegnimmt. Deshalb legte ich gleich zu Beginn der Eiablage in fast zweihundert Nester Blechmarken mit Nummern und ging dann täglich mein Gebiet ab. Die eine Hälfte der Nester waren Kontrollnester, die anderen Versuchsnester, ihnen hatte ich einen Teil der Eier entnommen. Es zeigte sich, daß eine Gans höchstens ein oder zwei Eier nachlegen kann. Weiterhin stellte sich heraus, daß sich Dunen (die sich die Gänse an Brust und Bauch auszupfen) dann in den Nestern vorfinden, wenn das Eierlegen beendet ist. Wenn also die Eier auf einem noch so kleinen Dunenbüschel liegen, bedeutet dies, daß die Bebrütung begonnen hat.

Uns interessierten sehr die Beziehungen zwischen den einzelnen Vögeln und zwischen den Paaren sowie zwischen den Gänsen und den übrigen hier lebenden Tieren. Interessant war auch, zu untersuchen, welchen Einfluß die Anwesenheit der vielen tausend Gänsepaare auf die Vegetation dieses Tales und der ganzen Insel hat. Der Brutplatz befand sich so dicht bei unserem Lager, daß man vieles beobachten konnte, ohne das Haus zu verlassen, vom Fenster oder vom Zelteingang aus. Die Vögel gewöhnten sich an die Menschen in Nestnähe und ließen einen bis auf fünfzehn, zwanzig Schritt heran, erst dann liefen sie aus dem Nest oder flogen auf. Als die Gänse brüteten, konnte man noch näher an sie herantreten, wobei auffiel, daß „unsere", die neben dem Lager oder auf der Versuchsfläche brüteten, zutraulicher waren als die „wilden".

Fast zwei Wochen lang herrschte ruhiges und warmes Wetter. Am 20. Juni zog jedoch mittags Bewölkung auf, Wind kam auf, und von den Bergen wälzten sich dichte Nebelschwaden heran. Wenig später fiel Schnee in dicken, weichen Flocken. Gegen Abend lag er schon zwanzig, dreißig Zentimeter hoch. Wir saßen in unserer Hütte um den heißen Ofen und bangten um unsere Gänse, für die wir eine Katastrophe befürchteten. Helfen konnten wir ihnen jedoch nicht.

Am nächsten Tag wurde es noch kälter. Es schneite ununterbrochen, aber die Schneedecke schien nicht anzuwachsen, sie sackte zusammen und wurde fester. Beim Lager tauchten wieder — meist beringte — Schneeammern auf. Es war also schlecht um sie bestellt, und sie erinnerten sich an unsere Gastfreundschaft. Den Brutplatz überzog eine geschlossene Schneedecke. Abgesehen von einigen Exemplaren, die ab und zu das Tal überflogen, waren keine Gänse zu sehen.

‚Sie werden doch nicht etwa erfroren sein?' dachte ich und stapfte durch den Schnee. Es war aber alles gar nicht so schlimm.

Bei jedem Nest lugten aus Luftlöchern Schnäbel hervor, zu meinen Füßen flogen quicklebendige Gänse auf, daß der Schnee nur so stob. Die Eier in den Nestern waren warm, die Gänse brüteten also weiter. Die Luftlöcher waren jeweils paarweise angeordnet, demnach bewachten die Ganter weiterhin ihre Weibchen. Als der Schnee am folgenden Tag schmolz, ging das Leben in der Kolonie wieder seinen gewohnten Gang. Nur bei den Kleinvögeln gab es Verluste. Die Eier der Sporn- und Schneeammern waren gefroren, einige dieser Vögel begannen alsbald mit dem Bau von neuen Nestern. Es tauchten jetzt Scharen von herumstreifenden Limikolen, Steinwälzern, Alpenstrandläufern und Knutts auf. Sie hatten offenbar ebenfalls ihre Gelege eingebüßt und konnten nicht mehr nachlegen.

Schon vor einiger Zeit hatten wir für den Sommer einige Touren vorgesehen. Ende Juni machten wir uns nun auf den Weg und fuhren mit dem Kettenfahrzeug nach Südwesten an die Küste zu den Vogelbergen.

Wir waren im Tal der Gussinaja. Vor zwei Monaten hatte ich es mit dem Hundegespann durchquert. Man konnte damals den Erzählungen der Kajure kaum glauben, daß hier unter dem Schnee eine richtige Oase liegen sollte. Jetzt zogen sich am Flußufer dichte Weidenbestände hin, die stellenweise über einen halben Meter hoch waren. Selbst das unbarmherzige Rütteln und die schnelle Fahrt des Fahrzeugs hinderten uns nicht, über den Büschen flatternde Schmetterlinge auszumachen. Die interessanteste und unerwartetste Entdeckung waren jedoch die Birkenzeisige. Diese grauen Vögelchen mit der roten Kopfplatte sind an sich nicht weiter bemerkenswert, aber sie sind sonst für wesentlich südlichere Gebiete typisch — für die Strauchtundra, die Waldtundra und sogar Taiga. Die Birkenzeisige verrieten bald ihr Nest, das in einem Strauch gebaut war und fünf winzige Junge enthielt.

Wenn hier kürzlich auch Schnee gefallen war, so doch sicher nicht so viel, daß sich eine geschlossene Schneedecke ausbilden konnte. Jedenfalls saßen zahlreiche Spornammern, Kiebitzregenpfeifer und Alpenstrandläufer noch auf ihren Gelegen. An den Hängen der nahen Berge fanden wir nacheinander drei Nester der

Schnee-Eule, von kleineren Kolonien von Schneegänsen, Ringelgänsen und Eiderenten umgeben. Die Eulenweibchen — sie sind größer als die Männchen und unterscheiden sich von diesen durch eine kräftigere Gefiederzeichnung — bemerken einen Menschen schon von ferne und fliegen gleichgültig weg, während die Männchen das Nest mit unglaublicher Kühnheit verteidigen. Ich brauchte mich nur in Nestnähe zu zeigen, schon tauchte in der Luft das wütende Männchen auf. Drohend mit dem Schnabel knappend, schoß es tiefer und tiefer über meinem Kopf dahin. Seine gewaltigen, stark gekrümmten Krallen streiften dabei manchmal meine Pelzmütze, die mir, hätte ich sie nicht unter dem Kinn festgebunden, wahrscheinlich schon am ersten Nest vom Kopf gerissen worden wäre. Ein Männchen verteidigte das Nest obendrein auf recht ungewöhnliche Weise: Es landete wenige Schritte von mir entfernt auf dem Erdboden, sträubte das Gefieder, so daß der Vogel fast doppelt so groß wirkte, und kam mir im Schaukelschritt furchtlos entgegen. Dabei zischte der Eulenvater, knappte mit dem Schnabel und starrte mich, ohne zu zwinkern, mit seinen großen gelben Augen an. Ich konnte mir bei diesem Anblick das Lachen nicht verbeißen.

Das Schnee-Eulen-Männchen ist übrigens nur dem Menschen gegenüber hilflos; man kann sich gut vorstellen, was wohl ein gefiederter oder vierbeiniger Räuber an meiner Stelle „empfunden" hätte. Es ist kein Zufall, daß selbst ein Ren oder ein Hund es nicht wagt, einem Schnee-Eulen-Nest zu nahe zu kommen. Jeder auch nur ein wenig durch Erfahrung klug gewordene Polarfuchs macht ganz bestimmt einen großen Bogen um ein Eulennest, selbst wenn es direkt an seinem Wege liegt. Man erzählt sich, daß ein Eulen-Männchen einen Fuchs mit den Krallen packte, ihn in die Lüfte hob und von oben wieder fallen ließ. Begreiflich, daß ein Tier, das aus einer derart heiklen Lage mit dem Leben davonkommt, diese Lektion sein Leben lang nicht vergessen wird. Es ist deshalb auch nicht verwunderlich, daß sich bei jedem Schnee-Eulen-Nest eine kleine Gänse- und Eiderentenkolonie befindet. Die Nachbarschaft der Schnee-Eulen schützt die Koloniebewohner zuverlässig vor Polarfüchsen. (Die Eulen selbst sind zwar Raubvögel, aber sie brüten nur, wenn es in der Tundra ausreichend Lemminge gibt. Sie ernähren sich dann nur von diesen Nagern und lassen ihre „Schützlinge" und deren Küken unbehelligt.)

Derartige Gemeinschaften sind überhaupt charakteristisch für die Arktis, wobei in anderen ihrer Teile Gänse auch in der Nachbarschaft von Wanderfalken, Rauhfußbussarden und sogar von Großmöwen brüten. Die Herausbildung solcher Gemeinschaften ist vielleicht durch die Kürze des arktischen Sommers bedingt. Sowohl Raubvögel als auch Gänse haben eine lange Brutperiode und beginnen früh mit der Fortpflanzung; sie sind deshalb gezwungen, in enger Nachbarschaft auf den ersten schneefreien Stellen zu siedeln. Dennoch spielt die Möglichkeit, sich vor den Polarfüchsen zu schützen, hierbei zweifellos eine große Rolle.

Das bestätigte auch ein Vorfall, der sich jüngst ereignete. Unsere Kameraleute hatten ein Schnee-Eulen-Nest zu filmen und suchten lange nach so einem Nest. Schließlich fanden sie eines. Anatoli frohlockte: Nicht nur, daß der Bildausschnitt auch einen Teil der Gänsekolonie und die malerischen Hänge des Tundrowaja-Berges umfaßte — in unmittelbarer Nachbarschaft zu der Schnee-Eule saßen außerdem noch Ringelgänse und Pazifische Eiderenten auf ihren Nestern! In der Absicht, mehrere Tage für die Aufnahmen zu verwenden, verließen die Kameraleute das Lager, bepackt mit der Ausrüstung, Proviant und dem Zelt, das sie auch als Ansitz benutzten.

Völlig niedergeschlagen kamen sie zurück. Die Eule war durch das wahrscheinlich zu nahe aufgestellte Zelt vertrieben worden. Sie flog vom Nest ab und ließ sich nicht mehr sehen. Nur die Ringelgänse und Eiderenten blieben. Anatoli gab übrigens die Hoffnung nicht auf, daß die Eule doch noch zum Nest zurückkehre, und besuchte nach einigen Tagen abermals das Nest. Zu seinem Erstaunen war nicht nur die Eule verschwunden, sondern auch die „Schützlinge" und deren Eier. Er fand in der Umgebung verstreut nur Eischalen mit den charakteristischen Spuren der spitzen Eckzähne des Polarfuchses...

Vom Gussinaja-Tal ist es bis zur Küste nur noch ein Katzensprung, und da taucht auch schon das Meer auf. Es ist noch vereist, nur sind die Eisschollen jetzt grau, die Eisblöcke nicht mehr so schroff und auch etwas kleiner.

Kurze Zeit knattern die Ketten über den Schotter, das Fahrzeug hält. Der schmale Strand, eingezwängt zwischen Steilküste auf der einen Seite und porösem, unsicherem Eis auf der anderen, stößt auf steile Felsen. Weiter geht es nicht. Wir sind aber auch schon fast am Ziel. Über dem Randeis erkennt man schon die schwarzen Ketten vorüberfliegender Lummen. Durch das Auftauchen von Menschen beunruhigt, segeln gackernd Eismöwen vorüber.

Der Himmel ist fast wolkenlos. Die Sonne wärmt, und ihr entgegen reckt, dem Wind trotzend, der Polarmohn seine gelben Blüten. Er steht hier so dicht, daß die Uferhänge wie vergoldet wirken. Überall auf dem Eis sonnen sich Ringelrobben. Völlig „ungezwungen“ auf der Seite oder sogar auf dem Rücken liegend, vergessen sie jedoch nie die nötige Vorsicht. Bald das eine, bald das andere Tier hebt den Kopf, äugt umher und räkelt sich dann wieder auf dem Eis. Das ist auch sehr nötig, denn schon hinter der nächsten Deckung kann ja ein Eisbär lauern! Es nimmt deshalb auch nicht wunder, daß die meisten Robben auf ebenen Eisfeldern, weitab von Eisblöcken, lagern. Völlig sicher sind sie natürlich auch hier nicht — dann gäbe es in der Arktis keine Eisbären mehr —, aber sie tun für ihre Sicherheit doch alles Erdenkliche.

Meine Kameraden verteilen sich. Der Botaniker verschwindet mit dem Herbarnetz auf dem Rücken landeinwärts hinter den Hügeln. Felix gräbt irgendwo Lemmingbaue auf. Ich begebe mich zu den Vogelbergen und stelle von der nächsten Klippe aus fest, daß das Meer bis zum Horizont oder doch mindestens Dutzende Kilometer weit vereist ist und keinerlei Waken und Rinnen aufweist.

Wie und wo finden in solchen Fällen die Lummen Futter? Diese Vögel holen sich ihre Nahrung — kleine Fische, Krebse und andere Wirbellose — ja aus dem Meer, und zwar aus tieferen Wasserschichten. Die Lummen sind nur mäßige Flieger und können wohl kaum mehrmals am Tag eine irgendwo weit entfernt gelegene offene Wasserstelle anfliegen; solche Flüge können nur ihre Brutnachbarn, die lebhaften und ruffreudigen Dreizehenmöwen, bewältigen.

Von hier oben versuche ich die Nahrungsflüge der Lummen zu verfolgen, da bemerke ich doch auf dem Randeis einen Eisbären, dann noch zwei weitere — eine Familie, die Bärin mit ihren im vergangenen Winter geborenen Jungen. Die Kleinen sind schon kräftig herangewachsen und bereits halb so groß wie die Mutter, so daß man sie im ersten Moment für ausgewachsene Tiere halten könnte. Meine Zweifel werden aber sofort zerstreut, denn die Mutter setzt sich kurze Zeit wieder und säugt die Jungen. Ein schwacher Wind weht in meine Richtung, so daß die Tiere mich nicht bemerken.

Das Fell der Eisbären ist jetzt schmutzig und bräunlich. Im Gegenlicht erscheinen sie völlig dunkel, fast schwarz. Die Bären halten nach Ringelrobben Ausschau, denn die Jungen sind natürlich auch keine Vegetarier, und die Muttermilch ist für sie wohl nur so eine Art leichtes Frühstück. Auf Jagd geht selbstverständlich die Bärin allein. Bald richtet sie sich auf den Hintertatzen auf, bald erklimmt sie Eisblöcke. Die Jungen folgen ihr und ahmen die Mutter genau nach. Auf die Eisblöcke klettern sie aber erst, wenn die Mutter Umschau gehalten hat. Es sieht fast so aus, als warteten sie unten, bis sie die Erlaubnis bekommen.

Der Schlaf der Ringelrobben ist tatsächlich sehr leicht. Wo kurz zuvor die Eisbären vorbeigekommen sind, ist nicht eine einzige Robbe zu sehen. Die Familie wechselt auf ein neues Eisfeld über, und auch dieses ist im Nu wie leergefegt.

Aber die Jagd begann dennoch. Die Mutter verschwand hinter einem Eisblock, dann sah man, daß sie sich, vorsichtig von Deckung zu Deckung kriechend, anschlich. Die Jungen hatten sich irgendwo niedergelegt und waren nicht zu sehen. Die Bärin entfernte sich immer weiter vom Ufer. Als bräunlicher Fleck auf dem Eis tauchte sie auf und verschwand wieder. Jetzt noch einige Sprünge zum Abschluß und — Pech gehabt: Die Robbe konnte noch rechtzeitig im Atemloch untertauchen. Die Bärin blieb stehen und trabte dann, jetzt schon ohne Deckung zu suchen, weiter. Bei ihr tauchten nun auch die Jungen wieder auf. Die Familie wanderte ins hoch aufgetürmte Packeis, und ich verlor sie aus den Augen.

Meine weiteren Wegbegleiter sind jetzt Dreizehenmöwen. Ununterbrochen kommt ein Trupp nach dem anderen vom Flußtal herangeflogen, alle mit einem Büschelchen Gras im Schnabel. Aus begreiflichen Gründen sind diese Vögel stumm. Schrilles Gekreisch ist jedoch von den entgegenkommenden Vögeln zu hören, denn ihre Schnäbel sind vorerst leer. Je mehr ich mich dem Vogelberg nähere, desto stärker wird der Lärm. Ich erkenne die ersten Dreizehenmöwenkolonien, ihre Nester, die auf schmalen Felsvorsprüngen und in Felsspalten kleben. Hier ist der Nestbau noch in vollem Gange —

deshalb tragen die Vögel auch das Gras zur Kolonie —, und die Streitigkeiten um günstige Brutplätze dauern noch an. Allmählich, aber unüberhörbar mischen sich in den vieltönigen Chor die rauhen, dröhnenden Stimmen der Lummen.

Jetzt wird es für mich Zeit, mit der Arbeit zu beginnen. Ich muß die Bewohner der Kolonien zählen, die Kolonien in eine Karte eintragen sowie mir eine Vorstellung verschaffen von Brutzeiten und Nahrung. Gewöhnlich werden solche Erhebungen von einem Boot oder Kutter aus gemacht, der unterhalb der Kolonie die Felsen abfährt. Hier ist die Sache aber wesentlich einfacher, denn man kann unterhalb der Kolonie über das Eis gehen und an jeder interessanten Stelle von dort aus nach oben klettern.

Die Arbeit ist fast fertig. Die Küste macht einen scharfen Knick nach Osten, der „Vogelbasar" ist hier zu Ende, und ich klettere ein letztes Mal auf ein Felssims. Die aufgescheuchten Lummen, die nur ungern ihr auf dem nackten Fels liegendes Ei verlassen, fliegen ab. In der Luft formieren sie sich zu einer Kette und gehen herunter, als sie die nächstgelegenen Eisblöcke erreicht haben. Hinter den Eisblöcken verschwinden auch noch weitere Lummenschwärme. Von dort fliegen sie in Richtung „Vogelbasar".

Was bedeutet das? Vielleicht haben sie dort ihren gedeckten Tisch?

Die Frage läßt sich beantworten, wenn man noch höher steigt, und so erklimme ich noch weitere Felssimse.

Es gibt kaum noch Zweifel: Nur Futter kann so viele Vögel an einem Platz versammeln. Eine relativ kleine Eisfläche ist von zahllosen schwarzen Punkten übersät, Scharen von Lummen ziehen von dort zurück zum Vogelfelsen. Und da ist auch wieder die Eisbärenfamilie zu sehen, meine alten Bekannten. Diesmal macht jedes Tier für sich Jagd, und wie es aussieht, nicht ohne Erfolg. Bald stürzt das eine mitten unter die Vögel, bald das andere. So etwas sieht man nicht alle Tage, und hätte das üppige Mahl der Petze nicht sein Ende gefunden, wäre ich wohl noch lange nicht von meinem Felsen abgestiegen. Gestört wurde es durch Motorenlärm. Das Fahrzeug ist noch weit weg, das Rattern kaum zu vernehmen, aber schon verhofft die Bärin. Nur kurze Zeit stehen die Tiere unbeweglich da, dann trotten sie rasch hinaus ins Packeis.

Das Aufheulen des Motors war das Zeichen zum Sammeln beim

Arbeiterin auf einer Pelztierfarm in der Tundra

Kind eines ewenkischen Rentierzüchters (oben). Dolganin von der Taimyr-Halbinsel

Die Einheimischen bezeichnen dieses Weidengestrüpp in der Tundra stolz als „Wald“ (oben). Eine Herde wilder Rentiere quert einen Fluß

Rentiere sind der Reichtum der einheimischen Bevölkerung des Hohen Nordens

Brütende Schneegans (oben), deren Junge ihren ersten „Ausflug" unternehmen

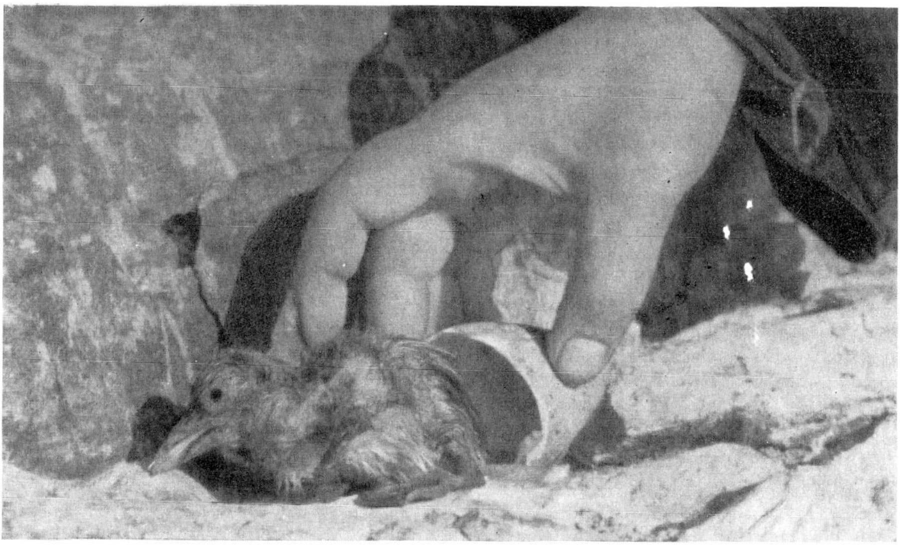

Reich ist die Vogelwelt des Hohen Nordens. Eben geschlüpftes Junges auf einem der „Vogelbasare“

Schneegansnest in der Tundra

Im kurzen arktischen Sommer ist die Tundra stellenweise von einem Blütenteppich überzogen

Fahrzeug. Auch ich mußte mich beeilen, denn ich wollte ja noch zum Futterplatz und endgültig klären, was die Vögel dort im Eis an Freßbarem finden.

Es ist dies nicht meine erste Begegnung mit Lummen. Meine Bekanntschaft mit ihnen begann irgendwann auf Nowaja Semlja, und später hatte ich Lummenkolonien an der Murmanküste, auf den Neusibirischen Inseln, auf den Kurilen und auf Sachalin zu untersuchen. Aber das Schauspiel, das sich mir hier bot, war ganz ungewöhnlich. Die Lummen saßen in großen Trupps in Pfützen, die sich um die Atemlöcher der Robben gebildet hatten, oder in solchen, die auf ihrem Boden natürliche Spalten hatten und mit dem Meer in Verbindung standen. Sie zwängten sich durch diese Spalten, tauchten unter das Eis und fingen Polardorsche. Auftauchenden Vögeln hing oft aus dem Schnabel noch der Schwanz eines solchen Fisches heraus, der für die arktischen Gewässer typisch ist und massenhaft dort vorkommt. Die Löcher im Eis waren eng, die Zahl der Vögel hingegen war groß, und so warteten sie lange, bis sie an die Reihe kamen (die auch ziemlich eingehalten wurde), und zankten sich dabei nicht allzu laut mit dem Nachbarn. Wahrhaftig, sie mußten sich redlich mühen, um an ihr Futter heranzukommen!

Dafür hatten es die Eisbären desto leichter. Die Lummen können sich nur nach einem längeren Anlauf auf dem Wasser in die Luft erheben (am Vogelfelsen bekommen sie den nötigen Auftrieb, indem sie sich vom Sims fallen lassen). Von kleinen Pfützen konnten sie nur mit Mühe auffliegen, und offensichtlich war auch der Hunger schuld, daß sie weniger Vorsicht walten ließen. So lagen denn überall auf dem blutbespritzten Eis Reste gerissener Vögel.

Der Motor lief immer noch. Einige Schüsse waren zu hören. Eine Rauchfahne am Himmel und ein mattes Aufflammen zeigten an, daß eine Leuchtrakete aufstieg. Man machte sich also schon Sorgen um mich. Ich durfte mich nicht länger aufhalten, denn das Fahrzeug stand zur Rückfahrt bereit.

Die Seevogelkolonien an den Felsküsten des Festlandes und der Inseln wurden von den russischen Küstenbewohnern treffend „Vogelbasare" genannt, eine bessere Bezeichnung kann man sich schwerlich ausdenken. Das Quarren der Lummen, die durchdringenden Schreie der Dreizehenmöwen, die heiseren Stimmen der Eismöwen und Scharben und das Pfeifen der Gryllteisten verschmelzen zu einem dumpfen, weithin hörbaren Brüllen, das das Tosen der Brandung und menschliche Stimmen übertönt. Die zahllosen Vogelschwärme erinnern an Bienen vor einem riesigen Bienenstock. Die eigentliche Färbung des Felsens ist unter den Ansammlungen von Vögeln und den weißen Strömen getrockneten Vogelkots stellenweise überhaupt nicht mehr zu erkennen. Ein in der Nähe unvorsichtig abgegebener Schuß löst regelrechte Vogellawinen aus, die von den Felsen herabstürzen und ein auf dem Meer schaukelndes Boot kentern lassen, die darin befindlichen Menschen herausschleudern könnten, sofern sie nicht aufpassen.

Seevogelkolonien findet man in vielen Gegenden der Erde. Auf Inseln der tropischen Meere kennt man riesige „Wohnsiedlungen" von Albatrossen und Sturmtauchern, an den Felsenküsten Chiles und Perus siedeln in Massen Pelikane, Tölpel und Kormorane — „Lieferanten" des Guanos, eines wertvollen Rohstoffs. Konzentrationen von Seevögeln treten auch an den Meeresküsten in Bereichen des gemäßigten Klimas auf. Besonders charakteristisch sind sie jedoch für die Polarländer. In hohen Breiten der Arktis brüten die meisten Seevögel — und sie machen den größeren Teil der dortigen Vogelwelt aus — in Kolonien. In der Antarktis sind alle Vögel Koloniebrüter.

Zwei Gründe gibt es für die Entstehung von Vogelbergen: der Nahrungsreichtum des Meeres und der Mangel an geeigneten Nistplätzen an der Küste.

Im Meer gibt es wie auch auf dem Festland Wüsten und Oasen. Besonders reich an organischem Leben sind jene Meeresteile, wo eine vertikale Vermischung des Wassers erfolgt, wo sich die Wasserschichten mit für die Entwicklung von Leben unerläßlichen Mineralsalzen vom Meeresgrund und mit Sauerstoff, der von der Oberfläche aufgenommen wird, anreichern. Hier entwickelt sich besonders intensiv das Phytoplankton, das die Mineralsalze und den Sauerstoff unmittelbar verbraucht. Der Reichtum an diesen winzigen pflanzlichen Organismen macht die massenhafte Entwicklung kleiner Krebse und anderer Tiere möglich, die ihrerseits Fische, Seevögel und Meeressäuger anlocken.

Die vertikale Vermischung findet verstärkt dort statt, wo Wassermassen von unterschiedlichem Salzgehalt und unterschiedlichen Temperaturen, zum Beispiel kaltes und warmes Wasser, aufeinandertreffen. Ebendeshalb sind die Randzonen der Arktis so reich an Leben. In die Barentssee stößt der warme Golfstrom vor, und so finden wir an ihren Küsten gewaltige Vogelberge. Auf Nowaja Semlja zum Beispiel gibt es rund fünfzig solcher Vogelkolonien, in denen über zwei Millionen Lummen, einige zehntausend Dreizehenmöwen, Gryllteisten und Eismöwen leben! Auf Franz-Joseph-Land brüten in etwa vierzig Kolonien über zweihunderttausend Lummen, mehr als eine halbe Million Krabbentaucher und Zehntausende anderer Vögel.

Östlich der Barentssee werden die Vogelberge seltener und sind auch nicht mehr so ausgedehnt. Ihre Entstehung verdanken sie vor allem der Zufuhr warmen Wassers durch die sibirischen Ströme. So gibt es Lummenkolonien auf der Preobrashenije-Insel und Dreizehenmöwenkolonien im Osten der Taimyr-Halbinsel (unter dem Einfluß des Wassers der Chatanga), Kolonien mit Lummen, Dreizehenmöwen, Gryllteisten und Eismöwen auf den Neusibirischen Inseln (unter dem Einfluß des Lena-Wassers). Die letzten Ausläufer des Golfstroms erreichen die Ostküste der Inselgruppe Sewernaja Semlja, wo sie sich dann endgültig verlieren. Ihnen verdanken offensichtlich die dortigen Kolonien von Krabbentauchern, Gryllteisten, Dreizehenmöwen und Eismöwen ihre Existenz.

Am entgegengesetzten Randgebiet der Arktis, dem Beringmeer, endet der warme Kuroshio. Die Vogelkolonien an den dortigen Küsten können, was ihre Größe anbetrifft, mit denen auf Nowaja Semlja konkurrieren, in bezug auf die Mannigfaltigkeit ihrer Bewohner aber haben sie wohl kaum ihresgleichen in der Welt. Ihre Fortsetzung finden die Kolonien — wenn auch mit geringerem Artenbestand — an der Nordküste der Tschuktschen-Halbinsel, und auf der Wrangel-Insel enden sie.

Etwa gleichgroße Vogelkolonien befinden sich im äußersten Westen und im äußersten Osten der Insel. In jeder brüten mindestens zwanzigtausend Lummen und zehntausend Dreizehenmöwen. Außerdem kommen noch in großer Zahl Gryllteisten, Meerscharben und Eismöwen vor. Gryllteisten, Dreizehenmöwen und Meerscharben bilden stellenweise kleinere selbständige Siedlungen.

Jede Art stellt ihre besonderen Anforderungen an den Brutplatz.

Am einfachsten richten sich die Dreizehenmöwen ein. Sie bauen ihre Nester aus einem Gemisch von Gras, Schlamm oder Lehm und können es wie Schwalben sogar an senkrechte Felswände ankleben. Die Lummen brüten auf horizontalen Felsbändern und sind bei deren Auswahl recht anspruchsvoll. Der Felssims darf nicht zum Meer hin geneigt sein, dann würden die Eier herunterrollen, sich aber auch nicht zur entgegengesetzten Seite neigen, denn dann würde sich Wasser sammeln, und die Embryonen in den Eiern würden absterben. Die Lummen besiedeln auch keine Felsbänder, die tiefer als fünf, sechs Meter über dem Meeresspiegel liegen, denn dies ist die Mindesthöhe, die ausgewachsene Vögel brauchen, um beim Fall die nötige Schnelligkeit für den Start zu erzielen. Würden sie sich in größerer Tiefe niederlassen, wären sie außerdem bei Sturm sehr gefährdet. Wenn die jungen Lummen die Kolonie verlassen, haben sie noch keine Schwungfedern und können noch nicht aktiv fliegen. Mit ihren kurzen Flügelchen müssen sie vom Nistsims zum Wasser hinabgleiten. Deshalb sind für Lummen solche Felsen ungeeignet, die vom Meer durch einen breiten Streifen Strand getrennt sind, ebenso auch Küsten, die im Sommer nicht eisfrei sind. Die jungen Gryllteisten haben bei Verlassen der Nisthöhle bereits voll ausgebildete Schwungfedern, so daß sie mühelos den Streifen festen Landes überfliegen können. Gryllteistenkolonien können deshalb auch mehrere Kilometer vom Meer entfernt liegen. Die Gryllteisten ziehen ihre Jungen nun wieder in Felsspalten oder in Hohlräumen inmitten von Felsbrocken auf. Dort, wo solche Höhlungen fehlen, können sie auch nicht brüten. Die Scharben besetzen schmale Simse, die jedoch sehr hoch liegen müssen. Die Eismöwen schließlich ziehen wie alle gefiederten Räuber hochgelegene „Kommandoposten“ vor — ungefährdete Plätze mit guter Übersicht.

So ergibt sich eine ganz bestimmte Ordnung, die für alle Vogelberge des Nordens gilt. Die obersten „Etagen“ — die Spitzen der Felsnadeln und Kaps — gehören den Eismöwen. Sie fühlen sich hier als unumschränkte Herrscher und holen sich bei den übrigen Bewohnern der Siedlung einen nicht geringen Tribut an Eiern und Jungen. Einen Menschen begrüßen diese räuberischen Möwen schon weit außerhalb der Kolonie mit wildem Geschrei, als wollten sie keinen Konkurrenten an ihren ständigen — und nicht gerade schlechten — Futterplatz heranlassen. Das Zentrum bilden in der

Regel die Lummenkolonien, deren Größe von der Anzahl und Ausdehnung der vorhandenen horizontalen Felsbänder abhängt.

Die Bereiche der mittleren „Etagen", die für die Lummen ungeeignet sind, fallen den Dreizehenmöwen zu. Diese Teile der Kolonien — steile Felswände, Nischen und tiefe Spalten — sind für den Menschen am schwersten zugänglich und äußerst tückisch. Die Nester der Dreizehenmöwen sind — so möchte man meinen — hier manchmal die einzigen Vorsprünge, auf die man sich mit dem Fuß stützen kann. Doch sie bieten nur sehr unsicheren Halt. Ein unerfahrener Kletterer läßt sich verleiten, sie zu benützen, und erlebt dann eine unangenehme Überraschung.

In den mittleren „Etagen" sitzen auch die Scharben, wohl die streitsüchtigsten und ungeselligsten Bewohner der Vogelberge. Gryllteisten ist es gleich, in welcher Höhe sie brüten, und wenn sie einen tiefen Spalt finden, nisten sie sowohl auf den Spitzen der Felsen als auch dicht über dem Meer.

Eine Abgrenzung zwischen den Bewohnern der Kolonie besteht nicht nur auf dem Lande, sondern auch bei der Nahrungssuche auf dem Meer. Die Gryllteisten holen sich ihr Futter in Nähe der Küste und ernähren sich hauptsächlich von am Meeresgrund lebenden Tieren. Sie finden sich am leichtesten mit dem Meereis ab und begnügen sich mit kleinen Waken, Eisspalten und freien Wasserflächen zwischen den Eisfeldern. Von den Uferfelsen aus kann man manchmal die Vögel bei der Nahrungssuche beobachten. Wenn der Vogel getaucht ist, schlägt er mit den Flügeln und „fliegt"durch das Wasser. Ja, er „fliegt" regelrecht, denn die Bewegungen, die er dabei ausführt, entsprechen durchaus denen beim Flug in der Luft. Hat die Teiste den Grund erreicht, untersucht sie sorgfältig Stein für Stein, scharrt und taucht sogar darunter. Von Zeit zu Zeit taucht der Vogel hoch und hält einen kleinen Fisch oder einen Krebs im Schnabel. Ehe er jedoch die Beute verschlingt oder mit ihr zum Nest abfliegt, pflegt er unbedingt das Beutetier „abzuspülen", indem er es mehrmals ins Wasser eintaucht.

Auch die Lummen tauchen ausgezeichnet und vollführen mit Hilfe der Flügel „Unterwasserflüge", Fische und Krebse aber fangen sie hauptsächlich im tiefen Wasser. Es ist vorgekommen, daß Fischer Lummen aus den Netzen geholt haben, die sich in dreißig, ja sogar vierzig Meter Tiefe verheddert hatten. In der Uferzone fischen die Lummen selten, das ist für sie nicht typisch, aber unter außergewöhnlichen Umständen sind sie dazu gezwungen.

Hervorragende Taucher und geschickte Fischer sind auch die Scharben. Im Gegensatz zu den genannten Arten kann die Dreizehenmöwe nicht tauchen, sie sucht ihre Nahrung an der Wasseroberfläche, dafür ist sie jedoch ein sehr guter Flieger, der das ausgedehnteste Jagdrevier besitzt.

Eine solche Vogelkolonie ist nun durchaus nicht nur eine Zwangsansammlung von Vögeln. Das gemeinsame Brüten bringt ihnen auch große Vorteile. Vor allem lassen sich in einer großen „Wohnsiedlung" Räuber besser abwehren und die Jungen zuverlässiger schützen. So wagt es weder der Polarfuchs noch die Eismöwe oder die Raubmöwe, einer Küstenseeschwalben- oder Elfenbeinmöwenkolonie zu nahe zu kommen (erstere brüten auf der Insel, die anderen fliegen sie nur im Winter an). Was kollektive Selbstverteidigung bei den Elfenbeinmöwen bedeutet, konnte ich vor einigen Jahren beobachten, und zwar auf den Neusibirischen Inseln. Sobald sich in der Nähe der Kolonie eine Eismöwe auch nur zeigte, stürzte sich von den Felsen herab ein Möwenschwarm dem Feind entgegen. Die Eismöwe verschwand förmlich in einer kompakten Wolke von Vögeln. Nur an den Bewegungen des Schwarms konnte man erraten, daß dem Räuber eine gehörige Lektion erteilt wurde, daß er hin und her sauste, bald aufflog, bald sich über dem Randeis hielt. Erst als der ungebetene Gast weit aufs Meer hinausgetrieben und zwischen den Eisblöcken verschwunden war, kehrten die erregten Möwen zu ihren Simsen zurück. Freunde, die in der Arktis gelebt haben, erzählten mir, daß diese Vögel ihre Brutplätze sogar erfolgreich gegen Eisbären verteidigen.

Auch die Dreizehenmöwen verjagen die Eismöwen von ihren Kolonien, wenn auch nicht ganz so heftig. Die Taktik der Lummen — wie auch der Schneegänse — könnte man am ehesten als passive Selbstverteidigung bezeichnen. Solange der Vogel brütet und das Junge hudert, ist die Nachkommenschaft ungefährdet. Mehr noch, der brütende Vogel wacht auch über das benachbarte fremde Ei und läßt nicht zu, daß es geraubt wird. Es ist deshalb kein Zufall, daß Lummen in dicht besetzten Kolonien geringere Verluste durch Räuber erfahren als Vögel, die in kleinen Gruppen brüten.

Die Vorteile des Brütens in Kolonien liegen nicht nur in den

Möglichkeiten der Selbstverteidigung. In den Polarländern mit ihren kalten Sommern können die Bewohner von Vogelfelsen mit der Wärme, die hier ja so knapp ist, besser haushalten. Dicht zusammengedrängt, kühlen die Vögel nicht so stark ab. Sehr interessante Beobachtungen in dieser Richtung haben die französischen Zoologen Prévost und Bourlière in der Antarktis gemacht. Sie stellten fest, daß beispielsweise die Körpertemperatur von Kaiserpinguinen davon abhängt, ob sie in dichtgedrängter „Menge" leben oder allein. Im ersten Fall liegt die Temperatur um mehr als zwei Grad höher als im zweiten. Die jungen Pinguine drängen sich in Abwesenheit der Eltern eng zusammen, nur so überstehen sie die Kälte. Ähnlich verhält es sich auch in den Vogelkolonien der Arktis. Sobald Lummen von ihrem Nistsims aufgescheucht werden, kriechen die Jungen sofort zu einem Haufen zusammen und mucksen sich nicht. Man kann sie auch nicht voneinander trennen, denn wird ein Junges an das entgegengesetzte Ende des Felsbandes gebracht, kehrt es sofort wieder in den „Kindergarten" zurück und bleibt dort, bis die Eltern da sind.

In großen und dicht besiedelten Kolonien erfrieren die jungen Lummen nicht nur seltener, sondern sie wachsen auch schneller. Befinden sie sich ohne Aufsicht der Eltern, können sie sich unter dem Flügel eines Nachbarvogels wärmen, und in einem großen „Kindergarten" verlieren sie weniger Wärme. Diese Lummenjungen verklammen weniger und können mehr Energie für ihr Wachstum und ihre Entwicklung aufwenden.

Die Vögel im Norden stehen vor einer schwierigen Aufgabe: Während des kurzen arktischen Sommers müssen sie ihre Jungen ausbrüten und aufziehen. Und auch hier hilft ihnen wieder das Zusammenleben in einer Kolonie. Auf der Wrangel-Insel wie auch in anderen Gebieten der Arktis konnte man feststellen, daß in großen dicht besetzten Gryllteistenkolonien die Eier fast gleichzeitig gelegt werden, folglich die Jungen dann auch zum gleichen Zeitpunkt schlüpfen. Anders in kleinen Kolonien, wo die Paare Höhlungen weit voneinander entfernt besetzen. Dort kann man noch Mitte, ja sogar noch Ende August neben halbwüchsigen Jungvögeln auch ganz kleine Küken antreffen, die natürlich niemals groß werden. Die hilflosen und dem Untergang geweihten Kleinen werden von den Eltern verlassen, die der Winter vertreibt. In großen und dicht besiedelten Dreizehenmöwenkolonien treten Eier und Jungvögel zu einem ziemlich einheitlichen Zeitpunkt auf. Hier spielt wahrscheinlich das Beispiel der Nachbarn eine wesentliche Rolle. Die Bewohner einer dichtgedrängten „Siedlung" spornen einander gleichsam zur Eiablage an, sie stehen in einem eigenartigen, durchaus nützlichen Wettbewerb.

Kampf gegen Kälte, Schutz der Jungen gegen Kälte, das Nutzen eines jeden warmen Tages, ja jeder Stunde — das sind die „Hauptsorgen" der arktischen Vögel. Jede Art löst das Problem auf ihre Weise. Die Schnee-Eulen zum Beispiel beginnen mit der Eiablage als erste, und zwar schon bei Temperaturen von minus 20 oder minus 30 °C. Sobald das Weibchen das erste Ei auf den nackten, gefrorenen Boden abgelegt hat, verläßt es kaum noch die Brut. Während der Bebrütung wird das Weibchen vom Männchen mit Nahrung versorgt. Jeden zweiten Tag legt es ein Ei — das Gelege besteht aus sieben bis acht, manchmal auch neun Eiern —, so daß sich der Schlupf der Jungen ziemlich lange hinzieht. In einem Eulennest kann man gleichzeitig Eier und Jungvögel vorfinden, die teils gerade geschlüpft, teils aber schon recht groß sind und sich befiedern. Das ist sehr zweckmäßig, denn ein Männchen ist nicht imstande, allein eine so zahlreiche Nachkommenschaft zu versorgen, die zudem einen beneidenswerten Appetit hat. Nun hilft dem Männchen das Weibchen, und die ganze weitere Fürsorge, die Bebrütung der restlichen Eier, das Hudern der noch hilflosen Jungen, wird nun den älteren Nistgeschwistern überlassen.

Enten und Gänse kleiden ihr Nest mit Dunen aus und halten so die Eier warm. Allgemein bekannt und sehr geschätzt sind die Eiderdunen. Dank ihrer glücklichen Kombination von minimalem spezifischem Gewicht und äußerst geringer Wärmeleitfähigkeit gelten sie bis heute als bester Kälteschutz, mit dem kein künstlicher Ersatzstoff konkurrieren kann. Es genügt der Hinweis, daß man für einen warmen Mantel für einen staatlichen Mann ganze hundert Gramm Eiderdunen benötigt.

Die Art und Weise, wie die Lummen ihre Brut gegen Kälte schützen, ist besonders merkwürdig. Wenn das Weibchen sein Ei — ein einziges — gelegt hat, wird dieses fast ununterbrochen bebrütet. Wenn das Weibchen (oder das Männchen) den Nistsims verlassen möchte, um aufs Meer zu fliegen, übergibt es das Ei dem bereits wartenden Partner. Dabei behält der obere, vom brütenden Vogel erwärmte Teil des Eies eine konstante Temperatur von 38—39 °C. Die Unterseite des Eies dagegen liegt zwar auf den Füßen des Vogels, kühlt jedoch stark ab, und die Temperatur hier kann ohne Schaden für den Embryo auf +5 °C oder gar +1 °C absinken. Diese bemerkenswerte Fähigkeit der Lummen — sie bewohnen die Arktis schon seit alters —, sich den hiesigen Bedingungen anzupassen, enthebt sie aller Sorgen des Nestbaus und erlaubt es ihnen, das Ei direkt auf den nackten Fels zu legen. Mehr noch, die Lummen können mit dem Brutgeschäft bereits beginnen, wenn auf den Nistsimsen noch eine dicke Schneeschicht liegt. Da der Schnee unter den brütenden Vögeln allmählich auftaut, sitzen diese schließlich in Vertiefungen oder regelrechten Höhlen, aus denen nur der Kopf herausschaut. Bemerkenswert ist auch, daß das Ei dabei mit dem Vogel zusammen in den Schnee „niedertaut", bis es auf dem Felsen zu liegen kommt.

Im Zusammenhang damit, daß die Lummen keine richtigen Nester bauen und die Jungen an steilen Felswänden aufziehen, weisen die Eier dieser Vögel einige ungewöhnliche Besonderheiten auf. Die Schale ist sehr hart, die Dicke der Schale jedoch an verschiedenen Stellen unterschiedlich und dort am stärksten, wo das Ei auf dem Felsen aufliegt.

Interessant ist auch, daß die Schalen der Lummeneier dann bedeutend dicker sind, wenn die Vögel auf Felssimsen mit unebener, grobkörniger Oberfläche brüten. So sind sie zum Beispiel auf Nowaja Semlja in der Regel doppelt so dick wie an der Murmanküste, wo der Granit der Felsbänder durch Gletscher abgeschliffen und glatt und oft noch mit einer Torfschicht bedeckt ist. Es kann sein, daß derartige Unterschiede in der Dicke der Schale, die ja wohl auch der Wärmeisolation dient, durch die unterschiedlichen Sommertemperaturen auf Nowaja Semlja und an der Murmanküste bedingt sind.

Die Lummeneier sind birnenförmig und rollen deshalb verhältnismäßig selten von den Nistsimsen. Es ist klar, daß sich ein Lummenei, wird es angestoßen, sich nicht immer wie ein Kreisel verhält und sich durchaus nicht auf der Stelle um die eigene Achse dreht, wie es in der populären Literatur nicht selten dargestellt wird. Eier fallen natürlich trotzdem von den Felsen herab. Aber es läßt sich dabei eine gewisse Gesetzmäßigkeit beobachten. Sie rollen öfter zu Beginn der Bebrütung herab als gegen Ende. Mit der Entwicklung des Embryos verlagert sich nämlich der Schwerpunkt allmählich zum spitzen Ende des Eies. Der Embryo verbraucht die Nährstoffe, und damit vergrößert sich am stumpfen Pol die sogenannte Luftkammer. Das stumpfe Ende hebt sich, der Radius des Kreisbogens, der bei einem Stoß beschrieben wird, verringert sich, und damit wird auch die Wahrscheinlichkeit kleiner, daß das Ei herabrollt. Hierin liegt ein bestimmter biologischer Sinn, denn zu Ende der Bebrütung können die Vögel ein verlorenes Gelege nicht mehr ersetzen.

Das freie Brüten zahlreicher Vögel auf engem Raum bringt es natürlich mit sich, daß die Eier durch Kot verschmutzt werden. Die Atmung der Embryonen ist unter diesen Bedingungen erschwert, und den sich entwickelnden Küken helfen nur die zahlreichen, ungewöhnlich großen Poren in der Eischale.

Wenn man über Lummen und ihre Fähigkeiten, sich dem Leben unter arktischen Bedingungen anzupassen, spricht, muß man noch eine weitere Besonderheit erwähnen, nämlich ihre Anspruchslosigkeit hinsichtlich des Lichts. Im Sommer bevorzugen sie keine Tageszeit und sind am Tage wie in der Nacht gleichermaßen aktiv. Man kann annehmen, daß sie sich in der Polarnacht im Winter genauso verhalten — denn die meisten Lummen überwintern in der Arktis in der Nähe der Packeisgrenze oder auf eisfreien Stellen — und mit dem Lichtmangel gut zurechtkommen. Unklar bleibt natürlich, wie sie bewegliche Beute — Fische oder Krebstiere — bei fast völliger Dunkelheit fangen können. Vielleicht haben die Lummen wie auch die arktischen Robben einen besonderen „Beutesinn", oder sie orientieren sich nach dem schwach phosphoreszierenden Leuchten sich bewegender Organismen.

Es ist klar, daß die gewaltigen Mengen von Seevögeln ihre Umwelt, die in ihrer Umgebung lebenden Tiere und die Vegetation, stark beeinflussen. Nach Überschlagsberechnungen fangen allein die Lummen an der Westküste von Nowaja Semlja innerhalb von vier Monaten über 25 000 t verschiedener Meeresorganismen. Nach sehr groben Berechnungen leben in den „Vogelbasaren" der sowjetischen Arktis rund vier Millionen Vögel, die im Lauf des Sommers über 200 000 t Futter verbrauchen. Die meisten Seevögel fressen

Fisch, und im allgemeinen nicht wenig. Doch sollten wir hieraus keine voreiligen Schlüsse ziehen und die Seevögel als ernste Konkurrenten des Menschen ansehen. Die gesamten Fischbestände in den Weltmeeren einschließlich der arktischen Gewässer sind noch nicht berechnet worden. Außerdem bilden die Beute der Lummen, Gryllteisten und Dreizehenmöwen meist geringwertige Fischarten, hauptsächlich der Polardorsch, eine winzige Art, für die sich die Fischerei bisher kaum interessiert hat.

Die in Kolonien brütenden Vögel „düngen“ in reichem Maße mit ihrem Kot die Küstengewässer, führen dem Meer Mineralsalze und Spurenelemente zu und fördern damit die verstärkte Entwicklung organischen Lebens in dem betreffenden Seegebiet. Die Vögel sorgen somit in gewisser Hinsicht selbst für ihre Nahrung. Sie „düngen“ natürlich auch die Ufer, wodurch der Boden hier fruchtbarer wird als in der Umgebung. So ist es nicht verwunderlich, daß sich am Fuße der Vogelberge und in der Umgebung der Kolonien eine ungewöhnlich üppige und reiche Vegetation entwickelt. Hier wachsen Gräser, Steinbrecharten und andere Kräuter, die sich im Frühjahr früher entwickeln und im Herbst länger grün bleiben, denn wenn sich der Vogelkot zersetzt, wird Wärme frei. Deshalb konzentrieren sich in den Vogelkolonien besonders stark Lemminge und einige körnerfressende Vögel, zum Beispiel Schneeammern, die ihrerseits Polarfüchse und andere Räuber anlocken.

Die Vogelkolonien und ihre Bewohner, vor allem die Lummen, von denen hauptsächlich die Dickschnabellumme in der Arktis vorkommt, wurden seit eh und je wirtschaftlich genutzt. Verwendet wurden die Eier und das Fleisch, die Federn und Dunen und manchmal auch die Bälge. Auf Nowaja Semlja zum Beispiel nutzten die russischen Küstenbewohner, die Pomoren, die Vogelberge bereits im 15. und 16. Jahrhundert. Im 19. und besonders in unserem Jahrhundert hat die wirtschaftliche Nutzung hier außerordentlich große Ausmaße angenommen. In manchen Jahren wurden in den Kolonien Zehntausende, ja Hunderttausende Eier gesammelt, Tausende Vögel gefangen, und der Geldwert dieser Ausbeute machte etwa ein Viertel des Wertes der von Nowaja Semlja ausgeführten Produkte aus.

Die Lummeneier sind durchaus eßbar, etwa doppelt so groß und so schwer wie Hühnereier, und, was besonders wichtig ist, sie enthalten wesentlich mehr Vitamin A. Viele Jahre lang verwendete die Bevölkerung der von Nowaja Semlja nicht allzu weit entfernten Städte und Siedlungen die Eier zu Nahrungszwecken. Heute werden dort Hühner gehalten und Lummeneier seit langem nicht mehr eingeführt. Um so lieber genossen Polarforscher und auf den arktischen Inseln lebende Jäger und Fischer Lummeneier. Manchmal sammelten auch Bewohner der Wrangel-Insel Lummeneier für den eigenen Bedarf; sie entwickelten sogar eine Methode, um sie vor dem Verderb zu schützen. Tschuktschen und Eskimo gruben sie zu diesem Zweck in den Sandstrand ein.

Eine Lumme selbst wiegt etwa ein Kilogramm, das Fleisch schmeckt jedoch merklich nach Tran, ist derb und zäh und nicht gerade als Delikatesse zu bezeichnen. Die Lummen wurden meist als Futter für die Schlittenhunde oder als Köderfleisch für Polarfuchsfallen gefangen. In manchen Gegenden sammelte die Bevölkerung die Eier von Eismöwen und Dreizehenmöwen und fing auch Gryllteisten. Es wurden sogar Versuche unternommen, Seevogeleier als Rohstoff für die Seifenherstellung zu verwenden oder den sich am Fuße der Vogelberge anhäufenden Guano zu nutzen, doch wurden diese Versuche wieder eingestellt.

Alles das ist jedoch Vergangenheit. In den letzten Jahren stehen die Vogelkolonien in der sowjetischen Arktis unter Schutz, für sie interessieren sich jetzt nicht mehr Jäger und Eiersammler, sondern Naturforscher.

Wir lebten unter den Gänsen, sahen ständig eine Unmenge Vögel um uns, ja wurden selbst fast zu einem Glied der Gemeinschaft, aber wir hatten das Gesamtausmaß des Brutplatzes doch wohl unterschätzt. Als sich das Kettenfahrzeug schon dem Basislager näherte und den letzten Paß erklomm, war ich von der Großartigkeit des sich mir darbietenden Panoramas überwältigt. Die Kolonie füllte ein weites Tal, das auf allen Seiten von Gebirge begrenzt wurde. Nach unseren Berechnungen nahm der Brutplatz in jenem Jahr eine Fläche von rund hundert Quadratkilometern ein. Von der Paßhöhe gesehen, wirkte er wie ein endloser See, dessen Wasserspiegel von den Flügeln Tausender ziehender Gänse gekräuselt wurde. Nur wenn man genau hinsah, konnte man erkennen, daß die

Kolonie nicht überall gleich dicht besetzt war. Am dichtesten besiedelt war sie an solchen Stellen, die als erste schneefrei geworden waren. So wechselten Flecken, weiß von Vögeln, mit solchen Stellen ab, die leer und grün waren.

Wir hatten bereits Hochsommer, und die Rückkehr der Zugvögel zur Insel hätte eigentlich längst abgeschlossen sein müssen. Und doch tauchten Anfang Juli am Himmel neue Gänseketten auf. Es waren Ringelgänse. Ebenso wie die Schneegänse brüten sie nur in den hohen Breiten der Arktis. Auch auf unserer Insel nisteten sie, bildeten jedoch keine großen Kolonien. Einige Nester befanden sich dicht bei unserem Lager, und ich besuchte sie recht oft. Die Eier lagen schon lange auf einem Dunenpolster, die Gänse hatten also schon mit der Bebrütung begonnen. Wildgänse werden gewöhnlich erst im dritten Lebensjahr fortpflanzungsreif, also kamen jetzt die noch nicht brutreifen Vögel, die hier nur mauserten. Ihre um ein Jahr jüngeren Verwandten, die noch nicht brütenden Schneegänse, hielten sich ebenfalls auf der Insel auf, waren jedoch schon wesentlich früher gekommen.

Im Juli schlüpften die Gänseküken, ein wichtiges Ereignis im Leben der Koloniebewohner. An einem der letzten Junitage ging ich auf meiner üblichen Route die Kolonie ab und sammelte die noch verbliebenen Nestmarken ein. Die Vögel ließen einen ganz dicht herankommen, flogen nur selten ab und wichen mir lieber zu Fuß aus. Wenn ich mich bückte, hörte ich aus dem Nest ein Piepsen. Die Eier zeigten noch keine Risse, aber in jedem regte sich schon das Küken und verlangte stürmisch die Freiheit, wollte das Leben beginnen. In der folgenden Nacht weckten mich ungewöhnliches Piepsen und neue Töne in den Stimmen der Altvögel. Als ich aus dem Zelt blickte, sah ich in Begleitung der Eltern goldgelb-graue Dunenbällchen dahinrollen. Diese kleinen Rebellen hatten sich schon die Freiheit erkämpft.

Der Prozeß des Schlüpfens der Gänseküken — vom ersten Löchlein in der Eischale bis zum Verlassen des Nestes und des Nestreviers — dauert etwa zwei Tage. Nach dem ersten Ei wird das zweite Ei aufgepickt, dann das dritte, das vierte. Nach kurzer Zeit springt die von innen angesägte Schale — wie die Jungen anderer Vogelarten bewerkstelligen dies die jungen Gänse mit einem speziellen „Eizahn“ auf dem Schnabel —, und das stumpfe Schalenende fällt ab. Ein nasser Kopf kommt zum Vorschein, und große, dunkle Augen blicken neugierig in die Welt. Den Rest der nun überflüssigen Eischale abzustreifen ist dann einfach. Einige Stunden trocknen die Küken unter den Fittichen der Mutter, dann fühlen sie sich schon selbständig und machen sich auf, die Welt kennenzulernen. Den Küken folgen die Eltern, eine andere Wahl bleibt ihnen gar nicht...

Die Kolonie zerfiel zusehends. Jetzt zeigte sich besonders deutlich, wie die Handlungen ihrer Bewohner aufeinander abgestimmt sind, zeigte sich die Einheit dieses großen Organismus. Von Tag zu Tag vermehrte sich die Zahl der verlassenen Nester. Am 7. und 8. Juli verließ die Hauptmasse der Vögel die Kolonie, gegen Abend des folgenden Tages war der Nistplatz fast völlig geräumt. Die Gänse wanderten nach Norden, Nordosten und Osten, ohne sich dabei nach irgendwelchen sichtbaren Punkten zu orientieren. Bereits unterwegs vereinigten sich die Familien zu kleinen Trupps, diese wiederum wuchsen allmählich zu ganzen Herden. Die Bindungen innerhalb der Familien blieben übrigens bestehen. Davon konnte ich mich überzeugen, als ich mehrmals versuchte, den Gänsen fremde Küken unterzuschieben oder den Küken neue Eltern „aufzudrängen". Der Betrug gelang nicht. Jedesmal erkannten die Küken ihre Eltern wohl an der Klangfarbe der Stimme — wohl weniger nach dem Aussehen —, die „Findelkinder" fanden jedes Mal ihre Eltern wieder und liefen zu ihnen zurück.

In endlosem Strom zogen die Gänse in die Akademie-Tundra. Ohne nach einem Weg zu suchen, überwanden sie zuweilen das Gebirge über die höchsten und steilsten Hänge. Die Gänse kletterten sogar auf den Gipfel des Pik Tundrowaja, wobei sie aufgetürmte Felsbrocken zu überwinden hatten und Schneefelder überqueren mußten. Es sah aus, als würden die Kolonnen von den völlig unerfahrenen Küken angeführt und gelenkt. Diesen schienen die Mühen der Wanderung offenbar nichts auszumachen. Sie trippelten, mit den halb ausgebreiteten Flügelchen balancierend, vorwärts, so daß die Eltern gar nicht auf sie zu warten oder sie anzutreiben brauchten, zielstrebig gingen sie einen steilen Hang an, purzelten herunter und traten immer wieder aufs neue zum Sturm auf den Gipfel an. Die Sorge der Eltern beschränkte sich lediglich auf ermunternde Rufe und vor allem auf entsprechende Bewegungen des Halses; hiermit verleiht die Gans fast allen ihren Emotionen Ausdruck.

Anfang Juli verwaisten auch die Nester der Ringelgänse. Ich hatte wesentlich weniger Ringelgansnester unter Beobachtung als zuvor Schneegansnester, nicht nur, weil sie auf der Insel selten sind, sondern weil die brütende Ringelgans auch viel schwerer zu entdecken ist. Das schwarzbraune Gefieder macht sie zwischen Flecken von Flechten und Schotter — ein solches Gelände wählt die Ringelgans vor allem als Brutplatz — gänzlich unsichtbar. Die Dunen sind ebenfalls dunkel und tarnen das Nest ganz hervorragend, wenn der Brutvogel es einmal verläßt. Jetzt waren die Nester schon von weitem zu erkennen, die noch in den Dunen hängengebliebenen weißen Eischalen verrieten sie. Anfang Juli war auch die Vegetation auf der Insel besonders üppig. Gräser und Seggen bedeckten als dichter Teppich die Flußtäler und Seeufer. Die Küken der Schnee- und Ringelgänse schlüpfen zur schönsten Jahreszeit, und die Arktis empfängt sie freigebig und gastfreundlich.

Das weitere Schicksal der jungen Ringelgänse blieb uns unbekannt, aber die Schneegansfamilien wurden weiterhin beobachtet, obgleich man dazu nun zehn, fünfzehn Kilometer weit in die Akademie-Tundra hinausgehen mußte. Mit dem Schlüpfen der Jungen wurde das Leben der Gänse keineswegs ruhiger, im Gegenteil, die Küken waren jetzt größeren Gefahren ausgesetzt. Bereits in den ersten Tagen nach der Auflösung der Brutkolonie zeigten sich über den Gänsezügen Raubmöwen und Eismöwen. Als begriffen sie, daß jetzt letzte Gelegenheit war, sich satt zu fressen, fielen die mit in der Kolonie lebenden Polarfüchse mit dem Mut der Verzweiflung über die Gänseherden her. Man kann nicht sagen, daß die Altvögel kampflos ihre Jungen aufgegeben hätten. Einmal verfolgte ich eine ganze Weile das Vorgehen eines Schmarotzer-Raubmöwenpärchens. Dutzende Male hintereinander griffen sie aus der Luft die Gänse an, ruhten sich kurz aus und setzten dann ihre Angriffe fort. Die Eltern rannten hin und her, warfen sich den Räubern entgegen, sprangen manchmal sogar hoch und versuchten, ihnen in der Luft mit den Flügeln Schläge zu versetzen. Es gelang ihnen tatsächlich, ihre Jungen erfolgreich zu verteidigen. Nach kurzer Verschnaufpause flogen die Raubmöwen ab. Aber bei weitem nicht alle Gänse waren so erfolgreich. In jenem Jahr hatten in den meisten Gänsenestern vier bis fünf Eier gelegen, aber schon am 10. Juli führten die Altvögel in der Regel nur noch drei Junge.

Bereits Ende Juni waren bei den Nistplätzen große weiße Federn zu finden. Es fiel einem auf, daß die Vögel größere Mühe hatten aufzufliegen, daß sich in den Schwingen Lücken zeigten. Bei den Gänsen setzte die Mauser ein. Mit jedem Tag wurden die Flügel lükkiger, und Mitte Juli hatten die Vögel sämtliche Schwungfedern verloren, sie konnten nicht mehr fliegen und flüchteten bei Gefahr zu Fuß.

Bis Mitte Juli kamen immer noch weitere Ringelgänse. Unsere Vermutung bestätigte sich: Es waren noch nicht brutreife Vögel, die die Insel als Mauserplatz aufsuchten. Die Ringelgänse hielten sich jetzt, wie auch die Schneegänse, truppweise zusammen und weideten an den Ufern der Seen und Flüsse in der Akademie-Tundra. Hier fanden sie nicht nur die besten Äsungsplätze, sondern fühlten sich in der Nähe des Wassers auch sicherer. Es gab auf der Insel dutzende- oder gar hundertemal mehr nicht brutreife Ringelgänse als Brutvögel, und das bedeutete, daß die Heimat ersterer woanders lag, vielleicht nicht einmal in Eurasien, sondern in Nordamerika.

In der zweiten Sommerhälfte veränderte sich die Verteilung der Vögel überhaupt in auffälliger Weise. Die trockenen Hänge der Hügel und die Schuttfelder verödeten, dafür wurde es an den Ufern der Flüsse und Seen sowie an der Küste belebter. Außer Gänsen sammelten sich hier mit ihren Jungen Eiderenten, Alpenstrandläufer und Knutts. Einige Vögel zogen bereits wieder ab. Als erste flogen in Schwärmen schon Ende Juni die Weibchen der Thorswassertreter nach Süden. Bei dieser Limikolenart wird die Bebrütung der Eier und die Aufzucht der Jungen von den Männchen besorgt. Die Weibchen, die leuchtender gefärbt sind, und denen auch die Rolle zufällt, den Männchen „den Hof zu machen“, verbringen in ihrer Heimat nur fünfzehn bis zwanzig Tage im Jahr. Mitte Juli verschwanden ziemlich unbemerkt die Männchen des Graubruststrandläufers. Bei dieser Art erledigen das Brutgeschäft nun wieder die Weibchen. Ende Juli, als die Jungen flügge geworden waren, zogen auch die Weibchen ab. Anfang August wurden auf der Insel die letzten Spornammern gesichtet.

Der Herbst kam heran. Von Anfang August an tanzten immer häufiger Schneeflocken durch die Luft. Obwohl die Sonne noch nicht hinter dem Horizont verschwunden war, wurde es nachts schon merklich kühl, und morgens war der Boden nicht selten bereift. Nach den ersten Frühfrösten gilbten die winzigen Blätter der Kriechweide.

Die jungen Polarfüchse waren herangewachsen und selbständig geworden. Ende Juli wurden sie immer noch von den Eltern gefüttert, aber sie jagten auch schon selbst. Die Polarfuchsfamilien stellten besonders eifrig den gerade flüggen, aber noch nicht sehr flugtüchtigen Schneeammern nach. Mehrmals war ich Zeuge einer solchen Jagd. Die Füchse kreisten die Jungen ein, zogen den Kreis allmählich immer enger, und wenn sie bis auf weniger als einen Meter an die Vögel herangekommen waren, stürzten sie sich wie auf Kommando auf die Beute. Meist konnte sich nur ein Teil der Jungvögel retten, von denen dann einige bei der nächsten Einkreisung von den Füchsen erwischt wurden. Die Altfüchse lehrten die Jungen Lemminge ausgraben und Schneegänse fangen. Gänsefittiche waren bei den Fuchsbauen besonders oft zu finden.

Am 14. August hielt ich mich nach langer Zeit wieder einmal in der Siedlung auf. Um die Häuser herum und selbst in der tiefen Schlucht war auch der letzte Schnee vom Winter verschwunden. Am Grunde der Schlucht rieselte ein kümmerliches Bächlein. Dann und wann verschwand es zwischen den Steinen und führte so wenig Wasser, daß es die Siedlung nicht mehr versorgen konnte. Wasser mußte jetzt mehrere Kilometer weit aus dem Fluß geholt werden. Unserem Kettenfahrzeug kam gerade ein Traktor entgegen, der einen auf Kufen gestellten Wassertank zog. Verschwunden waren auch die vom Frühjahr her bekannten Pfützen. Die Müllberge, die sich im Laufe des Winters angesammelt hatten, waren beseitigt worden, und die Siedlung kam mir adrett und geräumiger vor. Sonst aber war hier alles beim alten. Bei den Häusern lagen an ihren Leinen die Hunde, die an die Wände gelehnten Schlitten warteten auf ihre Stunde. Hier und da trockneten auf Stricken zwischen den Häusern Rentierfelle.

Das Meer war jetzt offen. Die Hauptmasse des Eises zeichnete sich als schmutziges Band am Horizont ab. In Küstennähe trieben Wind und Strömung einzelne Eisschollen vor sich her. Die Polarstation und die Sendemasten spiegelten sich im Wasser der Lagune. Graue, kalte Wellenzungen leckten am Sandstrand. Fast alle Einwohner der Siedlung hatten sich am Ufer bei dem Kutter versammelt. An Deck bemerkten wir bekannte Gesichter. Nanaun und einige Halbwüchsige machten sich an Land an einem Haufen Schwimmer aus Robbenfellen zu schaffen, die wie ein Strumpf abgezogen, aufgeblasen und dann getrocknet werden. Die Leute waren völlig bei der Sache. Die Walrosse kamen jetzt zur Insel, und die Jäger fuhren zum ersten Mal in diesem Jahr zum Fang aus.

Am nächsten Tag ratterte unser Kettenfahrzeug zum Sommerlager zurück, allerdings nicht auf dem üblichen Wege, den es nun schon die vielen Male gefahren war, sondern an der Ostküste entlang. Natürlich machten wir bei Kap Waring halt, wo sich ein großer „Vogelbasar" befindet. Der Fels stürzt hier steil ins Meer ab. Gedämpft schlugen von unten der Chor der Vogelstimmen und das monotone Brausen der Brandung an unser Ohr. Man sah die an den Brutplätzen schwärmenden Dreizehenmöwen, die umherfliegenden Lummen. Wie gewöhnlich tauchten über unseren Köpfen Eismöwen auf. Selbst mit einem festen Seil (das wir nicht bei uns hatten) wäre es schwierig gewesen, sich zu den Nistsimsen hinabzulassen, ohne Seil aber war es unmöglich. So konnten wir die Vögel nur von oben, vom Plateau des Kaps aus, beobachten.

Der Lärm schwoll bald an, bald wurde er wieder schwächer. Ab und zu konnte man die Schreie einzelner Vögel heraushören, hauptsächlich von Lummen. Besonders auffallend war ein grollendes Quarren, das bald von Pfeifen, bald von Piepsen begleitet wurde. Das konnte nur eine Familie sein, Eltern und ein halbflügges Junges, das sich von den Felsen herunterfallen ließ, worauf dann die ganze Familie aufs offene Meer flog. Die Lummenkolonie löste sich also schon auf, der Vogelberg leerte sich. Dieses Mal konnten wir den Sprung der Jungen vom Fels hinab aufs Meer nicht miterleben, aber früher bin ich schon Augenzeuge dieses Ereignisses gewesen.

Die Eltern müssen das Küken mitunter lange „überreden"; sie schubsen es sogar mit den Schnäbeln an, bis es schließlich Mut faßt, sich vom Nistsims stürzt und auf den kurzen Stummelflügeln zum Wasser hinuntergleitet. Es kommt schon vor, daß es sich zuweilen unterwegs an einem Stein stößt, aber es steht immer wieder auf, springt weiter und landet schließlich doch im Meer. Der Aufprall wird zweifellos durch das sehr dichte, elastische Gefieder gemildert. Die Gefahren sind damit allerdings noch nicht ausgestanden. Auf dem Meer sind besonders in den ersten Tagen nach Auflösung der Kolonie immer Ansammlungen erregter Vögel zu sehen. Bei der Ankunft eines jeden neuen Lummenkükens rufen die Altvögel lauter, verstärkt sich das Durcheinander und geht oft in allgemeines Gezänk über. Einander beiseite stoßend, stürzen die Vögel zu dem Küken hin, packen es mit dem Schnabel an den Flügeln, am Kopf und an den Füßen, zerren es nach verschiedenen Richtungen und ziehen es unter Wasser. Meist endet es damit, daß das Junge, arg zerzaust und gezupft, aus dem Gedränge ausbricht und in Begleitung eines Altvogels — wahrscheinlich eines der Eltern — in ständigem stimmlichem Kontakt ins Meer hinausschwimmt. Wie kann man diese eigenartige Szene erklären? Wahrscheinlich handelt es sich um Lummen, die ihre eigene Nachkommenschaft verloren haben, deren Elterninstinkt, das Bedürfnis, Junge zu betreuen, aber noch nicht erloschen ist, und die versuchen, Eltern oder anderen ebenfalls kinderlosen Vögeln ein Küken zu entreißen.

Von meinem Beobachtungspunkt kann ich am besten die Dreizehenmöwenkolonie einsehen. In den Nestern sitzen zwei bis drei bereits befiederte Junge. Als wollten sie die Höhe abschätzen, recken sie die Hälse und blicken nach unten, breiten die Flügel aus, schlagen sogar mit ihnen und versuchen, sich in die Lüfte zu erheben. Bald werden auch sie die Felsen verlassen. Doch vorläufig versorgen die Eltern sie noch regelmäßig mit Futter. Ab und zu tauchen die Altvögel am Nest auf, doch bevor sie den Jungen die gebrachte Nahrung übergeben, führen sie vor ihnen einen eigenartigen „Tanz" auf, der von gepreßten, wenig schönen Schreien begleitet wird. An diesen Schreien kann man, auch ohne die Dreizehenmöwen selbst zu sehen, feststellen, wie oft sie die Jungen füttern, wie erfolgreich ihre Jagd ist.

In der Akademie-Tundra traf unser Wesdechod auf einen Trupp Schneegänse. Das näher kommende Fahrzeug trieb sie nicht zur Flucht, wie es vordem der Fall war. Sie ließen uns ungewöhnlich nahe herankommen, flogen dann ohne Mühe und ohne Anlauf ab und formierten sich zum Keil — der üblichen Marschordnung. In dem Trupp fehlten die Junggänse, viele Vögel hatten graue Hälse. Es handelte sich also um noch nicht brutreife Vögel. Sie hatten etwas früher als die Brutvögel mit der Mauser begonnen. Jetzt waren ihnen die Schwung- und Schwanzfedern nachgewachsen, und die

Gänse waren wieder in ihrem Element. Unweit des Lagers trafen wir einen weiteren Gänsetrupp. Die Vögel zogen hoch am Himmel nach Südosten. Sie verließen schon die Insel und hatten noch einen weiten Weg vor sich. Unruhe und Wehmut schienen in ihren Stimmen mitzuschwingen.

Die jungen Gänse wuchsen schnell heran. Als Küken konnte man sie schon nicht mehr bezeichnen. Kaum hatten sie die Dunen abgelegt, trugen sie schon ein zwar graues, aber doch richtiges Federkleid. Die Schwungfedern wuchsen, und die Vögel versuchten immer wieder, sie zu benutzen. Sie breiteten häufig die Flügel aus, schlugen kräftig damit und versuchten, sich in die Luft zu erheben. Einige flatterten sogar, etwas unsicher noch, dicht über den Boden oder das Wasser. Das von Tag zu Tag wachsende Vertrauen in die eigene Kraft gab den Jungvögeln ganz offensichtlich ein Gefühl der Befriedigung. Sie erhoben sich in die Lüfte, ohne dazu durch irgendeine Gefahr veranlaßt zu sein, und stießen nach der Landung Triumphschreie aus. Auch bei den Eltern ging die Mauser ihrem Ende entgegen, und das Auffliegen machte ihnen immer weniger Mühe. Ein Schwarm „Junggesellen“ nach dem anderen zog in wärmere Gefilde ab.

In der zweiten Augusthälfte begann die Sonne hinter dem Horizont zu verschwinden. Wann genau es passierte, läßt sich nur schwer sagen, denn sie wurde schon lange durch die Berge verdeckt. Wir stellten nur plötzlich fest, daß der Polartag zu Ende war, daß die Nächte immer dunkler und länger wurden.

Um den 20. August waren die Brutvögel der Schneegänse, ihre Jungen und die „ledigen“ Ringelgänse wieder flugfähig. Die Gänse wirkten jetzt irgendwie nervös. Tagsüber ästen sie zwar noch ruhig an Flüssen und Seen, aber nachts gab es immer Aufregung und Durcheinander. Bei Einbruch der Dämmerung schienen die Vögel zur Ruhe zu kommen und schliefen ein. Doch dann landeten bei dem Trupp neue Gänse, und es erhob sich ein unvorstellbarer Lärm. Die Neuankömmlinge machten es sich hier entweder bequem, steckten die Köpfe unter die Flügel und verstummten, oder aber sie flogen, nachdem sie die Schlafenden mitgelockt hatten, weiter und weckten andere Vögel. Die Gänsegruppen vereinigten und teilten sich ununterbrochen. So ging es bis zum Morgengrauen. Bald zog Ruhe in der Tundra ein, bald war die Luft vom Schnattern der Gänse erfüllt, als hätten die Vögel wichtige Probleme zu verhandeln, könnten jedoch zu keiner einheitlichen Meinung kommen.

Auf der Insel aber herrschte immer noch „goldener Herbst". Morgens freilich schimmerten die Hänge silbrig vom Reif, waren die Wasserlachen von einer dünnen, klirrenden Eisschicht überzogen. Mit Sonnenaufgang aber nahmen die Hänge wieder ihre rotbraune Färbung an, verschwand das Eis von den Lachen. So ging es bis zum 24. August. An diesem Morgen taute der Reif nicht mehr weg, feiner, trockener Schnee rieselte herab. Die Schneeflocken fielen auf gefrorenen Boden, der Wind blies sie in die Schluchten und schob sie an Steinen und froststarren Pflanzenbüscheln zusammen. Wir erwarteten das Fahrzeug und packten unsere Sachen zusammen. Ständig waren die Rufe der Gänse zu hören. In ununterbrochener Folge zogen eilig Schwärme von Schnee- und Ringelgänsen über die Insel.

Mittags nahmen wir Abschied von unserem Sommerlager, von unseren „Pechvögeln", den Polarfüchsen, die jetzt mit der ganzen Familie am Abfallhaufen ein seßhaftes Dasein führten, und brachen zur Siedlung auf. Es schneite immer stärker. An der Küste hatte sich schon eine geschlossene Schneedecke gebildet. Durch die Wirbel von Schneestaub zogen rufend Ketten von Gänsen. Vom Meer her war das gedämpfte Brüllen der Walrosse zu vernehmen — ein letzter Gruß der Heimat an die gefiederten Wanderer.

Weiße und Blaue

In jedem Frühjahr erscheinen auf der Wrangel-Insel endlose Ketten von Schneegänsen, ist die Luft von ihrem Geschnatter erfüllt, übertönen die Rufe der Gänse die Stimmen aller übrigen Vögel.

Es gab Zeiten, da war dies nicht nur für die Bewohner der Wrangel-Insel, sondern auch für die Menschen in den Tundren Sibiriens ein vertrautes Bild. Vor etwa zweihundert Jahren waren Schneegänse an der gesamten Küste von der Tschuktschen-Halbinsel bis hin zur Halbinsel Taimyr und wahrscheinlich sogar bis zum Unterlauf des Ob, in einem Gebiet also mit einer Ausdehnung von mindestens fünftausend Kilometern, keine Seltenheit. In den folgenden hundert Jahren sind die Gänse auf dem Festland jedoch fast völlig verschwunden. Wir wissen, daß sie in den zwanziger Jahren des 19. Jahrhunderts am Unterlauf von Indigirka und Kolyma sowie auf den Neusibirischen Inseln ausstarben. Eine gewisse Zeit konnten sie sich noch am Unterlauf der Alaseja halten, doch in den fünfziger Jahren des vorigen Jahrhunderts brüteten sie auch dort nicht mehr.

Die Schneegänse aus den sibirischen Tundren verbrachten den Winter nicht nur in Nordamerika wie heute noch die Vögel von der Wrangel-Insel, sondern sie zogen auch in andere Überwinterungsgebiete, so an die Küste des Kaspischen Meeres und nach Japan. Überall im ehemaligen Verbreitungsgebiet wurden die Schneegänse unterschiedlich, aber in der Regel sehr treffend benannt. Die Chanten und Mansen am Unterlauf des Ob nannten sie „kleine stumme Schwäne", denn die Schneegänse ähneln in der Färbung den Schwänen, doch ist ihr Ruf bei weitem nicht so melodisch wie der des Singschwans. In Aserbaidshan, wo die Schneegans vielleicht im Winter 1880 zum letzten Mal beobachtet wurde, war der Vogel unter dem Namen „kuba-gas" bekannt, was soviel wie „Schwanengans" bedeutet. Diese Namen hielten sich im Gedächtnis der Menschen auch dann noch, als die Vögel schon längst aus jenen Gebieten verschwunden waren. So erzählt man sich in Aserbaidshan noch heute Geschichten über Schneegänse, auf die die Urgroßväter, Großväter, ja vielleicht gar die Väter der heutigen Generation Jagd machten.

Was geschah nun mit diesen Vögeln, weshalb verschwanden sie so schnell aus so riesigen Gebieten? Leider kann man hierüber nur Vermutungen anstellen, die sich auf höchst spärliche und unzusammenhängende Daten stützen. In solchen Gebieten, in denen die Schneegänse den Sommer verbrachten, erregten sie natürlich in erster Linie das Interesse von Jägern, brüten sie doch an traditionellen Plätzen in großen und dichtbevölkerten Kolonien. In solchen „Wohnsiedlungen" kann man bequem Eier sammeln und die Vögel selbst fangen. Besonders verbreitet war hier der Fang der flugunfähigen Mausergänse. Nach Beschreibungen von Augenzeugen bildeten die mausernden Gänse in den Tundren des Festlandes wie ja auch auf der Wrangel-Insel große Schwärme und waren so zutraulich, daß sie sich über weite Strecken, über Dutzende von Kilometern die Flüsse entlang direkt zu den Wohnplätzen der Fänger treiben ließen.

Andererseits war der Norden Sibiriens vor zweihundert, vor hundert, ja sogar noch vor fünfzig Jahren so dünn besiedelt, daß die Jagd auf Schneegänse kaum merkliche Folgen gehabt haben könnte. Wahrscheinlich waren viele Gänsekolonien den Jägern überhaupt unbekannt oder nicht zugänglich, so daß sich die Vögel ungehindert vermehren konnten. Ist der Grund für das Verschwinden dieser Art vielleicht darin zu suchen, daß sie gar nicht in Sibirien, sondern in den Winterquartieren ausgerottet wurden?

So scheint es zu sein. Noch zu Beginn des vorigen Jahrhunderts waren ja die Überwinterungsgebiete der Schneegänse, die sich im Westen von Nordamerika konzentrierten, fast menschenleer. Als aber dann Anfang des 19. Jahrhunderts die Kunde von der Fruchtbarkeit dieser Gegend überallhin drang, strömten Planwagen mit europäischen Siedlern herbei, die nicht nur Farmer, sondern auch Jäger waren. In ebendiese Zeit fallen die ersten Anzeichen für ein Erlöschen der sibirischen Vogelkolonien.

Die Hauptüberwinterungsplätze lagen, wie auch heute, wahrscheinlich in Kalifornien. Mitte des Jahres 1800 hatte Kalifornien bereits über 500 000 Einwohner. Mit der Entdeckung der Goldfelder und dem Einsetzen des „Goldfiebers" wuchs die Bevölkerung sprunghaft an. Nach Augenzeugenberichten erlegten kalifornische

Jäger damals Hunderte von Vögeln an einem Tag und Tausende während einer Jagdsaison. Das Zusammenfallen dieser Ereignisse mit dem fast völligen Verschwinden der Schneeganskolonien auf dem asiatischen Festland ist kaum zufällig...

Von großer Bedeutung war natürlich auch, daß die Gänse nach Urbarmachung des Landes ihrer gewohnten Äsungsflächen beraubt waren. Ihr Schicksal erinnert hier an das anderer arktischer Vogelarten, etwa das des Eskimobrachvogels, der den Winter in den Pampas Südamerikas verbrachte, aber ausstarb, als sich die Landwirtschaft in diesen Gebieten entwickelte und er keine Nahrung mehr fand.

In der sowjetischen Arktis ist die Heimat der Schneegänse die Wrangel-Insel. Hier verbringt rund eine halbe Million Altvögel den Sommer, das ist fast die Hälfte aller auf der Erde lebenden Schneegänse. Kleinere Kolonien und einzelne Paare findet man auch auf dem Festland, so an der Küste der Tschuktschen-Halbinsel, am Unterlauf von Indigirka und Kolyma. Es ist nicht ausgeschlossen, daß dies neue, in der Entstehung begriffene Brutkolonien sind, begünstigt durch die in jüngster Zeit einsetzende Erwärmung der Arktis. Außerhalb der Sowjetunion lebt die Schneegans im Norden Kanadas und Alaskas, wo sich etwa zwanzig Kolonien befinden. In Amerika kommt auch eine „blaue" Spielart vor — von ihr wird später noch die Rede sein — sowie zwei selbständige, aber nahe verwandte Arten, die Große Schneegans und die Zwergschneegans oder Rostgans.

Die Schneegans ist ein alteingesessener Polarbewohner, wie auch der Eisbär und das Walroß, und weist viele interessante, ja mitunter sogar ungewöhnliche biologische Eigenheiten auf, ohne die sie wahrscheinlich im äußersten Norden, in den arktischen Halbwüsten und Wüsten, gar nicht leben könnte. Der dortige Sommer ist kurz, und die Gänse sind bestrebt, ihn bis zum äußersten zu nutzen, nicht nur jeden Tag, sondern auch jede Stunde. Sie beginnen die Brut so übereilt, daß sie manchmal die Eier ablegen, ehe sie die Brutplätze erreicht haben, einfach dort, wo die durchziehenden Gänse rasten. Wenn aus irgendeinem Grunde das Gelege verlorengeht, nachdem das Brutgeschäft bereits begonnen hat, wird ein Nachgelege sinnlos, denn die aus solchen Eiern schlüpfenden Vögel würden bis zum Winter ohnehin nicht mehr kräftig genug und flügge werden.

Die Brutzeit ist bei den Schneegänsen ungewöhnlich kurz — sie währt nur einundzwanzig, zweiundzwanzig Tage, während sie bei anderen Gänsearten mindestens fünfundzwanzig, sechsundzwanzig Tage dauert. Sehr schnell verlaufen auch die Mauser, das Wachstum und die Entwicklung der Jungen. Bei den meisten Gänsearten mausern die Altvögel und die noch nicht brutreifen Jungvögel zu unterschiedlichen Zeiten, bei der Schneegans dagegen fast zur gleichen Zeit, wodurch sich die Mauserperiode bedeutend verkürzt.

Im Sommer kommt es hier nicht selten zu Frühfrösten und sogar zu Schneefällen; die Vögel müssen also die Eier sorgfältig vor Unterkühlung schützen. Nach der Eiablage polstern sie deshalb gründlicher als andere Gänse ihre Nester mit Pflanzenmaterial und später dann mit Dunen aus. Das sind natürlich keine Eiderdunen, ihre einzelnen Strahlen sind nicht so fest ineinander verhakt, auch sind sie mit Gras und Moos vermischt. Aber auch diese Dunen halten schön warm und wärmen noch eine Weile die Eier, wenn der brütende Vogel das Nest verlassen hat. Erstaunlich ist auch die Anspruchslosigkeit der Schneegänse hinsichtlich der Nahrung: Sie fressen fast alle der wenigen Pflanzenarten, die ihnen die Natur des Nordens zur Verfügung stellt.

Manchmal leben die Schneegänse in kleinen Kolonien oder sogar als Einzelpaare, gelegentlich zusammen mit Ringelgänsen oder Eiderenten, aber stets in der Nähe der Nester von Raubvögeln. Auf der Wrangel-Insel, deren Vogelwelt ja artenarm ist, haben sie nur die Schnee-Eule als Beschützer, so zum Beispiel in den Tälern der Gussinaja, der Mamontowaja und des Clark-Flusses. In südlicheren Gebieten der Arktis haben die Gänse eine größere Auswahl, dort suchen sie auch bei anderen Greifvögeln Schutz. Die meisten Gänse brüten jedoch in großen, dichtbesetzten Kolonien. Auch das ist wahrscheinlich kein Zufall, denn das Leben in „Siedlungen“ ist überhaupt charakteristisch für die Vögel in den Polarländern. In allen Fällen geht es den Gänsen darum, ihre Nester vor Räubern, vor allem vor Polarfüchsen, zu schützen.

Unsere Beobachtungen in den Gänsekolonien führten uns noch zu vielen interessanten Einzelheiten. Es hat sich zum Beispiel gezeigt, daß Vögel in den zentralen, am dichtesten besiedelten Teilen einer Kolonie wesentlich geringere Verluste durch Räuber erlitten als solche, die an den lockerer besetzten Rändern der

Kolonie brüten. In den dichtbevölkerten Teilen hatten die Gänse bis zu sieben Eier im Nest, in vereinzelten Siedlungen nur fünf. Im Durchschnitt enthielten die Nester, die in großer Zahl überprüft wurden, im ersten Falle 3,5 Eier, im zweiten nur 3,1 Eier. Die Erklärung ist einfach: In einen dichtbesetzten Abschnitt kann ein Räuber bedeutend schwerer unbemerkt eindringen und Beute machen. Auf seinem Wege stößt er wesentlich häufiger auf einen Ganter, der einen Eindringling nicht nur vom eigenen Nest vertreibt, sondern durch Warnrufe auch die Nachbarn auf ihn aufmerksam macht. Es ist bezeichnend, daß Polarfüchse und Raubmöwen auch nach dem Zerfall der Gänsekolonien ihre Angriffe meist und mit großem Erfolg auf die Randzonen von Gänseherden richten, wo die Vögel nicht so dicht gedrängt sind.

Überhaupt hat man den Eindruck, daß der Polarfuchs Gänsen, die „in der üblichen Weise" siedeln, nicht viel anhaben kann. Er findet seine Beute entweder in den locker besetzten Bereichen oder unter den noch unerfahrenen Jungvögeln. Junge Tiere, die zum ersten Mal brüten, fallen leichter auf die Tricks des Polarfuchses herein. Ein alter, durch die Jahre gewitzter Ganter vertreibt auch dann meist einen Feind, wenn er nicht mit der Hilfe der Nachbarn rechnen kann.

Die Räuber haben leichteres Spiel, wenn sich in der Kolonie Menschen aufhalten, wenn die Gänse beunruhigt werden und von den Nestern auffliegen müssen. Kurz vor dem Zerfall einer Kolonie war einmal ein Fuchs so frech geworden, daß er mich fast bei jedem Rundgang begleitete, mir auf den Fersen folgte und keine Gelegenheit ausließ, Eier aus unbeaufsichtigten Nestern zu stehlen.

Vogelansammlungen ziehen natürlich Räuber an und erleiden durch sie Verluste. Aber Polarfüchse und Raubmöwen finden oft auch Beute, an der sie keine „Aktie" haben. In den Kolonien findet man besonders zu Beginn der Eiablage überall, weit von Nestern entfernt, verlegte Eier — ich konnte an einem Tag einige Dutzend einsammeln — oder einen aus irgendeinem Grunde verendeten Vogel. Anhand von Nahrungsresten bei Polarfuchsbauen kann man also nicht genau beurteilen, wie groß der Schaden ist, den Füchse den Gänsen zufügen.

Genau wie die Bewohner der Vogelberge spornen auch die Schneegänse beim Brüten in Kolonien einander zur Eiablage und zur möglichst rationellen Nutzung des Polarsommers an. In dichtbesetzten Kolonien werden die Eier fast gleichzeitig abgelegt, die Jungen schlüpfen, trocknen und verlassen die Nester fast zur gleichen Zeit. In den locker besiedelten Teilen zieht sich die Eiablage in die Länge, ein Teil der Küken schlüpft zu spät.

Die Brutdichte in der Hauptkolonie auf der Wrangel-Insel schwankt sehr stark. 1964 wurden meist zwanzig bis fünfzig Nester je Hektar gezählt. Die locker besetzten Teile nahmen weniger Raum ein, hier fanden sich pro Hektar weniger als zwanzig Nester. Etwa der siebente Teil der Kolonie war besonders dicht besetzt, hier beobachteten wir fünfzig bis hundert Brutpaare pro Hektar. Ihre Nester lagen nur drei bis fünf Meter voneinander entfernt.

Es war deutlich zu erkennen, daß die Siedlungsdichte vor allem von den Schneeverhältnissen abhängt. Dort, wo der Schnee im Frühjahr zuerst verschwindet, siedeln die Gänse besonders dicht. Der Zeitpunkt aber, zu dem der Schnee schwindet, hängt von der Bodenoberfläche und der Lage der Hänge ab. Es ist deshalb nicht verwunderlich, daß sich die am dichtesten besetzten „Siedlungen" an Südhängen befinden, die sehr früh abtauen, während die weit verstreuten Nester in Senken und an Nordhängen stehen, wo der Schnee zuletzt schmilzt. Die Größe der Kolonien und ihre Dichte hängen auch von der Vegetation ab, wobei der Schnee wiederum eine nicht unbedeutende Rolle spielt. In der Regel ist es so, daß die Vögel um so dichter nisten, je üppiger die Vegetation ist. Auch das ist verständlich, denn wenn nach der Eiablage die Bebrütung beginnt, äsen die Gänse nur noch unmittelbar um die Nester herum, die sie selbst auch für nur kurze Zeit nicht verlassen. Je besser das Äsungsgebiet, desto kleiner darf das Nistrevier eines Paares sein. So ist es auch verständlich, weshalb die Revierbesitzer so unduldsam gegenüber ihren Artgenossen sind und so hartnäckig ihr Nistrevier verteidigen. „Gutmütige" Gänse fänden in Nestnähe nicht genügend Nahrung und können die Brut nicht aufziehen. Nicht zufällig ist die Pflanzendecke in der Gänsekolonie am Ende der Brutzeit wie geschoren, eine Ausnahme machen nur einige ungenießbare Pflanzen, wie wilder Lauch. Im nächsten Sommer regeneriert sich die Vegetationsdecke natürlich wieder vollständig, wozu die Düngung durch Gänsekot nicht wenig beiträgt.

Ausgewachsene Schneegänse haben gewöhnlich ein reinweißes

Gefieder, ausgenommen die schwarzen Schwungfedern und die aschgrauen Federn auf den Decken der Schwingen. Der rostfarbene Schimmer an Kopf, Hals und Bauch bei den meisten Altvögeln stammt vom langen Baden in stark eisenhaltigem Wasser in den Durchzugs- und Überwinterungsgebieten. Es gibt jedoch auch „blaue" Gänse, die jedoch zur gleichen Art wie die weißen gehören.

„Blaue", eigentlich hellgraue Vögel mit weißen Köpfen, wurden in den letzten Jahren gelegentlich auch in der Sowjetunion angetroffen, doch am häufigsten treten sie im äußersten Nordosten des Verbreitungsgebietes der Art auf — auf Baffinland und der Southampton-Insel. Noch vor dreißig, vierzig Jahren brüteten Blaue Schneegänse überhaupt nur in diesen Gebieten. Danach hat ihre Zahl zugenommen, das Brutgebiet sich erweitert, was vielleicht durch den im Ergebnis der Erwärmung der Arktis längeren Sommer begünstigt wurde.

In Jahren mit relativ warmen und langen Sommern sind die Blauen Schneegänse nämlich in einer günstigeren Lage als die weißen Artgenossen. Der kanadische Ornithologe G. Cooch hat vor einiger Zeit festgestellt, daß die blauen Gänse etwas später mit der Brut beginnen als die weißen. Sie legen erst Eier, wenn die Kolonie bereits voll besetzt und „verteidigungsbereit" ist, deshalb sind bei ihnen die Verluste durch Räuber geringer.

Die zahlenmäßige Zunahme der Blauen Schneegänse wird indirekt auch durch die Jäger gefördert. Die Statistik zeigt nämlich, daß sie in gemischten Schwärmen vor allem weiße Gänse aufs Korn nehmen und davon mehr erlegen als graue. Ziehende weiße Schneegänse sind außerdem, da sie häufiger rasten, einem stärkeren Jagddruck ausgesetzt.

Die ersten Schneegänse zeigen sich auf der Wrangel-Insel ziemlich regelmäßig in der letzten Maidekade; Ende Mai, Anfang Juni trifft die Hauptmasse ein. Der Frühling ist auf der Insel allerdings nicht so pünktlich. In manchen Jahren finden die Gänse ihre Brutplätze fast völlig schneefrei vor, können ohne Mühe einen Nistplatz besetzen und bebrüten viele Eier. Nicht selten kommt allerdings der Frühling mit Verspätung. Wenn die Gänse eintreffen, ist der größte Teil der Insel noch verschneit, die Vögel bauen die Nester, wo es gerade paßt, und manche finden überhaupt keinen Nistplatz. Die nestlosen Gänse legen in solchen Jahren die Eier zusammen auf einen Haufen und kümmern sich nicht weiter um das Schicksal ihrer möglichen Nachkommen. Die Räuber finden diese „Vorratslager" natürlich bald und plündern sie. Wenn allerdings plötzlich Erwärmung eintritt und der Schnee schmilzt, rollen die Gänse teilweise diese Haufen auseinander und bebrüten die Eier. Dabei spielt es keine Rolle, ob es fremde oder eigene sind. Ohne großen Erfolg brüten in solchen Jahren auch jene Gänse, die ihr Nest irgendwo auf einer schneefreien Stelle angelegt haben. Sie können Polarfüchsen keinen „organisierten" Widerstand entgegensetzen und bleiben wesentlich häufiger ohne Junge als in Jahren mit zeitigem Frühling.

Es geschieht sogar, daß der Schnee auf der Insel überhaupt nicht schmilzt und die Schneegänse in dem Jahr nicht zur Brut kommen. Eine solche Katastrophe ereignete sich zum Beispiel 1931. Der Inselvorstand Minejew schrieb darüber in seinem Tagebuch: „Den ganzen Juni und einen Teil des Monats Juli lag in der Tundra Schnee wie niemals vorher, und Mitte Juni tobten sogar noch Schneestürme. Wir trafen zahllose Gänse, die hin und her flogen auf der Suche nach Brutplätzen, aber sie fanden keine geeigneten Stellen."

Je nach Verlauf des Frühjahrs werden Ende Mai oder Anfang Juni die ersten Eier gelegt, die in ihrer Form und den Maßen Hausganseiern ähneln, jedoch zart cremefarben sind.

Wenn die Gänsescharen an den Brutplätzen auf der Insel ankommen, sind die Vögel bereits verpaart. Die Familien bleiben den ganzen Sommer zusammen, obgleich sich die Vögel nach dem Schlüpfen der Küken wieder zu Trupps zusammenschlagen. Aus deutlich erkennbaren Familien bestehen auch die Gänseschofe, die im Herbst die Wrangel-Insel verlassen. Die „Ehe" wird wie bei allen anderen Gänsen bereits in der Jugend geschlossen, eigentlich zwischen „Halbwüchsigen", und bleibt das ganze Leben bestehen. Die Vögel bleiben mitunter ihrem Partner sogar noch eine gewisse Zeit nach dessen Tode treu, das trifft besonders für Ganter zu. Wo Schneegänse in der Gefangenschaft gehalten und gezüchtet werden, wie etwa im Moskauer Zoo, kann man beobachten, wie sich zwischen den jungen Vögeln gewisse Sympathien entwickeln, wie ein Ganter seiner Auserwählten zu gefallen sucht, den Hals herabbeugt und vor ihr eine stolze und dabei doch demütige Haltung einnimmt. Als Zeichen der „Verlobung" kann gelten, wenn die beiden Gänse nebeneinandergehen. Von dem Moment an, da sie erstmals gemeinsam einen Feind vertrieben haben und nach dem Sieg gleichzeitig ihr Triumphgeschrei anstimmen, trennen sich die Partner kaum noch. Der Zusammenhalt der Familien hat natürlich einen biologischen Sinn, denn die Jungen sind nocn lange Zeit unerfahren und brauchen fast ein ganzes Jahr lang noch die elterliche Fürsorge.

Die starke Anhänglichkeit der Vögel ist in der Tat überraschend. Wenn von einem Gänsepaar die Gans, die gewöhnlich vorneweg fliegt und am meisten gefährdet ist, von der Kugel eines Jägers getötet wird, verläßt der Ganter trotz der offensichtlichen Gefahr lange Zeit die getötete Partnerin nicht, kreist über ihr, lockt sie mit ganz bestimmten Schreien und läßt sich manchmal sogar bei ihr nieder, selbst wenn sich in der Nähe Menschen befinden. Bei einer Gans, die nur angeschossen, jedoch von den Jägern nicht gefunden wird und dann ihren Wunden erliegt, kann der Gatte in seinem Kummer mehrere Tage verweilen. Er verteidigt sogar das erstarrte Weibchen entschlossen gegen Polarfüchse und gefiederte Räuber. Ein Jäger von der Wrangel-Insel erzählte mir folgendes Erlebnis: Im Frühjahr hatte er eine Gans geschossen. Der Ganter mit einem wahrscheinlich durch einen Schrotschuß verunstalteten Schnabel kreiste lange über dem Ansitz. Er erschien zwei oder drei Tage lang immer wieder, dann war er verschwunden. Im nächsten Frühjahr richtete der Jäger seinen Ansitz am alten Platz ein. Groß war sein Erstaunen, als sich aus einem vorüberfliegenden Gänseschwarm jener auffällige Ganter löste und wieder über der Stelle kreiste, an der vor einem Jahr seine Partnerin abgeschossen worden war...

Jede Regel hat natürlich ihre Ausnahmen. Wiederholt konnte ich beobachten, wie eine Gans in der Luft von zwei oder gar drei Gantern verfolgt wurde. Sie landete irgendwo am Rande des Brutplatzes und versagte sich nicht ihren Verehrern. Die eheliche Treue kann also, auch wenn es sie gibt und gelegentlich rührende Formen annimmt, unter gewissen Umständen gebrochen werden.

Während der Brutzeit besteht zwischen den Partnern eine ziemlich konkrete Verteilung der Pflichten. Der Ganter schützt das Nistrevier, die „Familienweide", gegen Übergriffe von Artgenossen, verteidigt das Gelege und die Gans gegen Räuber. Wenn er die Eier bebrütet — was an sich die Hauptarbeit des Weibchens ist —, dann nur unregelmäßig und kurzfristig. Er kann sich deshalb etwas freier um das Nest bewegen, hat die Möglichkeit, Gras zu zupfen, und bleibt deshalb auch wohlgenährt. Das Leben des Weibchens ist bedeutend ruhiger, hat aber dafür auch seine Unbequemlichkeiten. Die Gans ist sozusagen an das Gelege gebunden und kann viel seltener äsen als der Ganter. Alle Hälmchen, die sie vom Nest aus erreichen kann, ohne es zu verlassen, sind schon in den ersten Tagen der Bebrütung abgezupft. Es ist deshalb auch nicht weiter verwunderlich, daß die Gänse ziemlich abgemagert sind, wenn sie die Kolonie verlassen.

In den ersten Julitagen schlüpfen die Jungen. Die Kolonien zerfallen, vergessen sind Revierstreitigkeiten, die Familien vereinigen sich zu Herden und wandern zu neuen Weideplätzen, die zu dieser Zeit besonders üppig sind. Die „Alten“ und die noch nicht geschlechtsreifen Vögel mausern, den Jungen wächst ihr Federkleid. Mitte August sind die Vögel flugfähig, doch haben sie noch keine Eile, ihre Heimat zu verlassen. Als erste weichen dem Druck des nahenden Winters jene Gänse, die ohne Nachkommenschaft sind. Die Familien mit Jungen verweilen noch am Ort, als hofften sie auf die Rückkehr des Sommers. Mitunter verlassen sie die Insel erst bei Schneesturm und Frost.

Die Gänse haben weite Strecken zurückzulegen. Sie ziehen über die Küste der Tschuktschen-Halbinsel, an der Pazifikküste fast ganz Nordamerikas entlang und gelangen erst dann in die Überwinterungsgebiete im äußersten Südwesten der USA und in Mexiko. Durch Beringung wurde festgestellt, daß ein großer Teil der Schneegänse von der Wrangel-Insel in Kalifornien überwintert, insbesondere in der Umgebung des Tulare Lake.

Das Leben der Gänse im Winter ist recht einförmig. Die Nächte verbringen die Vögel in flachen Seen, Sümpfen, seichten Meeresbuchten, wo sie vor vierbeinigen Räubern sicher sind. In der Morgendämmerung fliegen die Schofe auf den sich immer gleichenden Routen zu den Äseplätzen in der Steppe oder auf den Feldern. Gegen Mittag suchen sie die Tränke auf, kehren zu den Äseplätzen und zur Nacht wieder zu den Schlafplätzen zurück. So vergeht Tag um Tag, bis die ferne, rauhe Heimat sie wieder mit Macht ruft...

Die Schneegans ist eine begehrte Jagdtrophäe. Ihr Gewicht kann 2,5 Kilogramm erreichen, den größten Teil des Jahres sind die Vögel gut genährt. Im Frühjahr ist die Unterhautfettschicht etwa einen halben Zentimeter dick. Das Fleisch gilt als Delikatesse.

In der Arktis, wo Geflügelhaltung nicht möglich oder unrentabel ist, stellen die Schneeganskolonien so etwas wie „Geflügelfarmen" dar, die die Natur selbst schuf und deren Wartung und Betreuung nur geringe Mittel und einen mehr als bescheidenen Arbeitsaufwand erfordern. Man muß dabei wohl erwähnen, daß sich die Gänse nur von der kümmerlichen, wirklich wertlosen Vegetation der arktischen Wüsten ernähren, die sonst so gut wie gar nicht von anderen Tieren genutzt wird.

Im Norden Eurasiens sind in verhältnismäßig kurzer Zeit viele Schneeganskolonien verschwunden, die in ihrer Größe dem Brutplatz auf der Wrangel-Insel vielleicht nicht nachstanden. Es gibt jedoch auch umgekehrte Fälle, daß in jüngster Zeit neue Kolonien entstanden sind. Vielleicht gehören dazu kleine Konzentrationen am Unterlauf von Indigirka und Kolyma. In der Provinz Ontario in Nordkanada brüteten auf dem Kap Henrietta Maria Schneegänse erstmals 1947. Anfangs waren es einige hundert, zehn Jahre später bereits rund fünfzehntausend Brutpaare. Eine andere kanadische Schneeganskolonie entstand wahrscheinlich etwas früher am Eskimokap. Die Zukunft dieser Vogelart ist also nicht ganz hoffnungslos. Bei einer nur halbwegs vernünftigen Haltung des Menschen erweitern die Gänse selbst ihr Verbreitungsgebiet und bilden an geeigneten Stellen neue Brutplätze, vor allem an den Hauptzugwegen. Diese im Entstehen begriffenen Kolonien müssen natürlich beobachtet und kontrolliert werden und bedürfen in der ersten Zeit eines besonderen Schutzes.

Man könnte in Sibirien innerhalb des ehemaligen Verbreitungsgebiets die Gänse auch künstlich ansiedeln, eigens Brutplätze schaffen, eine Population aufbauen, die das ganze Jahr innerhalb der Sowjetunion verbringt und wie in der Vergangenheit an den Ufern des Kaspischen Meeres überwintert. Das ist durchaus keine Utopie. So ist die Graugans am Rybinsker Stausee und in einigen Gebieten der Baltischen Sowjetrepubliken künstlich angesiedelt worden. Man brachte Eier dorthin, die geschlüpften Jungen erkannten ihre neue Heimat an, kehrten aus den Winterquartieren dorthin zurück und

Aus verkümmerten Bäumen bestehende Waldinseln sind typisch für die Waldtundra im Hohen Norden Sibiriens

Die ersten Moschusochsen in der sowjetischen Arktis leben auf der Taimyr-Halbinsel. Ein wildes Ren durchschwimmt einen Tundrasee

Neben modernen Verkehrsmitteln spielt das Rentiergespann im Alltag der Bewohner im nördlichen Sibirien noch immer eine gewichtige Rolle

Lärchenwald am Übergang von der Taiga zur Tundra

Die sehr seltene Rosenmöwe ist nur in der Arktis anzutreffen

Falkenraubmöwe (oben) und Prachteiderente

Üppig gedeihen im Sommer um die Blockhütten in der Tundra die mannigfaltigsten Blumen

brüteten. In gleicher Weise können wahrscheinlich auch neue Schneeganskolonien gebildet werden. Die Eier könnte man mit dem Flugzeug von der Wrangel-Insel holen und in die Nester der in bezug auf ihre Biologie ähnlichen Bleßgans legen. Eine andere Möglichkeit wäre, Küken aufs Festland zu bringen und den Bleßgansherden beizugeben. In beiden Fällen müssen die Vögel eine neue Heimat finden.

Durch Beringung hat man festgestellt, daß am Kaspischen Meer Bleßgänse überwintern, die im Norden Westsibiriens und auf der Taimyr-Halbinsel brüten. In diese Gebiete müßten vorrangig Eier oder Küken gebracht werden. Es ist sehr wahrscheinlich, daß die „Umsiedler" mit ihren Adoptiveltern zusammen den Winter am Kaspischen Meer verbringen werden.

Der Versuch, Schneegänse im Norden West- und Mittelsibiriens einzubürgern, wäre auch von nicht geringem wissenschaftlichem Interesse. An diesem Beispiel — es gibt für die Zoologen nicht viele dieser Art — könnte man verfolgen, wie sich neue Zugwege bei Vögeln herausbilden, die Tausende von Kilometern von ihren ursprünglichen Verbreitungsgebieten ausgesetzt werden, wie sie die neuen Brut-, Mauser- und Überwinterungsplätze in Besitz nehmen. Das Beobachtungsobjekt selbst ist ja auch sehr günstig, denn die großen weißen, weithin sichtbaren Vögel lenken zwangsläufig die Aufmerksamkeit auf sich und würden ständig zu beobachten sein.

Es hat sich übrigens gezeigt, daß die Schneegans einen großen „Sicherheitsgrad", das heißt die Fähigkeit besitzt, sich scheinbar völlig ungeeigneten Bedingungen anzupassen. Das zeigen beispielsweise die Zuchtversuche bei Schneegänsen im Süden der Ukraine in Askania Nowa. Das erste Paar traf 1900 hier ein. Die Vögel brüteten nicht, obgleich der eine Vogel hier dreizehn Jahre, der andere zwanzig Jahre lebte. 1961 erwarb der Tierpark Askania Nowa sechzig Vögel und setzte sie — teils mit gestutzten Flügeln, teils flugfähig — auf einem Teich aus. Ende März des folgenden Jahres bildeten die Vögel Paare, im Mai — also zu für die Schneegänse normaler Zeit — legten drei Weibchen Eier und bebrüteten sie. Nur in einem Nest schlüpften Junge, in einem anderen, in der offenen Steppe gelegenen, wo sich der Boden am Tage bis auf 60 °C erhitzte, starben die Embryonen ab. Die Eier im dritten Nest wurden von einer Krähe ausgehackt. 1963 brüteten schon zwanzig Paare, wobei die Eiablage schon beinahe nach dem „ukrainischen Kalender“ im April erfolgte. Aus allen Gelegen schlüpften Küken. Den Jungvögeln werden die Flügel hier nicht gestutzt, und dennoch ziehen die meisten nicht fort. Die Schneeganspopulation von Askania Nowa nimmt von Jahr zu Jahr zu.

Giganten des Eismeeres

Bevor die Wrangel-Insel von Menschen besiedelt wurde, hatten die Walrosse an vielen Stellen der Südküsten ihre Liegeplätze. Allmählich hat sich jedoch deren Zahl verringert, so daß heute nur noch ein mehr oder weniger regelmäßig besuchter Liegeplatz an den Schotterstränden an der Südwestspitze der Insel, am Kap Blossom, existiert. Die Walrosse tauchen hier in der zweiten Augusthälfte auf, wenn die Küste eisfrei wird. Die „Vorposten" gehen nicht sofort an Land; eine Zeitlang schwimmen sie im Flachwasser umher und wittern, denn die Walrosse sind kurzsichtig, hören schlecht und vertrauen am liebsten ihrer Witterung. Laut plätschert das Wasser, die Luft ist erfüllt von erregten Schreien, die wie eine Frage klingen und an das Brüllen von Kühen und gleichzeitig an das Quieken von Schweinen erinnern. Schließlich erreichen die Walrosse mit unbeholfenen Sätzen den Strand. Die meisten legen sich sofort auf die Seite und schlafen ein. Immer neue Trupps kommen nun aus dem Meer ans Ufer gekrochen.

Obwohl die Walrosse nicht Objekt unserer Forschungen waren, besuchte ich den Liegeplatz am Kap Blossom und konnte mir dieses beeindruckende Schauspiel ansehen. Tausende von Tieren liegen hier auf der Seite, auf dem Bauch, auf dem Rücken, eng zusammengedrängt. Stellenweise lagern sie in zwei oder gar drei Schichten übereinander, so stabil ist ihr Knochengerüst. Neuankommende klettern ohne lange Umstände einfach auf die schon Daliegenden und schlafen auf ihnen. Nur ein gar zu rücksichtsloses Benehmen ruft den Unmut des Nachbarn hervor. Ein Schlag mit den Hauern oder mit der Flosse trifft übrigens oft nicht den Aufdringlichen, sondern einen völlig Unschuldigen. Wie eine Stafette werden dann die Schläge weitergegeben, obwohl am Ausgangspunkt des Skandals längst wieder Ruhe herrscht. Die Luft erbebt von dem Schnarchen der schlafenden Riesen, dem Muhen und Quieken der wachen. Ihre Leiber strömen einen betäubenden, scharfen Geruch aus.

Die meisten lagernden Tiere sind ausgewachsene Bullen. Wesentlich seltener und dann auch nur am Rande des Liegeplatzes sieht man Jungtiere, die gerade erst ihr selbständiges Leben beginnen. Die Alten verhalten sich den Jungen gegenüber aus unverständlichem Grund recht unfreundlich, jeder aus dem Meer kommende Trupp scheucht sie immer weiter an den Rand.

Die ledigen Weibchen und die Mütter mit Jungen ziehen es vor, auf dem Treibeis zu ruhen. Ein solcher Liegeplatz unterscheidet sich kaum von dem am Ufer, nur die Jungen fallen einem auf, die in den verschiedensten Stellungen auf dem Rücken der Mutter schlafen. Die Tiere wählen als Liegeplatz besonders die Ränder großer Eisfelder, noch lieber lagern sie jedoch auf kleineren, einzeln treibenden Eisschollen. Es macht ihnen nichts aus, daß die Scholle unter dem Gewicht der neu hinzukommenden Tiere allmählich untertaucht und Wellen darüber hin laufen. Man hat jedoch festgestellt, daß sich Walrosse niemals auf Süßwassereisschollen lagern, die aus Flüssen stammen und wesentlich brüchiger sind als Meereisschollen.

In ausgesprochenen „Eisjahren", wenn die Küsten überhaupt nicht ganz eisfrei werden, liegen alle Walrosse, Kühe wie Bullen, ausschließlich auf Eisschollen. Sie können übrigens auch im Wasser schlafen. Sie tun dies, wenn kein Eis vorhanden ist oder sie aus irgendeinem Grunde nicht an Land kommen können. Sie schlafen dann in waagerechter oder senkrechter Lage und lassen sich treiben. Im ersten Falle ist an der Wasseroberfläche nur ein Teil des Rükkens zu sehen, der wie ein großer brauner Höcker aussieht. Von Zeit zu Zeit verschwindet der „Höcker" im Wasser, statt seiner kommt ein Kopf mit geschlossenen Augen zum Vorschein, und ein lautes Prusten ist zu hören. Nach wenigen Augenblicken verschwindet der Kopf, und der Rücken taucht wieder auf. Wenn ein Walroß in senkrechter Haltung schläft, sieht man Kopf und Schultern, es kann deshalb atmen, ohne die Stellung zu wechseln. Um sich in vertikaler Lage zu halten, braucht sich das Walroß nicht besonders anzustrengen. Eigens dafür hat es einen Kehlsack, der sich mit Luft füllt und wie ein Schwimmer an der Angelschnur das Tier an der Oberfläche hält.

Die Walrosse beeindrucken durch ihre Größe, ihren Körperbau und ihre Lebensweise. Nach dem Grönland- und dem Weißwal ist das Walroß das größte Säugetier der hohen Breiten. Es kann eine Körperlänge von fünf oder gar sechs Metern und ein Gewicht von anderthalb Tonnen erreichen! Der Körper ist walzenförmig, die

Haut dick und runzlig, der Kopf vorn abgeplattet, von harten Bartborsten geziert, die Schwimmfüße fleischig; die hinteren lassen sich nach vorn klappen. Ein wichtiges Kennzeichen des Walrosses sind die Hauer, gewaltige Eckzähne im Oberkiefer, die aus den Mundwinkeln herausragen. Sowohl Weibchen wie auch Männchen tragen solche Hauer. Bei ausgewachsenen Stücken können sie eine Länge von siebzig bis achtzig Zentimetern erreichen und über vier Kilogramm wiegen. Junge Tiere tragen ein dunkelbraunes Haarkleid. Mit zunehmendem Alter wird es rötlicher und schütterer, und schließlich ist die Haut des Tieres fast völlig kahl. Hals und Brust der alten Bullen sind fast durchweg von faustgroßen Beulen und zahllosen Narben bedeckt, die vielleicht aus Kämpfen mit Rivalen stammen.

Beim Anblick eines Walrosses fragt man sich zuerst, welche Bedeutung wohl die Hauer haben mögen. Ist es eine Waffe, ein Mittel zur Verteidigung? Aber das Walroß hat keine Feinde. Eisbären wagen es mit wenigen Ausnahmen nicht, den Koloß anzugreifen. Im Süden der Arktis kommen Raubwale vor, der Schwert- oder Mörderwal, der Verheerungen unter den Walroßherden anrichtet. Aber auch in diesem Falle versucht das Walroß zu fliehen und „denkt" nicht daran, sich mit seinen Hauern zu verteidigen. Unter normalen Bedingungen sind die Hauer also keine Verteidigungswaffe, obgleich verwundete Tiere sie auch bei einem Angriff auf eine Schaluppe oder Baidara von Tierfängern gebrauchen. Man hat die Vermutung geäußert, daß die Hauer eine Art Senkblei darstellen, das den Tieren das Tauchen in große Tiefen erleichtert. Aber dieses „Senkblei" bleibt ja nicht am Meeresgrund und müßte dem Tier das Auftauchen in gleichem Maße erschweren, wie es ihm das Tauchen erleichtert! Außerdem könnte ein Gewicht von nur wenigen Kilogramm einem so gewaltigen Tier das Tauchen kaum merklich erleichtern.

Das Walroß benutzt die Hauer häufig, um eine hohe Eisscholle oder einen Felsen zu erklimmen, oder auch im Kampf mit einem Rivalen. Es kann mit ihnen auch eine dünne Eisdecke auf einem Wasserloch zertrümmern. Hauptsächlich sind die Hauer jedoch dazu bestimmt, den Meeresgrund bei der Nahrungssuche zu durchwühlen.

Auf den Neusibirischen Inseln wurde ich einmal Zeuge eines

überaus interessanten Schauspiels. Es war ein ruhiger Sonnentag, in einer großen Wake unterhalb des Ufers tauchten ab und zu die Köpfe stattlicher Walrosse auf. Da ich annahm, die Tiere seien auf Nahrungssuche, eilte ich zum Meer und legte mich an den Rand des Eises. Im höchstens zehn Meter tiefen klaren Wasser konnte ich, besonders im Schatten der Eisscholle, die Bewegungen der Tiere recht gut erkennen.

Die Walrosse suchten tatsächlich Nahrung. In meinem Blickfeld befanden sich ständig zwei bis drei dieser Riesen, die sich völlig gleich verhielten. Nachdem sich ein Walroß über Wasser einen Vorrat an Luft in die Lungen gepumpt hatte, tauchte es fast senkrecht nach unten und begann den Grund „umzupflügen". Die Hauer verschwanden dabei zeitweilig vollständig im Meeresgrund. Schwimmend oder auf der Stelle „stehend", bewegte das Walroß dabei heftig den Hals. Wenn es mit den Hauern große Stücke Meeresboden losriß, stiegen um das Tier herum ganze Wölkchen Trübe auf. Wenn das Tier eine zwei, drei und mehr Meter lange Furche gezogen hatte, machte es einige mir unverständliche Bewegungen. Es reckte die vorderen Schwimmfüße wie Arme vor, rieb Flosse an Flosse und tauchte hoch; dabei hinterließ es eine Spur in Gestalt eines Streifens Trübe im Wasser. Bevor das Tier jedoch die Oberfläche erreicht hatte, ließ es die Flossen sinken und tauchte erneut ab, drehte dabei den Hals hin und her und fischte etwas aus dem Wasser.

Ich versuchte zu begreifen, was das zu bedeuten hatte, und erinnerte mich, daß sich die Zoologen schon seit eh und je über folgendes wundern: Die Mägen erlegter Walrosse waren in der Regel mit Weichteilen von Mollusken gefüllt, die manchmal noch so gut erhalten waren, daß man die Arten bestimmen konnte. Andererseits enthielten die Mägen keinerlei Reste von Kalkschalen. Wie bringt es das Walroß nur fertig, in kurzer Zeit unter Wasser nicht nur diese tüchtige Portion Nahrung zu sammeln, sondern sie auch noch so gründlich zu säubern, daß die Weichteile der Mollusken unbeschädigt bleiben?

Nachdem ich etwa eine Stunde auf der Eisscholle gelegen hatte, wurde mir endlich klar, wie die Walrosse fressen. Die aus dem Boden gewühlten Mollusken nahmen sie nicht mit dem Maul, sondern mit den breiten, beweglichen Vorderflossen auf. Sie erwischten dabei natürlich auch eine Menge Schlamm. Als das Tier das erste Mal zur Oberfläche auftauchte, zerrieb es mit den Schwimmfüßen die Beute und zertrümmerte dabei die Schalen. Als es dann die „Arme“ ausbreitete, fielen die Schalen leicht ab und sanken zuerst auf den Grund. Die von den Schalen gesäuberten Weichteile sanken wesentlich langsamer, sie fischte das Walroß aus dem Wasser, als es erneut hinabtauchte. Erst wenn das Tier sich Nahrung beschafft hatte, tauchte es zur Wasseroberfläche auf. Jetzt war mir auch klar, weshalb die Innenflächen der Schwimmfüße rauh wie Reibeisen oder Mühlsteine sind. Bei der Nahrungsaufnahme werden auch die dichten Bartborsten benutzt. Sie erleichtern dem Tier sehr das Herausfiltern der gesäuberten Mollusken aus dem getrübten Wasser, besonders in der Polarnacht oder überhaupt bei schlechten Lichtverhältnissen.

An diesem Tag hatte ich nicht nur die seltene Gelegenheit, zu beobachten, wie diese Tiere ihre gewaltigen Hauer unter Wasser wie einen Pflug gebrauchen, ich konnte auch beurteilen, mit welcher Gewandtheit, Schnelligkeit und Exaktheit sich diese an Land so unbeholfenen Tiere im Wasser bewegen.

Aber nicht alle Walrosse ernähren sich von Mollusken, Krebsen und anderem kleinen Getier. Es gibt unter ihnen auch Räuber, die lieber Ringel- und Bartrobben jagen und sogar Boote mit Menschen angreifen. Die Tschuktschen nennen solche Tiere „Keljutsch“, sie erkennen sie schon von weitem und fürchten sie sehr. Es heißt, ihre Hauer sind gelb, als seien sie geräuchert, manchmal abgebrochen oder weisen mit den Enden stark nach außen. Die Hauer „normaler“ Walrosse sind weiß, leicht gelblich getönt und wachsen mehr oder weniger parallel. Die Haut der „Robbenfresser“ ist mit Narben und verheilten Schnitten bedeckt, ihr Fleisch mit Fettschichten durchwachsen. Nach Ansicht der Tschuktschen und Eskimo hat so ein Keljutsch früh seine Mutter verloren und muß sich von dem ernähren, was ihm erreichbar ist — von Fisch, toten Robben und anderem ungewöhnlichem Futter. Eine solche Annahme ist durchaus logisch, denn ein junges Walroß hat keine Hauer, kann folglich den Grund nicht durchpflügen und kommt nicht an die Mollusken heran. Man kann sich vorstellen, daß auch solche Walrosse zu Räubern werden, deren Hauer mißgestaltet oder abgebrochen sind. Begreiflich ist auch, weshalb ein Keljutsch gelbe

Hauer hat, denn da er damit nicht „pflügt", „putzt" er sich auch nicht laufend die Zähne.

Die meisten Zoologen klassifizieren das Walroß als einzigen Vertreter der gleichnamigen Familie innerhalb der Unterordnung der Robbenverwandten. Wie die übrigen Familien dieser Unterordnung — die Seehunde, Ohrenrobben (zu letzteren gehören die Seebären und Seelöwen) — stammen die Walrosse von den Landraubtieren ab; Einzelheiten ihrer Abstammung sind jedoch unklar. Es ist lediglich bekannt, daß der älteste Vorfahre, das Urwalroß, im Tertiär lebte (fossile Reste wurden in Nordamerika gefunden) und dem Körperbau nach den Ohrenrobben nahestand. Die Seebären, das heißt die Pelzrobben, und Seelöwen stellen die Zoologen wiederum in die Nähe der Bären. Demnach sind die beiden Riesen der Arktis — der Eisbär und das Walroß — entfernte Verwandte.

Innerhalb des Verbreitungsgebiets bilden die Walrosse mehrere selbständige Herden. Die größte, zu der auch die Tiere von der Wrangel-Insel gehören, bewohnt heute das Beringmeer und die Tschuktschensee. Den Winter verbringen diese Walrosse in den eisfreien Teilen und am Eisrand des Beringmeeres. Die zweite Herde ist auf die sowjetische Arktis beschränkt und bleibt das ganze Jahr über in der Laptewsee und in der Ostsibirischen See. Schließlich trifft man Walrosse auch in den an den Atlantik grenzenden arktischen Gewässern — in der Barentssee und der Karasee, an den Küsten Grönlands und Ostkanadas an. Die Vertreter dieser Herden werden von den Zoologen drei verschiedenen Unterarten zugerechnet: dem Pazifischen Walroß — es ist das größte mit den längsten und stärksten Hauern —, dem Laptew-Walroß und dem Atlantischen Walroß.

Walrosse bevorzugen Küstengewässer oder Flachwassergebiete. Im Vergleich zu echten Robben sind sie weniger gut dem Leben im Wasser angepaßt. Die Ringelrobbe zum Beispiel kann zwanzig Minuten tauchen, das Walroß nur zehn. Dennoch können sich diese riesigen Tiere ihr Futter aus einer Tiefe von fünfundsiebzig bis achtzig Meter holen. Andererseits meiden die Walrosse geschlossene Eisfelder, denn die Krallen an den Schwimmfüßen sind klein, so daß sie sich nicht wie die Ringelrobben Atemlöcher kratzen und offenhalten können. Solange das Eis nur sieben, acht Zentimeter stark ist, kann das Walroß es noch mit dem Kopf durchstoßen, dickeres jedoch nicht. Gerät es aber auf geschlossene Eisfelder, kann es über weite Strecken hinweg zu offenem Wasser kriechen und findet es genau wie der Eisbär mit Sicherheit, als besäße es dafür einen besonderen Sinn. Es kriecht natürlich sehr langsam, wobei es sich mit dem ganzen Körper ruckartig bewegt und dabei an eine gewaltige Raupenkette erinnert, aber es kann auf diese Weise manchmal Dutzende Kilometer zurücklegen und dabei Packeiswälle oder sogar ausgedehnte Strecken festen Landes überwinden.

Walrosse halten sich viel auf festem Land oder Eis auf. Hier ziehen sie die Jungen auf, wechseln das Haarkleid, hier ruhen und schlafen sie. Im Gegensatz zu den echten Robben sind sie nicht für eine bestimmte Zeit an festen Boden gebunden, sondern das ganze Jahr über. Auch hierin zeigt sich die nur relativ schwach ausgebildete Fähigkeit der Anpassung an ein Leben im Wasser.

Über ihre jahreszeitlichen Wanderungen ist nur wenig bekannt. Man weiß lediglich, daß die Tiere der pazifischen und der atlantischen Herde im Herbst mit wenigen Ausnahmen nach Süden wandern und den Winter am Eisrand verbringen. Sie leben also das ganze Jahr über in Treibeisfeldern, wo sie ungehindert das Wasser erreichen und häufig auch festes Land aufsuchen können.

Am wenigsten ist die Biologie der Walrosse aus der Laptewsee und der Ostsibirschen See bekannt. Sie halten sich nicht nur im Sommer, sondern auch im Winter in hohen Breiten auf. Im Juli/August sammeln auch sie sich an Liegeplätzen auf dem Land — an der Ostküste der Taimyr-Halbinsel, an der Lenamündung und auf den Neusibirischen Inseln. Wenn sich Randeis bildet, wandern die Tiere ins Meer ab, und hier verlieren sich ihre Spuren. Man kann nur vermuten, daß die Große Sibirische Wake — ein auch im Winter eisfrei bleibendes Gebiet im Arktischen Ozean — in ihrem Dasein eine bedeutende Rolle spielt, daß sie hier den Winter verbringen. Im zeitigen Frühjahr beobachten Piloten manchmal an dieser Wake kleine Gruppen von Walrossen. Die Tiere liegen, dick mit Reif bedeckt, dicht zusammengedrängt. Man hat festgestellt, daß sie dabei wenigstens anderthalb Meter dicke alte Eischollen bevorzugen und sich meist auf den dem Meer zugewandten Eisrand legen, wo sie weniger Gefahr laufen, vom Eis eingeschlossen zu werden.

Und trotzdem geraten Walrosse gelegentlich in solche Eisfallen. Wenn sie sich dann plötzlich, weit vom offenen Wasser entfernt, inmitten ausgedehnter zusammengeschobener Eisfelder befinden, überwintern sie mitunter an Eislöchern, die sie sorgfältig offenhalten. Diese Löcher sehen anders aus als die Atemlöcher der Ringelrobben. Sie haben einen Durchmesser bis zu einem Meter und an ihren Rändern einen dicken Eiswall. Das driftende Eis entführt die eingeschlossenen Tiere nicht selten bis tief in die Zentrale Arktis, ja sogar in die Nähe des Nordpols. Dieser Walrosse harrt ein trauriges Schicksal, denn in großen Tiefen kommen sie nicht bis auf den Meeresgrund und an ihre Nahrung heran. Die in hohen Breiten überwinternden Walrosse müssen natürlich auch extrem niedrige Temperaturen ertragen. Augenzeugen berichten, daß die Haut dieser Tiere so hart gefroren ist, daß selbst eine scharf geschliffene Stahlharpune daran abrutscht. Wenn sich ein Tier erhebt, knirschen die starren Schwimmfüße und poltern, wenn es sich bewegt, über das Eis. Wie schwer die Folgen der Erfrierungen für die Walrosse sind, ist schwer zu sagen, denn Fett und Muskeln behalten unter der gefrorenen Haut die normale Temperatur.

Im März/April erfolgt der Haarwechsel. In dieser Zeit werfen die Weibchen die Jungen, und die Paarungszeit beginnt.

Das Neugeborene hat eine Länge von etwa einem Meter und wiegt bis zu vierzig Kilogramm. Im Gegensatz zu jungen Robben ist es nur spärlich behaart und gegen die Kälte hauptsächlich durch die Unterhautfettschicht geschützt. Die Mutter ist überaus besorgt um ihr Junges. Selbst wenn sie verwundet wurde, umfaßt sie es mit einer Vorderflosse und bemüht sich unterzutauchen. Wurde das Junge getötet, stößt sie es von der Eisscholle und nimmt es mit sich. Sehr lange, fast zwei Jahre, betreut die Mutter ihr „Kleines", wenn dieser Ausdruck auf ein Tier anwendbar ist, das mit seinem Eintritt ins selbständige Leben eine Länge von zweieinhalb Metern und ein Gewicht von fast fünfhundert Kilogramm erreicht hat. Über ein Jahr lang wird das Junge nur mit Muttermilch ernährt, denn bei einem einjährigen jungen Walroß ragen die Hauer kaum aus dem Maul, und die Nahrung der ausgewachsenen Tiere ist für das Junge noch nicht erreichbar.

Die Walroßbullen kümmern sich überhaupt nicht um die Jungen. In der kurzen Paarungszeit kämpfen die Rivalen erbittert miteinander, wobei die Hauer in Aktion treten — davon zeugen die gräßlichen Narben an Hals und Brust. Doch bald sondern sich die Bullen von den Kühen ab und bilden eigene Liegeplätze. Vergessen sind dann die kürzlichen Streitigkeiten.

Der Walroßbestand wächst nur sehr langsam. Die Weibchen werden erst im vierten Lebensjahr geschlechtsreif, Bullen ein Jahr später. Die Walroßkuh wirft nur einmal in drei Jahren jeweils ein Junges. Die geringe Zuwachsrate wird jedoch durch die hohe Lebenserwartung der Tiere ausgeglichen. Sie können ein Alter von fünfundzwanzig bis dreißig Jahren erreichen, aber es ist nicht ausgeschlossen, daß einige Tiere bis vierzig Jahre alt werden.

In der Natur hat das Walroß praktisch keine Konkurrenten. Muscheln und Krustazeen frißt zwar auch die große Bartrobbe. In der Artenzusammensetzung unterscheidet sich jedoch deren Nahrung von der der Walrosse. Außerdem ist in der Nahrung der Bartrobbe der Anteil an Fischen recht beachtlich, aus denen sich das Walroß überhaupt nichts macht. So nutzen diese Riesen der Arktis die Gaben des Meeresgrundes fast vollständig.

Seuchen oder schwere Krankheiten des Walrosses sind ebenfalls nicht bekannt. Es ist möglich, daß manchmal Tiere durch Endoparasiten im Magen, Dünndarm oder in der Leber eingehen. Viel zu schaffen machen ihnen zweifellos auch Ektoparasiten, die „Walroßläuse", die sich an den Barthaarwurzeln und in tiefen Hautfalten festsetzen. Um sich von den Quälgeistern zu befreien, wälzen sich die Tiere auf dem Eis oder festem Land hin und her und scheuern sich an Eisschollen oder Felsbrocken. Dabei erdrücken die ausgewachsenen Tiere manchmal auf dem Liegeplatz Jungtiere. Schließlich kommen auch Junge vor Hunger und Erschöpfung um, wenn sie ihre Mutter verloren haben.

Schon in grauer Vergangenheit war das Walroß den Bewohnern der Eismeerküste sicher gut bekannt. So finden Archäologen zum Beispiel auf der Tschuktschen-Halbinsel an Siedlungsstätten der Vorfahren der heutigen Tschuktschen und Eskimo gut erhaltene Reste von Harpunen, mit denen die Jäger des Paläolithikums die Tiere erlegten, ferner aus Walroßhauern geschnitzte Skulpturen oder mit feinen verschiedenartigen Ornamenten verzierte Hauer. Das Walroß, oder zumindest dessen Hauer, waren seit alter Zeit auch schon in Westeuropa bekannt. Eine der frühesten Nachrichten haben wir von dem normannischen Fürsten Othar. Zwischen 870 und 890 fuhr er nach Biarmien (zur Halbinsel Kola und vielleicht auch zum Weißen Meer), wo er auf Walrosse Jagd machte und ihre Hauer erbeutete. Der schlichte Bericht dieses Seefahrers, nach dessen Worten vom englischen König Alfred dem Großen aufgezeichnet, ist uns überliefert. Im 10. Jahrhundert gelangten Walroßhauer aus Grönland nach Europa, und zwar durch skandinavische Siedler, die sich auf Grönland niedergelassen hatten. Hundert bis zweihundert Jahre später wurden die russischen Eismeerküstenbewohner, die Pomoren, die Hauptlieferanten von „Fischzähnen", wie man damals die Walroßhauer nannte. Sie machten im Weißen Meer, auf Grumant (Spitzbergen), auf Matka (Nowaja Semlja) und später auch auf der Tschuktschen-Halbinsel auf Walrosse Jagd.

Trotzdem blieb bis ins späte Mittelalter hinein das Walroß in der zivilisierten Welt Gegenstand zahlloser phantastischer Berichte und Beschreibungen, in denen das fürchterliche Äußere, die ungewöhnliche Wildheit und Grausamkeit des Tieres geschildert wurden. Man erzählte sich unglaubliche Geschichten über Methoden der Jagd auf diese Polarriesen. Noch im 16. Jahrhundert berichtete der durchaus aufgeklärte schwedische Kartograph und Missionar Olaus Magnus, daß die Walrosse mit Hilfe ihrer Hauer hohe Felsen erklömmen und, wenn sie sich in Spalten verhakt hätten, stundenlang in der Luft hingen. Just in dem Moment würden, so berichtet Magnus, die Jäger kommen, den Tieren von Rücken und Flanken lange Hautstreifen herausschneiden und deren Enden an den Felsen befestigen. Darauf weckten sie die Tiere, indem sie sie mit Steinen bewürfen. Wenn sie dann erwachten, stürzten sie sich ins Meer und ließen ihre Haut bei den Jägern zurück.

Wohl um keine andere Tierart hat sich die Phantasie so sehr erhitzt wie um das Walroß. Davon zeugen in gewissem Maße auch die zahlreichen Namen, unter denen dieses Tier im Altertum bekannt war. Othar nannte es Meeresroß oder Roßwal (*Horsvälum*). Tatsächlich hat es auf festem Lande eine entfernte Ähnlichkeit mit einem

Pferd. Besonders der stark gekrümmte Hals, der Rücken und in gewisser Hinsicht auch der Kopf (von der Seite gesehen) wirken pferdeähnlich. Das Walroß war auch als „Seekuh" (*Vacca marina*), „Riesiges Meerschwein" (*Porcus monstruosus Oceani Carmanici*) und sogar als „Polares Flußpferd" bekannt. Die in einigen europäischen Sprachen eingebürgerten Bezeichnungen (Walroß, Walruß) entsprechen dem alten angelsächsischen Horsvälum. Die zweite in Europa verbreitete Bezeichnung Mors, auch Morsus, stammt offensichtlich vom russischen Wort für Walroß — „morsh". Wahrscheinlich entstand der Name an der von Pomoren besiedelten Weißmeerküste und hängt mit „Meer" (russ. more) zusammen.*

Das Walroß ist eins der wertvollsten Jagdtiere der Arktis. Von einem Exemplar erhält man über zweihundert Kilogramm Fett, eine riesige dicke Haut, die vor dem Gerben in mehrere Schichten gespalten werden kann, sowie rund eine Tonne Fleisch, das durchaus genießbar ist, besonders das von Jungtieren. Ohne die Walroßjagd ist das Leben der einheimischen Bevölkerung in vielen Gebieten des äußersten Nordens undenkbar. Am bekanntesten ist das Tier allerdings als Lieferant der wertvollen Hauer. Ebenso wie die Stoßzähne von Elefanten werden sie seit alters für die Herstellung verschiedener Gegenstände genutzt. Im Mittelalter galten zu Pulver zerstoßene Walroßhauer als teure Arznei. Schon zu Beginn der Kolonisation Grönlands durch Europäer im 10. Jahrhundert dienten die Hauer als Zahlungsmittel bei Handelsgeschäften. Die altrussischen Chroniken berichten, daß Lehnsfürsten neben wertvollen Pelzen und anderen teuren Geschenken auch „Fischzahn" an den Hof des Kiewer Fürsten schickten. Bis zum Beginn des großangelegten Walroßfangs im Westen der Barentssee im 17. Jahrhundert kostete ein Pfund Walroßzahn in Europa die für damalige Verhältnisse sagenhafte Summe von 25 holländischen Gulden. Ebenso hoch im Wert standen die Zähne in den Ländern des Orients — in Persien, Byzanz und in den Reichen Mittelasiens. Hier wurden sie vor allem zur Verzierung von Messern und Dolchen verwendet.

---

* Etymologische Untersuchungen haben ergeben, daß russ. morsh aus saamisch (lappisch) morša entlehnt ist, das als morse auch ins Englische und Französische übernommen wurde (*d. Übers.*).

Es ist deshalb nicht verwunderlich, daß die Hauer der Walrosse schon immer eine lockende Jagdbeute für Jäger und Tierfänger waren. Die russischen Pomoren unternahmen auf der Suche nach dem „Fischzahn" mühevolle Seefahrten durch die arktischen Meere und wagemutige Reisen nach Sibirien.

Im 15. und 16. Jahrhundert erfaßte der Walroßfang bereits den größten Teil der Vorkommen im Weißen Meer und in der Barentssee. Die Jagd auf Walrosse und das Sammeln des Walroßelfenbeins entwickelten sich zu einem vom Vater auf den Sohn vererbbaren Erwerbszweig vieler Pomorenfamilien in Cholmogory, Mesen, Pinega, Pustosersk und anderen Siedlungen, zu einem wichtigen Wirtschaftszweig der Klöster im Küstengebiet. Ab Mitte des 17. Jahrhunderts brachten russische Landfahrer („Semleprochodzy") regelmäßig wertvollen „Fischzahn" aus Nordostsibirien mit. Im Jahre 1646 drang der Kosak Issai Ignatjew erstmalig bis zur Nordküste der Tschuktschen-Halbinsel vor. Er brachte auch als erster eine Partie Walroßhauer nach Jakutsk, die er bei den Tschuktschen eingetauscht hatte. Sechs Jahre später fand die bekannte Umsegelung der Tschuktschen-Halbinsel durch Semjon Deshnew statt. Dabei machte er eine bedeutende geographische Entdeckung, er fand die Meerenge zwischen Asien und Amerika. Als seine wichtigste Entdeckung sah Deshnew selbst jedoch den Fund ausgedehnter Walroßliegeplätze und Ansammlungen von Walroßhauern verendeter Tiere in der Anadyrmündung an.

Große Aufmerksamheit schenkte man der Gewinnung von „Fischzahn" sowie dem Walroßfang auch in der Hauptstadt des Russischen Staates. Bereits im 15. Jahrhundert wurde in Rußland der Handel mit Walroßzähnen zum Staatsmonopol erklärt. Leute im Staatsdienst hatten die gesamte Ausbeute an „Elfenbein" an den Fiskus abzuführen, von den übrigen Fängern wurde der „Zehnte" erhoben. Durch spezielle Verordnungen der in Moskau gegründeten Sibirien-Behörde wurden die Qualitätsstufen von „Fischzahn" exakt festgelegt. Ein Hauer mußte „mindestens eine Griwenka wiegen" (etwa 400 Gramm), es wurden „große und mittlere Zähne" unterschieden und schließlich auch „von zwei Köpfen ein Pud oder acht Zähne auf das Pud" (also Hauer mit einem Gewicht von je zwei bis vier Kilogramm; diese wurden stückweise berechnet). Sogar in Jakutsk zahlte der Staat im 17. Jahrhundert den

Fängern fünfzehn bis zwanzig Rubel für jedes Pud Hauer (ein Pud = 16,38 kg).

Mit der Ausweitung des Walroßfangs besonders im Nordatlantik sanken allmählich die Preise für Walroßzähne. Aber auch heute noch finden sie ihre Käufer. Sie werden als Souvenir von Arktis-Touristen gern gekauft, wobei heute ein Paar guter Hauer in Alaska etwa dreißig Dollar kostet. In der ganzen Welt beliebt sind die von im Norden beheimateten Künstlern geschnitzten Tierfiguren, Broschen und anderer Schmuck aus Walroßzähnen sowie in die Hauer eingravierte Zeichnungen. Besonders bekannt sind die Elfenbeinschnitzer von der Tschuktschen-Halbinsel, deren „Hauptquartier" sich in Uelen in der Nähe der Beringstraße befindet, sowie die Elfenbeinschnitzer aus Cholmogory — Nachfahren von Pomoren — im Gebiet Archangelsk.

Die europäischen Walroßfänger verwerteten gewöhnlich auch die Kadaver der Tiere. Seit alters wußte man Fett und Häute zu verwenden. So ist zum Beispiel bekannt, daß beim Bau des Kölner Doms Riemen aus Walroßleder benutzt wurden, die von den russischen Pomoren geliefert worden waren. Hier und da setzen auch heute noch Treibriemen aus Walroßleder Werkbänke in Betrieb.

Mit jedem Jahr nimmt die Nachfrage nach lebenden Walrossen zu. Sie ertragen die Gefangenschaft gut, können im Zoo zehn Jahre und älter werden und sind dort ständig von Besuchern umringt. Diese Art Nutzung von Walrossen reicht übrigens weit in die Vergangenheit zurück. Bereits 1606 traf in England ein lebendes Walroßjunges ein, das Jäger auf der Bäreninsel gefangen hatten. In die zoologischen Gärten gelangen auch heute noch vorwiegend junge Tiere im Alter von wenigen Monaten. Gelingt es, sie an die ungewohnte Kost zu gewöhnen und aufzuziehen, zeigen sie in der Gefangenschaft außergewöhnliche Fähigkeiten und sind den Tierpflegern gegenüber sehr anhänglich. Leider können die Zoobesucher auch bei ausgewachsenen Tieren deren größten Schmuck, die Hauer, nicht bewundern. In den Zoos werden die Tiere nämlich in betonierten Becken gehalten. Obwohl nun die Walrosse hier mit Fisch gefüttert werden, bleibt noch der Reflex, den Grund aufzuwühlen, bei ihnen erhalten. So kommt es, daß sie ihre Hauer an dem Betonboden restlos abwetzen. Dies ist übrigens auch die hauptsächliche Todesursache von Walrossen in Gefangenschaft, denn durch das Abwetzen bilden sich in den Zähnen Entzündungen aus.

Walrosse werden natürlich nicht so gejagt, wie sich Olaus Magnus das vorstellte. Die heutigen Fänger und auch die Jäger der Wrangel-Insel, die mit großkalibrigen Gewehren ausgerüstet sind und mit Motorbooten aufs Meer hinausfahren, kostet es keine große Mühe, die Tiere zu erlegen. In der Vergangenheit jedoch war die Jagd ohne Feuerwaffen und erst recht ohne eiserne Speere und Harpunen schwieriger, auch wenn die Tiere früher vor dem Menschen weniger Furcht zeigten. Ein Pfeil oder ein Speer mit einer Feuerstein- oder Knochenspitze mußte die zwei bis drei Finger dicke zähe Haut und die elastische Unterhautfettschicht durchdringen und an den massiven Knochen vorbei genau das Herz treffen. Selbst mit stählernen Jagdgeräten bezwangen die Jäger diese Riesen nicht in jedem Fall. Das bezeugt in beredter Weise die Schilderung von de Veer, einem Begleiter von Willem Barents auf der Reise nach Nowaja Semlja gegen Ende des 16. Jahrhunderts: „Die Seeleute dachten, daß sich die Walroßherde, die auf dem Sand lag, auf festem Land nicht verteidigen könne, und griffen die Tiere an, um sich in den Besitz der Hauer zu bringen, aber sie zerbrachen nur ihre Äxte, Beile und Speere, ohne auch nur ein einziges zu töten. Nur einem konnten sie einen Zahn ausschlagen, den sie mitnahmen. Da sie bei diesem Kampf keinerlei Erfolge hatten, beschlossen sie, zum Schiff zurückzukehren, um Kanonen zu holen und mit diesen die Walrosse anzugreifen. Es kam jedoch ein heftiger Wind auf, der das Eis zertrümmerte, so daß man von seinem Vorhaben ablassen mußte.“ (Aus dem Russ. rückübersetzt.)

Übrigens hatten schon lange vor Barents’ Seereise die russischen Pomoren sehr brauchbare Methoden für den Fang von Walrossen entwickelt, die von Generation zu Generation, vom Vater auf den Sohn weitergegeben wurden. Meist versuchten sie, die Tiere zu erwischen, wenn sie am Ufer schliefen. Sie pirschten sich vom Meer her an den Liegeplatz heran und fielen dann überraschend über die Tiere her. Dabei suchten sie zuerst die am Rande liegenden zu töten, damit die übrigen immer weiter auf das Ufer getrieben wurden, wo sie verhältnismäßig hilflos waren. Die Pomoren jagten die Walrosse mit Speeren, mit schmaler Spitze oder mit Hilfe von einfachen Harpunen, an deren Ende jeweils ein langes Seil oder ein Riemen, Obor

Trottellummen

Zu vielen Tausenden nisten Möwen, Lummen usw. auf den arktischen „Vogelbasaren“

Eine Herde wilder Rentiere flüchtet vor unserem Hubschrauber

Mit Dunen ausgelegtes Gansgelege

Für Ostsibirien typische Torfhügeltundra mit Hydrolakkolithen, deren Inneres einen Eiskern aufweist. Diese „Erdbülten" sind bevorzugte Nistplätze der Schnee-Eule

Die Schnee-Eule nährt sich hauptsächlich von Lemmingen

genannt, befestigt waren. An das andere Ende des Obor wurde ein leeres verschlossenes Faß gebunden, das als Schwimmer diente; so konnte ein getötetes Tier nicht untergehen. Ähnliche Methoden der Jagd auf Walrosse auf Liegeplätzen wandten bis in die jüngste Vergangenheit auch die Tschuktschen und Eskimo an.

Mit der Vervollkommnung der Feuerwaffen gab man der Jagd auf dem offenen Meer oder im Treibeis immer mehr den Vorzug. So wird im wesentlichen auch heute noch das Walroß gejagt. Die Jäger fahren in ledernen Kajaks oder hölzernen leichten Schaluppen an die Herde heran, schießen auf ein schwimmendes Tier, das sie nach Möglichkeit nur verwunden und dann harpunieren. An der Harpune befestigte Schwimmer aus Robbenfellen oder aus eisernen Tonnen verhindern, daß die Beute untergeht. Das Tier verendet dann durch Verbluten oder durch Fangschüsse. Tiere, die auf dem Eis liegen, versuchen die Jäger mit einem Schuß zu töten.

Man kann nicht sagen, daß heute der Walroßfang leicht und völlig ungefährlich wäre. Viele Schwierigkeiten bereitet den Jägern die rauhe See. Stundenlang schlagen eiskalte Wellen über das Boot, das Eis droht den Kajak oder die Schaluppe zu zermalmen. Eine schwere Arbeit ist auch das Zerlegen der riesigen Kadaver. Dazu kommt beständig die Gefahr, daß ein verwundetes Tier das Boot angreift und mit den Hauern an Boden und Wände schlägt und den Überzug des Kajaks durchbohrt. Die Ruderer erschrecken, und ihnen sogar zu einem Bad verhelfen kann auch ein gesundes Tier. Hin und wieder kommt es vor, daß ein Walroß an ein Boot heranschwimmt, die Hauer über Bord schwingt und sich an die Bootswand hängt. Neugier ist offensichtlich nicht nur dem Menschen eigen. Ein verwundetes und wütendes Tier wird erst recht zur Gefahr. Nach Meinung der Jäger fürchten sich Walrosse vor Blut und überhaupt vor allem, was von roter Farbe ist. Aus diesem Grunde auch sieht man bei Tschuktschen Boote mit außen rot gestrichenem Boden. Die Tschuktschen glauben, daß solche Boote weniger Gefahr laufen, von Walrossen angefallen zu werden. Es kommt vor, daß die Jäger beim Zerlegen getöteter Tiere auf Eisschollen regelrecht belagert werden. Walrosse besitzen einen stark ausgeprägten Gemeinschaftssinn, deshalb versuchen sie, ihren Artgenossen zu helfen, den Menschen die toten Tiere abzujagen und ins Meer zu stoßen. Den Jägern bleibt in dieser Situation nur ein

Ausweg — das Feuer auf die sie belagernden Tiere zu eröffnen.

Der über Jahrhunderte sich immer mehr verstärkende Walroßfang mußte sich natürlich auf den Tierbestand auswirken. Noch vor nicht allzu langer Zeit war das Verbreitungsgebiet der Art bedeutend größer als heute. Walrosse lebten nicht nur in arktischen Gewässern, wo man sie auch heute noch antrifft, sondern auch im Nordatlantik und im Nordpazifik. Wie bereits gesagt, lebten sie im Weißen Meer und zeigten sich nicht selten auch an den Küsten Schottlands, Nordnorwegens und im Ochotskischen Meer. Wahrscheinlich muß der Gesamtbestand auf der Erde ehedem riesig gewesen sein. Im 18. Jahrhundert zum Beispiel kamen allein aus dem europäischen Norden bis zu dreißig Tonnen Walroßhauer pro Jahr auf den Markt, es wurden demnach mindestens fünf- bis sechstausend Tiere pro Jahr erlegt.

Besonders rapide nahm der Bestand seit Mitte des vorigen Jahrhunderts ab, als der Grönlandwal in der Arktis schon nahezu ausgerottet war und das Walroß zum Hauptfangobjekt wurde.

Dazu einige Beispiele. Noch in den achtziger Jahren des 19. Jahrhunderts fuhren Schoner zu Dutzenden zum Walroßfang an die Küste von Nowaja Semlja. Zehn, zwanzig Jahre später gab es dort schon kaum noch Walrosse. Der heutige Gesamtbestand in der Barentssee beträgt wahrscheinlich nur wenige tausend Stück. Nicht besser ist es um die Walrosse an der Westküste Grönlands und in Ostkanada bestellt. Die Herde in der Laptewsee und in der Ostsibirischen See, die auch schon früher die kleinste war, zählt höchstens zehn- bis fünfzehntausend Tiere. An der Küste Alaskas wurden vor hundert Jahren bis zu zehntausend Exemplare im Jahre erlegt, fünfzig Jahre später nur noch ganze dreißig! Die Herde in der Tschuktschensee und im Beringmeer zählte noch im 17. Jahrhundert, also vor dem stark erweiterten gewerbsmäßigen Fang, etwa zweihunderttausend Tiere, heute sind es weniger als vierzigtausend.

Die Fangtechnik und die Jagdmethoden, die in den letzten siebzig, achtzig Jahren angewendet werden, haben verheerende Folgen gehabt — nicht nur wegen der hohen „Arbeitsproduktivität" der Jäger, sondern auch deshalb, weil sie zum sinnlosen Tod solcher Tiere führen und das ohnehin langsame Anwachsen des Bestandes noch weiter verringern. Wenn die Jagd auf dem offenen Meer erfolgt, geht der größere Teil der getroffenen Tiere unter und ist damit für die Jäger verloren. Ein Tier zu harpunieren ist nämlich bedeutend schwieriger als es zu töten. Da die Jäger vor allem den starken Bullen nachstellen, werden dadurch das normale zahlenmäßige Geschlechterverhältnis und das zahlenmäßige Verhältnis zwischen Alt- und Jungtieren in der Herde gestört.

Das Schicksal der Walrosse, besonders das der atlantischen Herde, erregt ebenso wie das des Eisbären in der Welt immer größere Beunruhigung. Würde man ihre völlige Ausrottung zulassen — und die Gefahr besteht —, büßte man eine in wissenschaftlicher wie wirtschaftlicher Hinsicht äußerst interessante Tierart ein, sind doch Walrosse nicht nur von direktem, sondern auch von indirektem wirtschaftlichen Wert. Sie auszurotten bedeutete, freiwillig auf die Nutzung der reichen Gaben des Eismeeres zu verzichten — der riesigen Molluskenvorkommen, die durch die Walrosse in den wirtschaftlichen Kreislauf einbezogen werden. An den Küsten Grönlands, in der Barentssee, im Beringmeer und in der Tschuktschensee leben auf einem Quadratmeter Meeresboden nicht selten dreihundert bis fünfhundert Gramm verschiedener Organismen, größtenteils die von den Walrossen bevorzugten Mollusken. Verlieren wir die Walrosse, die ja die Hauptverbraucher vieler Molluskenarten sind, versperren wir uns den Zugang zu diesen Reichtümern des Meeres!

Man kann nicht behaupten, daß für den Schutz der Walrosse gar nichts getan würde. In der UdSSR stellten die staatlichen Unternehmen den Walroßfang völlig ein; in begrenztem Umfang dürfen Tschuktschen und Eskimo Walrosse für den eigenen Bedarf erlegen. Verboten ist auch der Bau von Leuchttürmen und die Errichtung anderer Bauten an den Küstenliegeplätzen dieser Tiere. Es existiert das Projekt, Walrosse ins Weiße Meer umzusiedeln, um dort wieder eine Herde aufzubauen. Die von staatlichen Unternehmen betriebene Walroßjagd wurde auch in den USA, in Kanada und Norwegen eingestellt.

Die Gefahr der Ausrottung ist für diese Giganten des Eismeeres jedoch damit noch nicht abgewendet, denn der Bestand geht, wenn auch nicht mehr so schnell, aber doch stetig zurück. Dieser Tierart muß größere Aufmerksamkeit geschenkt werden, sie braucht einen wirksamen Schutz.

Schützt auch sie!

Die wirtschaftliche Erschließung der Arktis, ihres Tier- und Pflanzenbestandes, steht eigentlich erst an ihrem Anfang. Und doch sind diese Bestände bereits verarmt. In jüngerer Zeit starben der Riesenalk und die Labradorente, die Stellersche Seekuh und der Brillenkormoran aus — die letzten beiden Arten kamen allerdings nur am Zugang zur Arktis, auf den Kommandeur-Inseln, vor. Von der Ausrottung bedroht sind der Grönlandwal und der Eskimobrachvogel. Grund zur Beunruhigung gibt das Schicksal des Eisbären, des Walrosses, der Sattelrobbe, einiger nordischer Gänse- und Entenarten sowie der Bewohner der Vogelberge.

Unter dem Druck des Menschen verschwanden auch in anderen Teilen der Erde nicht wenige Tierarten. Aber die Fauna der Arktis ist ohnehin schon arm an Arten, und jeder ihr zugefügte Schaden wirkt sich besonders stark aus. Worin liegen denn nun die Ursachen für die Verwundbarkeit der arktischen Natur?

Die Arktis ist nicht groß, und die weit verbreitete Ansicht, es handle sich um ein Gebiet endloser Weiten, ist falsch. Schon von unserer Schulzeit her sind uns Landkarten in der Mercatorprojektion oder einer ähnlichen Projektion vertraut. Auf den meisten dieser Karten ist die Arktis deshalb verzerrt und viel zu groß dargestellt. Das Nordpolarmeer und seine Küsten betrachten wir gewissermaßen durch eine Lupe, während wir die übrigen Gebiete mit unbewaffnetem Auge sehen. Als Beweis mögen einige Zahlen dienen. Das arktische Festland umfaßt (auf die strittige Frage der Grenzen der Arktis soll hier nicht eingegangen werden) rund zehn Millionen Quadratkilometer, ist also etwa so groß wie Europa. Alle Inseln der sowjetischen Arktis zusammengenommen haben eine Fläche von weniger als 200 000 Quadratkilometer und damit bedeutend weniger als Staaten wie Jugoslawien oder Rumänien.

Produktivität und Verteilung der natürlichen Ressourcen, insbesondere der Tiere in der Arktis, werden durch die Eigenart der natürlichen Bedingungen geprägt. Wenn es in den Sommermonaten ständig Tag ist, laufen bei vermindertem CO_2-Gehalt in der Atmosphäre die biologischen Prozesse intensiver ab als in gemäßigten Breiten, Tiere wachsen und vermehren sich nicht selten schneller. Viele Vogelarten zum Beispiel sind in hohen Breiten den größten Teil des Polartages aktiv. Die Lummen bevorzugen, wie wir gehört haben, keine bestimmte Tageszeit und sind gleichermaßen tags und nachts aktiv. Sperlingsvögel, wie die Schneeammern, legen nur um „Mitternacht" eine kurze Ruhepause von ein bis zwei Stunden ein. Wegen der ständigen Helligkeit können arktische Vögel im Sommer für die Nahrungssuche die günstigsten Bedingungen wahrnehmen und sind dann von der Tageszeit unabhängig. So sind einige Limikolen und Möwen (darunter die Eismöwen), die sich ihre Nahrung an der Küste suchen, während der Ebbe besonders aktiv und ruhen dann während der Flut.

Infolge des verlängerten „Arbeitstages" können viele Vögel in der Arktis mehr Eier legen als in südlichen und gemäßigten Breiten. So legt der sehr verbreitete Steinschmätzer in Nordafrika gewöhnlich höchstens fünf Eier, in der gemäßigten Zone Europas höchstens sechs, in Grönland dagegen sieben oder sogar acht Eier. Der Wanderfalke hat in der Tundra meist ein Gelege von vier Eiern, im größeren Teil Westeuropas gewöhnlich drei, in Mittelasien in der Regel sogar nur zwei Eier*. Aus dem gleichen Grunde wachsen Jungvögel in der Arktis schneller und verlassen die Nester früher als in mittleren Breiten. Sehr kurz ist die Brutperiode bei der Schneegans. Junge Wanderfalken verlassen in der Arktis den Horst etwa zehn Tage früher als in Gebieten mit gemäßigtem Klima. Bei der Bachstelze ist die Entwicklung der Jungen im Norden um ein bis zwei Tage beschleunigt, aber selbst dieser „Zeitgewinn" bringt den Vögeln in hohen Breiten große Vorteile.

Gleichzeitig machen aber die ungünstigen Bedingungen im Winter — die lange Polarnacht, die harte Schneedecke, die sehr lange liegenbleibt, das Zufrieren der Gewässer, manchmal bis auf den

---

* Gleichzeitig sind für Arten, die die Arktis schon sehr früh besiedelt haben, niedrige Nachwuchsraten charakteristisch. So bestehen die Gelege der Elfenbeinmöwen und der Raubmöwen aus ein bis zwei Eiern, während die übrigen Möwenarten mehr als drei legen. Das Gelege des Zwergschwans enthält zwei bis drei Eier, die vom Sing- sowie vom Höckerschwan mehr als jeweils vier. Der Eisbär wird später fortpflanzungsfähig als der Braunbär, außerdem sind die Würfe von Eisbären kleiner. Sehr langsam vermehrt sich auch der Moschusochse usw.

Grund — die „Vorteile“ des arktischen Sommers für viele Arten wieder zunichte. Das ist auch der Grund, weshalb beispielsweise Sträucher in der Arktis so langsam wachsen. Viele Schmetterlingsarten brauchen für ihren Entwicklungszyklus nicht ein Jahr wie in den mittleren Breiten, sondern zwei, ja sogar drei Jahre. Viele nordische Fischarten wachsen langsam und werden erst spät geschlechtsreif.

Der Wechsel der Lebensbedingungen, wechselnder Anfall und Zugang zur Nahrung bewirken, daß sich Zusammensetzung und Gesicht der arktischen Fauna mit den Jahreszeiten erheblich ändern. Die meisten Vögel und ein großer Teil der hier anzutreffenden anderen Tiere wandern zum Winter ab und verlassen die ungastliche Arktis. Es gibt hier eigentlich keine Landwirbeltiere, die wirklich seßhaft sind. Im Frühjahr und Herbst ziehen sogar die Lemminge innerhalb der Tundra um.

Von etwas über hundert Vogelarten, die im Hohen Norden brüten, wagt nur ein gutes Dutzend, den Winter in der Tundra und im Nordpolarmeer zu verbringen. Auf der Wrangel-Insel überwintert lediglich der Kolkrabe. Die übrigen Vögel unternehmen meist weite und gefahrvolle „Reisen“, um in ihre Überwinterungsgebiete zu gelangen. Die meisten arktischen Limikolen verbringen den Winter in Südasien, in Afrika und sogar in Australien. Die Steinwälzer zum Beispiel fliegen vom Nordosten Asiens nach Südasien und Australien. Dort überwintern auch ihre Brutnachbarn, die Knutts. Die Graubruststrandläufer begeben sich nach Südamerika. An der dortigen Pazifikküste verbringen auch die auf der Wrangel-Insel brütenden Thorswassertreter den Winter. In den Winterquartieren halten sich Strandläufer und andere Limikolen genau wie in ihrer Brutheimat an Meeresküsten, an Flußläufen, an Ufern von Seen und Sümpfen auf. Raubmöwen und Dreizehenmöwen verteilen sich in den Wintermonaten über die Weiten des Pazifik. Eiderenten überwintern am Eisrand im Beringmeer, wo sie sich mit ihren „Landsleuten“, den Lummen, treffen.

Bemerkenswert weite Flüge unternehmen die Küstenseeschwalben. Diese Vögel haben die Beringstraße noch nicht „entdeckt“. So fliegen sie von den Nordküsten Europas und Asiens, einschließlich der Wrangel-Insel, nach Westen, umrunden Westeuropa und Westafrika und erreichen dann die Antarktis, wo sie den Winter verbringen. So fliegen diese Vögel zweimal im Jahr um die halbe Erde und verbringen den größeren Teil ihres Lebens dort, wo die Sonne nicht untergeht.

Mit Beginn des Winters setzt eine Massenwanderung von Rentieren aus der Tundra nach Süden ein. Wie Hirten folgen ihnen die Wölfe. Die Polarfüchse wandern entweder über zugefrorene Flüsse südwärts oder, wie auf der Wrangel-Insel, aufs Meereis. Hier halten sie sich am Eisrand oder an Eislöchern auf und ernähren sich von dem, was das Meer anschwemmt, oder sie werden Gefährten der Eisbären.

Im Frühjahr streben dann all diese Vögel und vierbeinigen Wanderer aus ihren fernen und nahen Winterquartieren zurück in die Tundra, an die Küsten des Eismeeres, um die Gaben der arktischen Natur zu nutzen und in dem kurzen Sommer ihre Jungen aufzuziehen.

Die Lebensbedingungen der Organismen sind in den verschiedenen Teilen der Arktis ebenfalls unterschiedlich. Während große Räume fast ohne Leben sind, entwickelt sich in einigen „Oasen" das Leben in überraschend reicher Vielfalt.

Überhaupt konzentriert sich das Leben in der Arktis im Sommer vorwiegend auf Flußtäler und Senken zwischen Gebirgen. Dort entwickelt sich eine besonders üppige und artenreiche Vegetation, folglich finden hier pflanzenfressende Tiere die meiste Nahrung und Vögel den besten Schutz. Die Hänge der Flußtäler werden im Frühjahr zuerst schneefrei, und die Vegetation sprießt hier früher als anderswo. Steile Flußufer sind in der Tundra die einzigen erhöhten Punkte, wo Greifvögel brüten können — der Rauhfußbussard und der Wanderfalke. In die Hänge der Flußtäler, wo der Boden tiefer auftaut, graben Polarfüchse ihre Baue, die reichlich vorhandene Nahrung — Nager und Vögel — lockt sie an. Die von Gletschern und Schuttfeldern bedeckten Teile der Arktis sind fast ohne Leben, sie kann der Zoologe bei der Berechnung der Gesamtfläche des festen Landes der Arktis getrost unberücksichtigt lassen. Sehr wenige Tiere leben auch in der trockenen, nur stellenweise mit spärlicher Vegetation bestandenen Fleckentundra, in den arktischen „Halbwüsten".

Für die Arktis ist sehr charakteristisch, daß das feste Land, je weiter man nach Norden kommt, immer ungastlicher und nahrungsärmer wird und das Leben sich immer stärker an den Gewässern konzentriert. Bereits in der Unterzone der Moos- und Flechtentundra und besonders in der arktischen Tundra* sind zahlreiche Süßwasserbecken und der Küstenstreifen des Meeres reich an Leben, während auf dem festen Lande die Nahrungsmenge begrenzt ist. Nicht zufällig überwiegen unter den Vögeln dieser Gebiete die Sumpf- und Wasservögel — Möwen, Enten und Schnepfenvögel. In den hohen Breiten der Arktis ernährt hauptsächlich das Meer die ohnehin wenigen Tierarten. Die Schneeammer zum Beispiel ist im Süden der Arktis ein ausgesprochener Landvogel, im äußersten Norden des festen Landes dagegen ist sie im Frühjahr gezwungen, ein halbes „Meeresdasein" zu führen und die an den Rand der Waken gespülten Krebschen zu sammeln. Sogar die Rentiere auf Spitzbergen leben im Winter zu einem erheblichen Teil von den „Gaben des Meeres" und fressen die durch Stürme ans Ufer gespülten Wasserpflanzen.

Die Tierwelt der Arktis wechselt auch von einem Jahr zum anderen sehr stark ihr Gesicht. Auf dem festen Land sind diese Veränderungen hauptsächlich klimatisch bedingt. Wenn der vorausgegangene Winter relativ warm und das Frühjahrshochwasser unbedeutend war und auch kein Glatteis auftrat, gibt es im Sommer in der Tundra in großer Zahl Lemminge und stellenweise auch andere kleine Nager, von denen sich alle Raubtiere und Vögel ernähren. Selbst ein so ausgesprochener „Vegetarier" wie das Rentier läßt dann nicht die Gelegenheit aus, sich einen Lemming schmecken zu lassen. In Jahren mit einer Massenvermehrung von Nagern brüten verstärkt Schnee-Eulen, Raubmöwen und Rauhfußbussarde. In solchen Jahren haben auch Gänse, Schneehühner, Strandläufer und andere Vögel gute Bruterfolge, denn ihre Feinde sind gut mit Futter versorgt und kümmern sich weniger um Vogeleier und Küken. In solchen Jahren haben auch die Polarfüchse große Würfe.

In Jahren, in denen die Nager in der Tundra fehlen („Mechanis-

* Die Tundrazone oder Subarktis untergliedern die meisten Geographen in die südliche Unterzone der Moos- und Flechtentundren und die nördliche Unterzone der arktischen Tundren. Der Streifen Strauchtundra, der die Subarktis im Süden säumt, wird manchmal zur Tundrazone, manchmal zur Waldtundra gezählt.

mus" und konkrete Ursachen für Veränderungen bei den Nagerpopulationen, insbesondere bei den Lemmingen, sind allerdings noch kaum erforscht), vermehren sich Schnee-Eulen, Rauhfußbussarde und Raubmöwen nicht. Die Polarfüchse ernähren sich von Eiern und Küken, gelegentlich auch von Altvögeln, und so wird die Vogelwelt stark dezimiert. Ein massenweises Auftreten von Lemmingen ist gewöhnlich alle zwei bis vier Jahre zu verzeichnen. Mit der gleichen Regelmäßigkeit kehren auch „Polarfuchsjahre" wieder — sie sind gleichzeitig auch „Eulenjahre". Die ungewöhnlich große Schwankungsamplitude bei den Beständen der einzelnen Arten ist überhaupt eine charakteristische Besonderheit der arktischen Fauna. Als Beispiel sei nur genannt, daß der Schneehasenbestand im Norden Jakutiens auf das 2400fache ansteigen kann! Im Norden der Waldzone im Europäischen Teil der UdSSR macht der Maximalwert allerdings nur ein Zwanzigstel des Wertes von Jakutien aus.

Das Leben vieler Meeressäuger in hohen Breiten der Arktis ist vom Polardorsch abhängig, dessen Menge vor allem von den Temperaturen in dem jeweiligen Meeresgebiet beeinflußt wird.

Große Veränderungen vollzogen sich in der Tierwelt der Arktis in den letzten fünfzig, sechzig Jahren. Ursache war die allgemeine Erwärmung der Arktis, die einen insgesamt günstigen Einfluß auf die organische Welt ausgeübt hat. In diesen Jahren hat sich die Baum- und Strauchvegetation nach Norden vorgeschoben (einige Autoren verneinen das allerdings). Im Zusammenhang damit, daß die Sommer länger geworden sind, konnte sich auch die Vegetation reicher und üppiger entwickeln, wachsen bislang kahle und unfruchtbare Tundraflecken zu, nahm die Zahl der Insekten zu. All dies verbesserte Nahrungsgrundlage und Lebensbedingungen von Säugetieren und Vögeln in hohen Breiten.

Mit der Erwärmung sind jetzt im Norden Tierarten aufgetreten, die es früher hier nicht gegeben hat. Immer häufiger sieht man Elche in der Tundra. Sie stoßen nicht nur im Sommer bis an die Eismeerküste vor, sondern vermehren sich hier auch und überwintern sogar zuweilen in den Dickichten der Strauchtundra. Der Rotfuchs hat sein Areal in den letzten dreißig, vierzig Jahren um mehr als hundert Kilometer nach Norden erweitert.

In der Tundrazone und sogar im Süden der Zone der arktischen Wüsten brüten jetzt Vogelarten, die aus der Waldzone stammen.

Nicht selten beginnen sie unter ganz ungewöhnlichen Bedingungen mit dem Nisten. So bauen die eigentlich in Büschen brütenden Birkenzeisige jetzt ihre Nester in der offenen Tundra zum Beispiel in Nähe von Siedlungen in Drahtrollen, die sie offenbar für eine Art Sträucher halten, und sogar in verschiedenen vom Menschen errichteten Bauten.

Allein in den letzten fünf, sechs Jahrzehnten haben sich in den Tundren und arktischen Kältewüsten der Sowjetunion mindestens dreißig für diese Gegenden neue Vogelarten „eingebürgert", die aus südlicheren Regionen stammen. Meist sind sie in die Tundra in Flußtälern vorgedrungen, in denen sie günstigere klimatische Bedingungen und mehr Nahrung vorfinden. Erst wenn sie in den Flußtälern festen „Fuß gefaßt" haben, breiten sich die Neueinwanderer auch auf die Wasserscheiden aus.

Die von Süden vorrückenden Arten verdrängen jedoch nicht selten die einheimischen Arten nach Norden. Wo zum Beispiel der Rotfuchs auftaucht, verschwindet der Polarfuchs. Der größere und stärkere Rotfuchs ist nicht nur hinsichtlich der Nahrung ein ernster Konkurrent des Polarfuchses, er besetzt auch dessen Baue, die in der Tundra ohnehin knapp sind, oder er macht seinem arktischen Verwandten gelegentlich sogar den Garaus.

Das Zurückweichen der „Nordbewohner" und der Rückgang ihrer Bestände hingen manchmal auch direkt mit klimatischen Veränderungen zusammen. Besonders wirkten sich diese auf Arten aus, die den Winter in hohen Breiten verbringen. Die erhöhten Lufttemperaturen in den Wintermonaten führen zur Ausbildung von Glatteis, das es Moschusochsen, Rentieren und Schneehühnern erschwert, an ihr Futter heranzukommen, und oft zu einem Massensterben führt. Im Ergebnis einer Art „Kettenreaktion", hervorgerufen durch das Zurückweichen des kälteliebenden Polardorschs nach Norden, ist aus einigen südlichen Gebieten der Arktis auch der Eisbär verschwunden.

Die Erwärmung der Arktis brachte auch deutlich zeitliche Verschiebungen der Vogelzugszeiten mit sich und bewirkte, daß viele Arten ihre Überwinterungsgebiete wechselten. Klimaänderungen vollziehen sich auf der Erde ständig, aber in Polargebieten wirken sie sich besonders kraß aus und sind von einer tiefgreifenden Umwälzung in der organischen Welt begleitet. In den letzten Jahren scheint der Prozeß der Erwärmung der Arktis zum Stillstand gekommen zu sein, doch sind die Folgen immer noch zu spüren. Hat auch die verstärkte Nutzung der natürlichen Ressourcen der Arktis erst in jüngerer Zeit begonnen, so hat der gewerbsmäßig betriebene Fang einiger Tiere doch schon eine beachtliche Geschichte. Bereits im 17. und 18. Jahrhundert galten die nördlichen Gebiete der Barentssee als die „Tranküchen Europas". Von hier gingen in viele europäische Länder Tran, Fischbein und andere Produkte, die beim Fang von Grönlandwalen gewonnen wurden.

Dieses riesige Tier mit einer Länge von fast zwanzig Metern und einem Gewicht von hundert Tonnen ist der einzige Bartenwal, der sich an das Leben in arktischen Gewässern anpassen konnte. Gegen die Kälte schützt ihn eine gewaltige Speckschicht. Selbst ein neugeborener Wal ist ungewöhnlich fett. Diese Wale können sich in Eisfeldern und Eislöchern ausgezeichnet orientieren und mit dem Rücken Luftlöcher in das Eis rammen, sofern dies eine bestimmte Dicke nicht übersteigt.

Es existieren einige isolierte Herden von Grönlandwalen, die allerdings oft aus dem westlichen, atlantischen Teil der Arktis in den östlichen wechselten und umgekehrt.

Der Wal steht bei Tierfängern außerordentlich hoch im Kurs. Jeder lieferte bis zu dreißig Tonnen Tran, der als Rohstoff für die Seifenherstellung diente, in der Lederindustrie gebraucht wurde und bis zum Aufkommen des Petroleums auch für die Beleuchtung von Straßen und Wohnungen Verwendung fand. Von einem Wal konnte man bis zu anderthalb Tonnen Fischbein erhalten — die elastischen Barten dieses Tiers. Bis zur Erfindung von Plasten und der Entwicklung der Metallurgie fand dieses Material universelle Verwendung. Man stellte daraus Federn für Equipagen, für Matratzen und sogar für Uhren, Korsettstäbe und Rippen für Fächer, Schirmstreben und Angeln, Perücken und Möbelpolster her. Auch das Fleisch des Grönlandwals läßt sich durchaus essen.

Der Walfang hatte seinerzeit ungeheure Ausmaße. Allein in den Gewässern von Spitzbergen arbeiteten zwischen 1620 und 1635 über dreihundert Walfangschiffe, zu Beginn des 18. Jahrhunderts erhöhte sich deren Zahl auf sechshundert im Jahr. Im 19. Jahrhundert erlegten bei Spitzbergen allein amerikanische Gesellschaften Wale im Werte von über einer Milliarde Dollar. Noch 1905 wurden hier sechshundert Wale zur Strecke gebracht, 1912 dagegen nur ganze fünfundfünfzig... In den zwanziger Jahren unseres Jahrhunderts galt der Grönlandwal in der Barentssee bereits als ausgestorben, was sich zum Glück nicht bewahrheitete. Fontänen von Grönlandwalen sind noch im Beringmeer, in der Tschuktschensee und sogar noch in der Barentssee zu sehen. Die Wale haben wieder ihre Wanderungen aufgenommen und sich an die Zugstraßen ihrer Vorfahren erinnert. Es ist natürlich außerordentlich wichtig, diese Tiere zu schützen und ihnen die Möglichkeit zu geben, sich zu vermehren. Schließlich verbrauchen sie von sonst niemand genutzte gewaltige Mengen an Meeresplankton und sind „lebende Fleisch- und Tranfabriken“.

In den meisten Gebieten der Arktis haben die Bestände wilder Rentiere stark abgenommen. Noch zu Beginn unseres Jahrhunderts war die Zahl dieser Tiere im Norden Europas, Asiens und Nordamerikas nicht einmal zu schätzen. Es sei nur erwähnt, daß in Alaska die Rentierherden, die im Herbst die Flüsse durchquerten, eine ernste Behinderung für den Schiffsverkehr darstellten. Auf dem Yukon mußten die Dampfer aus diesem Grunde manchmal tagelang warten. In Kanada soll es nach Ansicht des namhaften Zoologen Ernest Seton 1907 mindestens dreißig Millionen Rentiere gegeben haben; diese Zahl mag freilich etwas hoch gegriffen sein. 1947 war der Bestand bis auf 600 000 Exemplare, 1955 bis auf 270 000 zurückgegangen. Der Rentierbestand hat also in den letzten fünfzig Jahren rapide abgenommen. Nicht weniger hoch dürften die Verluste in den eurasischen Tundren sein.

Seit alters machten die Bewohner des Nordens auf Robben und Pelztiere, Rentiere und Wasservögel Jagd. Jahrtausendelang war neben Rentierzucht und Fischfang die Jagd wichtigste Existenzgrundlage zahlreicher Stämme und Völkerschaften und spielt auch heute noch eine wichtige Rolle in deren Leben. Fleisch, Häute und Sehnen von Rentieren und Walrossen sind im täglichen Leben der Jäger im Norden bis heute unersetzlich geblieben.

Die natürlichen Ressourcen der Arktis werden von Jahr zu Jahr stärker genutzt. Tierfang und Jagd bleiben auch heute die wichtigste Einnahmequelle der Kolchosen und Sowchosen des Hohen Nordens der Sowjetunion, denn die wachsende Bevölkerung in der Arktis braucht frische und vollwertige Nahrungsmittel aus der örtlichen Wirtschaft. Auch die Zahl der Sportjäger nimmt ständig zu, sie machen einen nicht geringen Teil der Einwohner von Städten und Siedlungen in der Arktis aus. Dazu kommen noch die Touristen aus anderen Gebieten, denn eine Reise in die Arktis ist heute einfach und durchaus erschwinglich. Schließlich nimmt auch die Nachfrage nach Rauchwaren aus dem Norden, Eiderdunen und anderen hier gewonnenen Rohstoffen zu.

Außerdem werden viele arktische Tiere auf ihren Wanderungen in südlicheren Gebieten bejagt. So kommen zum Beispiel viele Polarfuchsfelle aus der Waldtundra und der Waldzone, obwohl sich der Polarfuchs nur in der offenen Tundra fortpflanzt. Gänse und Enten aus dem Norden werden zum weitaus größeren Teil in dichtbesiedelten mittleren Breiten während des Zuges und in den Winterquartieren erlegt als in ihrer nordischen Heimat selbst. Schnepfenvögel gelten nur außerhalb ihrer Brutheimat als jagdbares Wild. Die allenthalben wachsende Zahl von Sportjägern führte in den letzten Jahren zu einer weiteren „Inanspruchnahme" der natürlichen Ressourcen der Arktis, wenn auch außerhalb ihrer Grenzen.

Man darf auch den indirekten Einfluß des Menschen und seiner wirtschaftlichen Tätigkeit auf die arktische Tierwelt nicht vergessen. Dieser Einfluß äußert sich in verschiedenen Formen, nimmt ständig zu, und seine Folgen sind mitunter nicht weniger katastrophal als die direkte Ausrottung von Vögeln und anderen Tieren. Veränderungen der Landschaft in Überwinterungsgebieten arktischer Vögel, wie Neulandgewinnung, das Trockenlegen von Sümpfen oder umgekehrt die Bewässerung von Ländereien, übermäßige Verwendung von chemischen Schädlingsbekämpfungsmitteln in Land- und Forstwirtschaft, führen mitunter zu einem drastischen Rückgang von Beständen oder zu einem fast völligen Verschwinden von Vogelarten, wie es zum Beispiel beim Eskimobrachvogel der Fall war. Dieser Vogel brütete ehemals in großer Zahl im Norden Amerikas, bereits in den zwanziger Jahren kam er jedoch nur noch vereinzelt vor. Im vergangenen Jahrhundert verschwanden wahrscheinlich aus demselben Grunde zahlreiche Schneeganskolonien in den Tundren Sibiriens.

Ein Ergebnis dieser Art „Wirtschaftstätigkeit" des Menschen ist die „Ölpest“, die Verschmutzung der Gewässer durch Öl und Ölrückstände, durch die viele Vögel zugrunde gehen. So kamen 1957 bei der Insel Gotland in der Ostsee über 30 000 überwinternde Eisenten um, die in einen Ölfleck geraten waren; kein Wunder also, daß die Zahl der Eisenten in ihrer Heimat Schwedisch-Lappland in den darauffolgenden Jahren stark zurückgegangen ist.

Vögel und andere Tiere der Arktis kommen jetzt immer häufiger mit Haustieren in Berührung und infizieren sich so mit früher im Norden unbekannten Infektionskrankheiten und Seuchen. Es ist möglich, daß die Trichinose der Eisbären, Robben und Polarfüchse und die Maul- und Klauenseuche der wilden Rentiere auf diesem Weg eingeschleppt wurden.

Nicht unwesentlich ist schließlich auch, daß die Jagd- und Fangmethoden immer weiter vervollkommnet werden. Dem Menschen kommt auch hier die Technik zu Hilfe. Unvergleichlich einfacher und produktiver ist heute der Wal- und Robbenfang. Bei der Eisbärenjagd werden, wie bereits gesagt, sogar Flugzeuge eingesetzt.

Die natürlichen Reichtümer sind also höchst gefährdet, und man sollte sehr behutsam mit ihnen umgehen, um so mehr, als ihre Bedeutung in der Arktis besonders groß ist, denn sie sind nicht nur von direktem, sondern auch von indirektem Wert.

Tatsächlich wird die Jagd noch lange Jahre die zweckmäßigste Form der wirtschaftlichen Nutzung weiter Teile der Arktis bleiben. Wenn sich auch in diesen Gebieten die Verkehrsmöglichkeiten zu Wasser, zu Lande und in der Luft ständig weiterentwickeln, so ist der Transport im Norden doch teuer, und es ist günstiger, leichte, aber wertvolle Waren, wie zum Beispiel Rauchwaren, auszuführen.

Große Flächen (etwa 300 000 km²) kümmerlicher Weiden im Norden der Taimyr-Halbinsel, Teile ihrer arktischen Kältewüsten und -halbwüsten, sind für die Haltung des Hausrens ungeeignet, denn es ist sehr schwierig, die Herden aus diesen Gebieten auf die Winterweiden zu treiben, hier gibt es kein Heizmaterial, ohne das das Leben der Hirten undenkbar ist. Wilde Rene dagegen finden hier ihre Nahrung, und durch Hege und Jagd kann man in gewissem Maße auch die Vegetation der Tundren der Taimyr-Halbinsel wirtschaftlich nutzen — nicht nur, daß Fleisch und Häute von Wildrenen wesentlich billiger als die von Hausrenen sind, wilde Rentiere haben noch weitere Vorzüge gegenüber ihren domestizierten Artgenossen. Sie zertrampeln nicht derart stark die Grasnarbe der Weideflächen und nutzen auch das Futter besser aus. Schließlich ist der Bedarf an Flechten im Winter geringer, die ja nur sehr langsam nachwachsen. Das Hausren dagegen frißt im Winter vorwiegend Flechten, während sich das Wildren auch von Gräsern und Buschwerk ernährt.

Auf Grund der Artenarmut der nordischen Fauna und Flora ist die jagdliche Nutzung bestimmter Arten so etwas wie ein Fädchen, mit dessen Hilfe man an die natürlichen Ressourcen ganz allgemein herankommt, zumindest an einen großen Teil davon. So bietet eine mit Vernunft betriebene Jagd auf Walrosse die Möglichkeit, die Molluskenvorräte des Eismeeres in den wirtschaftlichen Kreislauf einzubeziehen, während durch das Sammeln von Dunen in den Eiderentenkolonien gleichzeitig die Molluskenbänke der Küstengewässer genutzt werden.

Vom Aussterben besonders bedroht sind solche Tierarten, die ein sehr begrenztes Verbreitungsgebiet haben oder relativ kleine Populationen bilden. Es ist kein Zufall, daß Inselfaunen besonders in Mitleidenschaft gezogen werden. So starb zum Beispiel innerhalb kurzer Zeit auf den Bonin-Inseln mindestens ein Drittel der einheimischen Vögel und Säugetiere aus, auf Laysant und den Midway-Inseln sogar die Hälfte. Auch die Hawaii-Inseln verloren etwa die Hälfte der dort heimischen Vogelfauna, Guadalupe büßte etwa ein Drittel ein. Zoologen vertreten die Ansicht, daß Tierarten, deren Gesamtbestand unter zweitausend Exemplaren liegt, bereits vom Aussterben bedroht sind.

Bedauerlich und zugleich lehrreich ist das Schicksal der Stellerschen Seekuh und des Brillenkormorans. Sie wurden 1741 auf der bis dahin unbewohnten Bering-Insel (Kommandeur-Inseln) von Teilnehmern der russischen Großen Arktis-Expedition entdeckt. Besonders interessant waren die Seekühe. Nach überlieferten Beschreibungen und Zeichnungen sowie nach vorhandenen Skeletten erreichten sie eine Körperlänge von neun bis zehn Metern, einen Umfang von fünf Metern und ein Gewicht bis zu vier Tonnen. Die vorderen Extremitäten der Seekühe waren kurz und wirkten wie unterentwickelte Beinchen, die hinteren Extremitäten fehlten völlig. Der Körper endete wie bei Walen in einem flachen horizontal gestellten Schwanz. Im Maul hatten sie Hornplatten, mit denen sie die Nahrung zerrieben.

Die Seekühe hielten sich seßhaft herdenweise in stillen Meeresbuchten, besonders häufig an Flußmündungen auf. Die Jungtiere befanden sich stets in der Mitte der Herde. Die Tiere ernährten sich von Braunalgen („Meerkohl"), die auch heute noch in dichten „Wiesen" um die Kommandeur-Inseln wachsen. Die Seekühe waren ziemlich schwerfällig, sehr zutraulich und beachteten die Menschen überhaupt nicht. Ihr Fleisch war von vorzüglichem Geschmack und unterschied sich offenbar kaum von Rindfleisch. Bald trafen Tierfänger auf der Insel ein, und bereits 1768, also nach nur 27 Jahren (!), war die Stellersche Seekuh restlos ausgerottet.

Die Brillenkormorane siedelten ausschließlich auf den Felsen der Bering-Insel. Sie erreichten eine beträchtliche Größe bei einem Gewicht von über fünf Kilogramm. Sie waren nur schlechte Flieger, ihr Fleisch war durchaus genießbar. Sie überlebten die Seekühe nur kurz und verschwanden Mitte des vorigen Jahrhunderts. Es ist nicht ausgeschlossen, daß außer dem Menschen auch eine Seuche unter den Vögeln hierfür verantwortlich zu machen ist. Von dieser Tierart sind heute noch sechs Bälge erhalten, zwei davon befinden sich in Museen der UdSSR.

Ein trauriges Schicksal hatten auch der Riesenalk und die Labradorente, die in kleinen Gebieten der Arktis vorkamen und ebenfalls vom Menschen ausgerottet wurden.

Der Riesenalk brütete ehedem in großen Kolonien auf den Färöer, auf Island, Grönland und der Küste von Labrador. Die Jagd auf diese großen, flugunfähigen Vögel war immer lohnend, und so wurden sie in großer Zahl sowohl von der einheimischen Bevölkerung als auch von Seeleuten vorüberfahrender Schiffe erschlagen. Letzte Zufluchtstätte des Riesenalks war Island, doch ein Vulkanausbruch 1830 brachte ihn an den Rand des Untergangs. 1844 wurde auf Eldey vor der isländischen Küste das letzte Paar getötet. Heute existieren noch etwa siebzig Bälge dieses Vogels, zwei davon werden in zoologischen Sammlungen der UdSSR aufbewahrt.

Die Labradorente war noch 1842 durchaus keine Seltenheit an

der Küste von Labrador und im Sankt-Lorenz-Golf. Aber bereits 1852 wurde in der Bucht von Halifax (Neuschottland) der letzte Vogel getötet. In den Museen der Welt werden heute noch 48 Bälge aufbewahrt.

Einige Tierarten, die nur in der sowjetischen Arktis vorkommen, haben ein sehr begrenztes Verbreitungsgebiet oder einen nur sehr geringen Bestand. Hier seien vor allem die Rothalsgans, die Rosenmöwe und der Nonnenkranich genannt.

Die Rothalsgans ist die kleinste Gänseart überhaupt. Sie ist nicht größer als die Stockente und wiegt nur rund ein Kilogramm. Die scharf gegeneinander abgesetzten weißen, schwarzen und rostroten Gefiederpartien wirken besonders hübsch. Sowohl im Sommer wie im Winter kommt sie nur in wenigen sehr begrenzten Gebieten vor. Sie brütet ausschließlich in den Tundren Mittelsibiriens vom Osten der Jamal-Halbinsel bis zum Osten der Taimyr-Halbinsel. Am häufigsten ist sie auf der westlichen Taimyr-Halbinsel anzutreffen. Die Rothalsgänse überwintern hauptsächlich in der Aserbaidshanischen Sowjetrepublik, vor allem im Süden und Südosten.

In ihrer Heimat treffen die Rothalsgänse von allen Gänsearten als letzte ein, erst Mitte Juni. In der Tundra schmilzt zu dieser Zeit bereits der Schnee, taut der Boden oberflächlich auf, sprießen die ersten Gräser und das Wollgras, die Hauptnahrung der Gänse im Sommer.

Als Brutplätze wählen die Rothalsgänse Flußsteilufer, die mit Gräsern und Sträuchern bewachsen sind, sowie erhöhte Inselchen in Flüssen und Seen. Sie brüten in der Regel in kleinen Kolonien in der Nähe von Wanderfalken- und Rauhfußbussardhorsten. Die Weibchen polstern die Nester reichlich mit hellgrauen Dunen aus; das Gelege besteht aus drei bis sechs, manchmal auch neun grünlichen Eiern. Nach dem Schlüpfen der Jungen vereinigen sich die Familien zu Trupps und halten sich nur auf oder in der Nähe von Wasser auf, bei Gefahr tauchen Jung- wie Altvögel sehr gut. Es ist charakteristisch, daß sich die Rothalsgänse auch nach der Brutzeit in der Nähe von Greifvogelhorsten aufhalten. Nach der Mauser verlassen die Gänse Anfang oder Mitte September ihr Brutgebiet.

Als Winterquartiere wählen die Rothalsgänse solche Gebiete, wo es Äsungsflächen, Süßwasser und ungefährdete Übernachtungsmöglichkeiten gibt. Das sind vor allem Halbwüsten, die an Flachwassergebiete des Meeres oder an Seen grenzen. Die größten Konzentrationen von Rothalsgänsen im Winter sind im staatlichen Schutzgebiet Kysylagatsch in der gleichnamigen Bucht an der Westküste des Kaspischen Meeres zu finden. Hier leben die Vögel von Ende Oktober bis Ende März. Die meisten finden sich hier bei kaltem und schneereichem Wetter ein, denn im Schutzgebiet ist es immer wärmer als in den übrigen Teilen der Republik. In dem strengen Winter 1956/57 ermittelten die Mitarbeiter des Schutzgebiets die „Rekordzahl" der letzten Zeit — 40 000 Vögel, wahrscheinlich seinerzeit der gesamte oder fast der gesamte Bestand an Rothalsgänsen auf der Erde überhaupt (ein Teil überwintert außerhalb der UdSSR im Iran und Irak). In den folgenden Jahren hat ihre Zahl stark abgenommen, und heute gehört die Rothalsgans zu den seltensten Gänsearten Eurasiens.

Die Rosenmöwe ist wohl die schönste Zierde der Arktis, geradezu ein Symbol der rauhen Natur. Sie ist graziös und mit einer Körperlänge von dreißig, fünfunddreißig Zentimetern nicht sehr groß. Im Gefieder vereinigen sich Perlgrau und ein zartes Rosa in harmonischer Weise: Rücken und Flügel sind hellgrau, Kopf und Hals weiß mit einem Anflug von Rosa, während Brust und Bauch kräftig rosa gefärbt sind. Wie ein Geschmeide wirkt der schmale schwarze Streifen um den Hals. Schnabel und Füße sind leuchtend rot.

Die Art wurde erstmalig 1823 in der amerikanischen Arktis entdeckt. Fast achtzig Jahre lang blieb dann die Rosenmöwe für die Zoologen ein ungelöstes Rätsel. Zuweilen wurde sie in verschiedenen Teilen der Arktis gesichtet und noch seltener in weiter südlich gelegenen Gebieten — auf Kamtschatka, im Ochotskischen Meer, an den Küsten Norwegens, Englands, Frankreichs und sogar im Mittelmeer.

Einmal im Leben eine Rosenmöwe zu sehen war der sehnlichste Wunsch des großen Arktisforschers Fridtjof Nansen, und dieser Traum ging ihm auch in Erfüllung. Auf der außerordentlich schwierigen Reise durch das driftende Eis konnte er nicht nur eine Rosenmöwe beobachten, sondern sie auch erlegen. Seine Freude kannte keine Grenzen; alle Müdigkeit war vergessen, und Nansen führte einen derart wilden Freudentanz auf, daß sein Begleiter ehrlich erschrocken über ihn war und glaubte, er habe den Verstand verloren. Erst 1905 hatte der russische Zoologe und Arktisforscher

S. Buturlin das Glück, die Brutheimat der Rosenmöwen zu entdekken, ihre Nester zu sehen, und er konnte die Besonderheiten ihrer Lebensweise beschreiben. Buturlin fand die Brutplätze am Unterlauf der Kolyma in Nordostsibirien in der seenreichen ebenen Tundra und Waldtundra. Spätere Forschungen konnten dieser Entdeckung nur wenig Neues hinzufügen.

Heute wissen wir, daß die Rosenmöwe in kleinen Kolonien lediglich in Nordostjakutien im Gebiet zwischen Jana und Kolyma, vielleicht auch unregelmäßig in einzelnen Paaren irgendwo im arktischen Amerika brütet. Die Nester aus Gras und Moos baut sie auf Bülten, die Gelege bestehen aus maximal vier grünlichen, braungefleckten Eiern. Sobald die Jungen flügge sind, verlassen die Möwen die Brutplätze und ziehen nicht, wie die übrigen Vögel, nach Süden, sondern nach Norden zu den eisfreien Stellen im Nordpolarmeer, wo sie den Winter und überhaupt den größten Teil ihres Lebens verbringen. Im Sommer ernähren sie sich von Süßwasserwirbellosen, Insekten, kleinen Fischen, im Winter vorwiegend von Mollusken und anderen Wirbellosen des Meeres.

Der Gesamtbestand der Art ist sehr gering, wenn der Vogel in der Brutheimat stellenweise auch recht zahlreich auftreten kann. Außerdem kommt die Rosenmöwe nur in schwer zugänglichen Gebieten vor. Der Zoologe hat nur höchst selten einmal das Glück, einen solchen Vogel zu Gesicht zu bekommen. Gewiß, Bälge sind heute in vielen zoologischen Museen zu finden, doch selbst wenn man sie völlig lichtgeschützt aufbewahrt, verlieren sie bald ihre herrliche rosa Färbung. Außerdem kann so ein Balg auch keine Vorstellung von der Leichtigkeit und Grazie der Bewegungen des lebenden Vogels vermitteln.

Der Nonnenkranich ist im Gegensatz zur Rothalsgans und zur Rosenmöwe ein recht stattlicher Vogel. Er hat eine Körperlänge von über einem Meter, die Spannweite seiner Schwingen beträgt zwei Meter, und er erreicht ein Gewicht von sieben, acht Kilogramm. Mit Ausnahme der schwarzen Handschwingen ist das gesamte Gefieder reinweiß, der Schnabel, die unbefiederte Haut des „Gesichts“ und die Beine dagegen sind ziegelrot.

Noch im 18. und 19. Jahrhundert ist der Nonnenkranich in Sibirien weit verbreitet gewesen, von der Steppenzone bis zur Tundra. Später ist er jedoch aus den größten Teilen dieses Gebiets verschwunden. Ursache hierfür könnten das Austrocknen von Gewässern besonders in der zweiten Hälfte des vorigen Jahrhunderts, die Urbarmachung der Steppe oder direkte Verfolgung durch den Menschen sein. Heute brütet der Schneekranich nur noch in zwei isolierten Gebieten — in Nordostjakutien in der Waldtundra und Tundra zwischen Jana und Alaseja und in sehr geringer Zahl in der versumpften Taiga Westsibiriens im Einzugsgebiet der Konda und Soswa, linken Nebenflüssen des Ob. Der Vogel überwintert in Südasien — im Iran, in Pakistan, Indien und China.

In den Brutgebieten treffen die Nonnenkraniche ebenso wie die Gänse Ende Mai ein, wenn die Hauptschneeschmelze einsetzt. Sie ziehen in kleinen Keilen, und bevor sie mit dem Brutgeschäft beginnen, führen sie wie andere Kranicharten eine bestimmte Zeit lang eigenartige „Tänze" auf. Nach Berichten von Augenzeugen finden diese „Tanzvergnügen" in jedem Jahr an denselben Plätzen statt. Die Vögel bilden einen Kreis, lassen sich langsam nieder und machen voreinander tiefe Verbeugungen, dann wieder springen sie auf ihren langen Beinen in die Höhe, schlagen dabei mit den Flügeln und lassen melodische Rufe hören. Bei den Jakuten galt der Nonnenkranich seit jeher als heilig, sie haben nie Jagd auf ihn gemacht.

Als Nistplatz wählt der Vogel morastige Seeufer in der ebenen versumpften Tundra sowie in Sümpfen der Waldtundra oder der Waldzone. Das Nest baut er auf einer Bülte und kleidet es nur spärlich mit dürrem Pflanzenmaterial aus. Das Gelege besteht aus ein oder zwei großen grünlichen Eiern mit braunen und violetten Flekken. Die Vögel verteidigen erfolgreich Nester und sich selbst gegen alle Raubtiere der Tundra, selbst gegen den Wolf. Auch der Jäger stellt für den Nonnenkranich nicht in jedem Falle eine Gefahr dar. In der offenen Tundra kann man den Vogel kilometerweit sehen, dafür aber ist es fast unmöglich, sich ihm unbemerkt zu nähern. Selbst wenn der Nonnenkranich mausert und flugunfähig ist, kann man ihn weder zu Fuß noch zu Pferde einholen.

Die Jungen schlüpfen, dicht mit rotbraunen Dunen bedeckt, und beginnen bereits nach wenigen Stunden Nahrung zu suchen. Bei Gefahr verbergen sie sich geschickt in der rötlichbraunen Vegetation. Im Herbst haben sie die Größe der Altvögel erreicht, aber sie tragen noch nicht das weiße, sondern ein graues Gefieder. Ende August/Anfang September ziehen sie, wieder zusammen mit den

Gänsen, nach Süden. Wie erst in jüngster Zeit festgestellt wurde, fressen sie das gleiche wie die Gänse — Wurzelstöcke, Stengel und Triebe von Kräutern sowie Beeren. Wie bei Gänsen enthalten auch ihre Mägen kleine Steinchen, die die Zerkleinerung der groben pflanzlichen Nahrung erleichtern. Daneben verschmäht der Kranich aber selbst einen Lemming nicht und fängt sich im See auch kleine Fische.

Der Nonnenkranich gehört zu den seltensten Vogelarten der Erde. Der Gesamtbestand dürfte tausend bis tausendfünfhundert Exemplare kaum übersteigen. Es sei noch erwähnt, daß der Nonnenkranich äußerlich und in seiner Biologie dem fast ausgestorbenen amerikanischen Nonnenkranich aus der Waldzone Nordamerikas sehr ähnlich ist.

Etwas umfassender, wenn auch insgesamt nicht gerade groß, ist das Nistgebiet des „arktischsten" Vogels, der Elfenbeinmöwe. Obgleich die Art gelegentlich an den Küsten Westeuropas, Kamtschatkas und sogar Chinas angetroffen wird, sind ihre eigentliche Heimat die nördlichsten Landgebiete — Nordgrönland und der Norden der kanadischen Inseln, Spitzbergen, Franz-Joseph-Land und Sewernaja Semlja. Sie brütet außerdem im Norden von Nowaja Semlja und der Neusibirischen Inseln sowie auf kleinen Inseln in der Karasee.

Von den übrigen Tieren der hohen Breiten unterscheiden sich die Elfenbeinmöwen sowohl durch ihr Aussehen als auch durch ihre Lebensweise. Ihr Gefieder ist reinweiß, ohne jegliche Zeichnung. Wie schon gesagt, stellt die Weißfärbung eine Art summarischen Ausdruck der Anpassung der Tiere des Nordens an die Bedingungen der Arktis dar. Elfenbeinmöwen sind hinsichtlich der Brutplätze und der Nahrung noch anspruchsloser als ihre „Landsleute". Sie fressen buchstäblich jedes Lebewesen — Fische und marine Wirbellose, Lemminge und Insekten. Sie ernähren sich auch von den Abfällen des Robben- und Walfangs, begleiten im Winter den Eisbären und sammeln die Reste seines Mahls. Bei Schneesturm müssen die Möwen ebenso wie ihre „Ernährer", die Eisbären, oft eine Woche oder länger an einer geschützten Stelle zubringen und hungern. Vermutlich verfallen sie in solcher Situation in eine Erstarrung, die einem kurzzeitigen Winterschlaf ähnlich ist.

Die Elfenbeinmöwen brüten sowohl in einzelnen Paaren als auch in Kolonien unterschiedlicher Größe an steilen Felsküsten oder auf Sand- oder Kiesstrand.

Polarflieger haben wiederholt über mehrjährigen Eisfeldern, manchmal sogar weit entfernt vom Wasser, Scharen irgendwelcher kleiner Möwen beobachtet — sicher Elfenbeinmöwen. Es ist durchaus denkbar, daß sie bei Vorhandensein von Nahrung und eines geeigneten „Fundamentes" für den Bau von Nestern sogar im Eis brüten. Wenn dem wirklich so ist, wäre die Elfenbeinmöwe die einzige im Eis der Arktis brütende Vogelart. Als solches „Fundament" für das Nest genügen ihr ein paar Gesteinsblöcke, Baumstämme usw., die nicht selten im Drifteis zu finden sind. Das Nest selbst baut sie gewöhnlich aus Gras, Moos, Flechten, und sie legt ein bis zwei dunkelbräunliche, dunkelgefleckte Eier.

Das Eis, das den größeren Teil des Jahres die arktischen Gewässer wie ein fester Panzer umschließt, erschwert den meisten Vögeln und Säugetieren das Leben ganz beträchtlich. Nur den Eisbären und die Elfenbeinmöwe behindert es nicht. Diese Besonderheit kommt auch in dem lateinischen Namen dieser Möwe — *Pagophila eburnea* — zum Ausdruck, was soviel wie „die Eisliebende, Elfenbeinfarbene" bedeutet. Tatsächlich verbringen die Elfenbeinmöwen das ganze Jahr über in den Eisfeldern. Ein Dutzende Kilometer breiter Randeisgürtel um die Nistplätze hindert sie nicht am Brüten. Wenn die Vögel auf dem Land kein Futter finden, fliegen sie in solchem Falle ein- bis zweimal am Tag an den Eisrand oder an Eislöcher, oder aber sie suchen sich im Eis einen Eisbären als „Ernährer". Ihre „Liebe" zum Eis zeigt sich auch noch anderweitig. Auf Spitzbergen hat man festgestellt, daß Nester vor den Polarfüchsen am besten geschützt sind, wenn sie in Gletscherfeldern angelegt sind. Die Erwärmung der Arktis, die einen Rückgang der Gletscher mit sich brachte, hat die Vögel in eine schwierige Lage gebracht, und viele Brutkolonien verschwanden.

Auf die hohen Breiten der Arktis beschränkt sind auch die Ringelgänse. Die Heimat dieser Vögel sind die arktischen Kältewüsten und -halbwüsten Eurasiens und Nordamerikas. In der Sowjetunion brüten sie auf Franz-Joseph-Land, im Norden der Jamal-Halbinsel, auf der Gydan- und auf der Taimyr-Halbinsel, auf kleinen Inseln der Karasee, auf Sewernaja Semlja, an der Küste Ostsibiriens, auf den Neusibirischen Inseln und auf der Wrangel-Insel. Die Winter verbringen sie an den Küsten des Atlantiks und Pazifiks, in einigen Ländern Westeuropas, in den USA und in China.

In der Vergangenheit war diese Gans vielleicht die Art des Nordens, die die größten Bestände aufwies. Noch Ende des 19. Jahrhunderts waren Ringelgänse in ihren europäischen Winterquartieren so zahlreich, daß, wie der bekannte deutsche Ornithologe Naumann es anschaulich beschreibt, „die Stimmen der zahllosen Vogelschwärme das Tosen des Meeres übertönten und die Scharen wie Rauch die Sonne verfinsterten".

Infolge der übermäßigen Nachstellungen, denen die Art in den Brutgebieten, während des Vogelzugs und in den Überwinterungsgebieten ausgesetzt war, sowie infolge umfangreicher Meliorationsmaßnahmen in Westeuropa und Nordamerika ist der Bestand jedoch rapide zurückgegangen.

Besonders katastrophal war der Rückgang seit den dreißiger Jahren. Der Grund hierfür lag darin, daß im Nordatlantik die Hauptnahrung der Ringelgänse im Winter, das Seegras Zostera, durch Pilzbefall vernichtet wurde. In Holland zum Beispiel überwinterten bis 1931 mindestens zehntausend Vögel, 1953 aber wurden hier nur noch tausend Exemplare gezählt. In Dänemark ging die Zahl der erlegten Ringelgänse von siebentausend im Jahre 1941 auf zweieinhalbtausend im Jahre 1951 zurück. Der Bestand an Ringelgänsen, die an der Ostküste Nordamerikas überwintern, ist von 1910 bis 1940 um etwa neunzig Prozent zurückgegangen.

In letzter Zeit hat sich die Zahl der Ringelgänse wieder etwas stabilisiert. In einigen Ländern ist die Jagd auf diese Art verboten. Die Zostera-Bestände haben sich teilweise erholt. Dennoch ist das Schicksal der Ringelgänse, von denen es in der Sowjetunion wenig mehr als fünfzigtausend Exemplare gibt, nach wie vor beunruhigend.

Nicht besser ist es um die Weißwangengans bestellt, deren Vorkommen auf wenige Gebiete des Nordatlantiks beschränkt ist, eine kleine Gans, die an Brutplätzen außerordentlich geringe Scheu zeigt. In dem bescheiden gefärbten, aber schmucken Gefieder stehen Schwarz, Dunkelbraun, Grau und Weiß hübsch gegeneinander. Die Weißwangengans brütet an einigen Stellen an der Ostküste Grönlands, im Westteil von Spitzbergen, im Westteil der Südinsel von Nowaja Semlja sowie im Norden und Westen der Insel Waigatsch. Die Winterquartiere liegen an den Küsten Westeuropas und an der

Ostküste Nordamerikas. Der Gesamtbestand an Weißwangengänsen beträgt gegenwärtig nur noch etwa dreißigtausend Exemplare, wovon lediglich ein geringer Teil in der Sowjetunion brütet.

Die Weißwangengänse nisten in kleinen Kolonien auf steilen Uferfelsen, oft in der Nachbarschaft von Lummen, Dreizehenmöwen und anderen Bewohnern der Vogelberge. Ebenso gern suchen sie Schutz bei Greifvögeln, besonders bei Wanderfalken.

An den Brutplätzen in der Sowjetunion treffen die Weißwangengänse etwas später als die anderen Gänsearten ein, etwa in der zweiten Maihälfte. Die Nester sind flache Vertiefungen im Boden, die mit Pflanzenmaterial und reichlich mit hellgrauen Dunen ausgekleidet sind. Die Gelege enthalten bis zu fünf oder sieben reinweiße Eier. Wie die jungen Lummen springen die Weißwangengänseküken furchtlos von den hohen Klippen ins Meer. Die Brutheimat verlassen die Gänse Ende August/Anfang September. Die Nahrung besteht im Sommer aus verschiedenen Landpflanzen, im Winter vorwiegend aus Wasserpflanzen und Tang. Das ganze Jahr über spielt tierische Kost eine wesentliche Rolle in ihrer Ernährung, vor allem Krebstiere, Wasserinsekten und Mollusken.

Stark gefährdet ist noch eine weitere nordische Gans, die Kaisergans, die seltenste und am wenigsten erforschte Gänseart Eurasiens und Nordamerikas. Kopf und Hinterhals sind weiß, das übrige Gefieder blaugrau. Die Kaisergans kommt nur an den Küsten des Beringmeeres auf der Tschuktschen-Halbinsel, in der Anadyrbucht und in Westalaska vor. Die Hauptüberwinterungsgebiete liegen auf den Aleuten und den Kommandeur-Inseln, im Osten Kamtschatkas und im Westen Nordamerikas bis hinunter nach Kalifornien.

In ihrer Verbreitung ist die Kaisergans eng an die Meeresküste gebunden, wo sie brütet und ihre Nahrung findet. Zu den Brutplätzen kommt sie in der zweiten Maihälfte. Zu dieser Zeit kann man bei ihr eine Art „Hochzeitszeremonie“ beobachten — der Ganter läuft mit unbeholfenen Schritten um die Gans, schaukelt den Kopf hin und her und stößt heisere Schreie aus. Ihre Nester aus dürrem Pflanzenmaterial legen diese Gänse zwischen angespülten Wasserpflanzen und Treibgut an und tarnen sie gut. Die brütende Gans ist nur schwer zu entdecken, denn bei Gefahr legt sie sich mit ausgestrecktem Hals flach auf den Boden. Das Gelege der Kaisergans kann bis zu acht Eier enthalten. Bei Beginn der Bebrütung schlagen sich die Ganter zu Herden zusammen und halten sich gesondert von den Gänsen. Nach dem Schlüpfen der Jungen kehren sie wieder zu den Familien zurück. Ende Juli/Anfang August sind die vermauserten Alt- und die Jungvögel wieder flugfähig. Ihre Brutplätze verlassen die Kaisergänse Ende September/Anfang Oktober.

Die Hauptnahrung bilden Mollusken, Krebse, Polychäten und andere Wirbellose, die im küstennahen Raum erbeutet werden. Pflanzliche Nahrung, wie etwa Beeren, hat wohl geringere Bedeutung. Die Besonderheiten der Ernährung sind vielleicht die Ursache dafür, daß dem Fleisch der ausgewachsenen Kaisergans und besonders der Haut ein scharfer Knoblauchgeruch anhaftet.

Auskünfte über den zahlenmäßigen Bestand der Art fehlen. Man kann lediglich vermuten, daß er in Eurasien nur wenige tausend Exemplare beträgt, wobei er nach unvollständigen Angaben ständig zurückgeht.

Durchaus nicht überall zum besten ist es um die Brutplätze der Eiderenten bestellt. Ihre Kolonien sind an den Küsten des Nordatlantiks weit verbreitet. Je weiter man nach Norden kommt, desto größer und dichter werden sie, wie es auch bei anderen Vogelarten zu beobachten ist. In der Sowjetunion liegen die bedeutendsten Kolonien an der nördlichen Verbreitungsgrenze, auf Nowaja Semlja. In den hohen Breiten nimmt auch die Menge der Dunen zu, mit denen die Nester ausgepolstert werden. So enthalten Eiderentennester auf Island bis zu sechzehn Gramm Dunen, im Norden der Kola-Halbinsel bis zu neunzehn Gramm und auf Nowaja Semlja bis zu fünfundzwanzig Gramm. Hier sind die Dunen auch besonders sauber; da Bäume und Sträucher fehlen und die Vegetation überhaupt viel spärlicher ist, sind sie durch Halme, Stengel, Zweige und anderes weniger verschmutzt.

Wenn sich der Mensch der Eiderente gegenüber vernünftig verhält, führt das Absammeln der Dunen nicht zu einer Abnahme der Brutplätze, sondern kann sogar eine ständige Zunahme zur Folge haben. Das Dunensammeln kann nämlich, zumindest in hohen Breiten, die einzig mögliche Form der wirtschaftlichen Nutzung dieser Vögel sein. Wenn man die Eiderenten jedoch jagt, die wahrhaft „goldenen" Eier sammelt und die Nester zerstört, wenn man Vieh auf die Brutplätze treibt, so führt das natürlich zu einem rapiden Bestandsrückgang.

Noch empfindlicher reagieren auf unvernünftige Nutzung die Vogelberge. Lummen, die häufigsten und in wirtschaftlicher Hinsicht wertvollsten Bewohner der Vogelfelsen, vermehren sich nur langsam. Sie legen jeweils nur ein Ei und erreichen die Geschlechtsreife erst im dritten Lebensjahr. Dabei ist die natürliche Sterblichkeit sehr hoch. Auf Nowaja Semlja zum Beispiel verliert etwa die Hälfte der brütenden Vögel aus den verschiedensten Gründen das Gelege, von den geschlüpften Jungen kommt ebenfalls fast die Hälfte um, ehe sie überhaupt das erste Mal das Wasser erreicht haben. Kein Wunder also, daß viele Vogelberge in Eurasien und Nordamerika während der letzten fünfzig bis siebzig Jahre nicht nur stark „geschrumpft", sondern gänzlich verschwunden sind.

Von den übrigen arktischen besonders schutzbedürftigen Vogelarten wären der Zwergschwan, der Wanderfalke und der Gerfalke zu nennen.

Der Zwergschwan ist die kleinste Schwanenart Eurasiens und Nordamerikas (der in Nordamerika beheimatete wird als selbständige Unterart, manchmal auch als eigene Art angesehen). Er erreicht eine Körperlänge von über einem Meter und ein Gewicht von fünf Kilogramm. In der Sowjetunion ist er — wenn auch ungleichmäßig — in der gesamten Tundrazone verbreitet. Die Überwinterungsgebiete liegen in Westeuropa, Transkaukasien, Mittelasien, Süd- und Südostasien. Einige Zwergschwäne überwintern auch weiter nördlich auf ständig eisfreien Gewässern.

In der Brutheimat treffen die Zwergschwäne Anfang Mai ein. Sie nisten in der feuchten Tundra mit gut entwickelter Vegetation, meist in der Nähe von Seen. Ihre riesigen Nester mit einem Durchmesser bis zu einem Meter bauen sie aus Gras und Moos. Das Gelege besteht gewöhnlich nur aus zwei Eiern. Wie alle Schwäne wird der Zwergschwan erst spät fortpflanzungsfähig, wahrscheinlich erst im vierten Lebensjahr. Deshalb vermehren sich die Vögel nur langsam. Dafür entwickeln sich aber die Jungen im Gegensatz zu den Nachkommen weiter südlich brütender Schwäne sehr sehnell und sind bereits mit vierzig Tagen flügge. Die Jungen des Höckerschwans dagegen werden erst im Alter von vier Monaten flugbar. In die Überwinterungsgebiete ziehen sie im September ab. Als Nahrung dienen ihnen verschiedene Pflanzen, im Sommer Gräser, Seggen und Wollgras, im Winter Wasserpflanzen. Der Gesamtbestand an Zwergschwänen in der Sowjetunion beträgt gegenwärtig kaum mehr als zehntausend Exemplare.

Der Wanderfalke ist auf der Erde weit verbreitet; in den Tundren Eurasiens aber tritt er in einer gut ausgeprägten Unterart auf — es ist der Tundrafalke, dessen Winterquartiere in Westeuropa, Vorder-, Mittel- und Südasien liegen. In seiner Heimat taucht er meist im Mai auf und zieht im September wieder ab. Er horstet in der Regel in Flußtälern und an steilen Meeresküsten. Den Horst bildet eine flache Vertiefung im Boden, die mit Vogelfedern ausgekleidet ist. Das Gelege besteht gewöhnlich aus vier braunen gefleckten Eiern.

In den eurasischen Tundren ist der Wanderfalke bis jetzt noch nicht selten geworden. In der Sowjetunion schätzt man den Gesamtbestand auf etwa 50 000 Exemplare. Bei günstigen Bedingungen liegen die Horste hier nur drei bis fünf Kilometer voneinander entfernt. In manchen Gebieten aber nimmt sein Bestand doch stark ab. Ein Grund dafür ist der bis heute in manchen Ländern praktizierte Abschuß von für die Jagdwirtschaft „schädlichen" „Raub"vögeln. Der Wanderfalke gehört natürlich nicht zu dieser Gruppe. Seine Beute sind meist kleinere, nicht jagdbare Vögel, aber „zur Gesellschaft" wird er eben mit abgeschossen. Ein anderer Grund für den Rückgang des Bestandes an Wanderfalken wie auch des Bestandes mancher anderer Greifvögel ist die weitverbreitete und oftmals nicht gerechtfertigte Verwendung von giftigen Schädlingsbekämpfungsmitteln in der Landwirtschaft. Diese chemischen Verbindungen werden im Organismus der Vögel gespeichert und führen zum Tode oder zu Minderung der Fruchtbarkeit.

Der Wanderfalke verdient vor allem auch deshalb allseitigen Schutz, weil, wie bereits angedeutet, häufig allein ihm es zu danken ist, daß sich in der Tundra viele Wassergeflügelarten, darunter die verschiedenen Gänsearten, erfolgreich vermehren können.

Der Gerfalke gehört überhaupt zu den seltenen Tierarten unserer Erde. Er bewohnt den Norden Eurasiens und Nordamerikas und ist entweder Standvogel oder wandert im Winter in Gebiete ab, die nur wenig südlich der Brutplätze liegen. Am häufigsten ist der Gerfalke an Meeresküsten anzutreffen, besonders in der Nähe von Vogelbergen, in der Waldtundra und in der Gebirgstundra. Ihre Horste errichten die Gerfalken auf Felsen oder Bäumen; die auf

Felsen sind flache, mit trockenem Gras und Federn ausgepolsterte Mulden, die auf Bäumen kunstlose Baue aus Ästen und Zweigen. Die Vögel benutzen gewöhnlich bereits fertige Horste von Kolkraben oder Rauhfußbussarden. Das Gelege besteht aus bis zu vier rötlichen, dunkelgefleckten Eiern. Ihre Beute sind meist Vögel mittlerer Größe, hauptsächlich Bewohner der Vogelberge oder Schneehühner sowie Hasen, Eichhörnchen und Lemminge.

Diese großen Falken des Nordens — sie haben immerhin eine Länge von mehr als sechzig Zentimetern und ein Gewicht von über anderthalb Kilogramm — wurden schon immer von Falknern außerordentlich hoch geschätzt. Bereits im 13. Jahrhundert rühmte der deutsche Kaiser Friedrich II. von Hohenstaufen — ein bedeutender Ornithologe seiner Zeit — in seinem umfangreichen Werk „De arte venandi cum avibus“ die Vorzüge dieses Greifvogels. Mit ihm verknüpfen sich zahlreiche Sagen und Legenden der verschiedenen Völkerschaften. Gerfalken werden zum Beispiel im Nibelungenlied und in der Sigurdsage erwähnt, in Legenden über den heiligen Bavo, den Schutzheiligen der Falkner, und den Falkner Trifon in Rußland.

Bereits im 9. Jahrhundert richtete der Kiewer Fürst Oleg sich einen „Falkenhof“ ein, in dem wahrscheinlich auch Gerfalken gehalten wurden. Vom 15. Jahrhundert an war der Handel mit Vögeln aus Rußland, Norwegen, Schweden und teilweise auch aus Island und Grönland in ganz Europa stark verbreitet. Das Verkaufsrecht für Gerfalken hatte in vielen Ländern allein der königliche Hof. Im 16. und 17. Jahrhundert erreichte die Beizjagd ihre größte Blüte. Große Falken spielten jetzt im russischen Export eine bedeutende Rolle. Der Falkenfang wurde zum Staatsmonopol erklärt. Es gab genaue Richtlinien für die Bewertung der Vögel, unter denen die weißen Gerfalken die wertvollsten waren. Im 18. Jahrhundert büßte die Falknerei sehr an Bedeutung ein, doch wird sie auch heute noch in Westeuropa und Nordamerika sowie in den Ländern des Orients praktiziert, in der Sowjetunion hauptsächlich in Mittelasien.

Der Gerfalke war wahrscheinlich schon immer selten gewesen, jedenfalls wurden selbst zu Zeiten der stärksten Nachfrage im Norden Rußlands gewöhnlich nicht mehr als hundert Exemplare im Jahr gefangen. Der Gesamtbestand in der Sowjetunion beträgt gegenwärtig im besten Falle wohl nur noch zwei- bis dreitausend Exemplare. In Schweden brüten höchstens zwanzig bis dreißig Paare, in Alaska hundert bis hundertfünfzig, und insgesamt in der Welt gibt es höchstens noch fünftausend dieser Vögel.

Von den Säugetieren der sowjetischen Arktis sind außer dem Eisbären, dem Walroß und dem Grönlandwal die Sattelrobbe und das wilde Rentier besonders wertvoll und schutzbedürftig.

Die Sattelrobbe bewohnt die an den Atlantik grenzenden Gebiete der Arktis und gehört zu den in wirtschaftlicher Hinsicht wichtigsten Robben des Nordens. Ein ausgewachsenes Männchen erreicht eine Länge von zwei Metern und ein Gewicht von zweihundert Kilogramm. Bei den russischen Pomoren heißen sie auch „Lysun“ (von „lyssy“ = „kahl“, wegen des hellen Scheitels) oder auch „krylan“ (von „krylo“ = „Flügel“, denn die großen schwarzen Flecken an den Flanken des Tieres erinnern tatsächlich an Flügel). Das Weibchen ist etwas kleiner als das Männchen. Sein Fell ist hellgrau, mit verschwommenen dunklen Flecken. Das neugeborene Junge ist fast einen Meter lang und trägt ein dichtes, buschiges weißes Fell. Die Sattelrobben bilden drei selbständige Herden. Die erste ist die Neufundland-Grönland-Herde, sie hält sich an der West- und Südküste Grönlands und im arktischen Archipel Kanadas auf. Zur Fortpflanzung sammelt sie sich bei Neufundland und im St.-Lorenz-Golf. Die Jan-Mayen-Herde bewohnt die Süd- und Ostküste Grönlands, der Wurfplatz befindet sich bei Jan Mayen. Die Weißmeer-Herde schließlich lebt am Eisrand im Osten der Barentssee und, zum Teil, der Karasee. Die Wurfplätze dieser Herde liegen im „Hals“ des Weißen Meeres und in den angrenzenden Gebieten der Barentssee.

Die Sattelrobben sind gesellige Tiere. Einen großen Teil des Jahres streifen sie in Herden umher, ab Mitte des Winters sammeln sie sich auf dem Eis und bilden dort große Liegeplätze. Hier bringen sie ihre Jungen zur Welt, hier verpaaren sie sich, wechseln das Haarkleid, und im Frühjahr begeben sie sich wieder auf Wanderschaft. Die Nahrung der Robben besteht aus marinen Wirbellosen — Krebstieren und Mollusken — sowie kleinen Fischen.

Die Bevölkerung dieser Gegenden betreibt seit eh und je die Jagd auf Robben wegen der Häute, der Felle (als besonders wertvoll gelten die weißen Felle der Neugeborenen), des Specks — ein Tier liefert bis zu siebzig Kilogramm — und des Fleisches wegen. Das Fleisch ist durchaus genießbar, im ersten Weltkrieg exportierte Norwegen Robbenfleisch in großer Menge nach Deutschland. Ab Mitte des vorigen Jahrhunderts weitete sich der Fang von Sattelrobben beträchtlich aus. In manchen Jahren erlegten die Tierfänger bei Neufundland bis zu einer halben Million, bei Jan Mayen bis zu zweihunderttausend Tiere. Die verstärkte Nutzung der Sattelrobben aus dem Weißen Meer setzte später ein, erst gegen Ende des 19. Jahrhunderts. In den zwanziger und dreißiger Jahren des 20. Jahrhunderts wurde aus dieser Herde bereits eine halbe Million Tiere pro Jahr geschlagen.

Es ist nicht verwunderlich, daß die Sattelrobbenbestände rasch abnahmen. Außer der Überbejagung und besonders der Tötung von Jungtieren und Weibchen (ohne die sich ja die Bestände nicht erholen können) spielt dabei auch der geringe Nachwuchs eine Rolle. Die Robben werfen jeweils nur ein Junges, Weibchen werden mit drei Jahren, Männchen sogar erst mit vier oder fünf fortpflanzungsfähig. Viele Robben kommen an den Liegeplätzen um, wenn sich dort das Packeis zusammenschiebt, sowie durch Raubtiere, wie Schwertwale, Eishaie und teilweise auch Eisbären. Bereits in den dreißiger Jahren konnten die Robbenschläger bei Neufundland nur noch etwa hunderttausend Tiere pro Jahr erlegen.

Die Weißmeerherde umfaßte nach Schätzungen sowjetischer Zoologen in den Jahren 1927/28 noch rund drei Millionen Tiere, 1952/53 war der Bestand auf 1,5 Millionen zurückgegangen, und 1960 wurden nur noch 400 000 gezählt. Ab 1963 wurde hier deshalb die Jagd auf Weibchen eingestellt, 1965 der staatlich betriebene Fang von Sattelrobben im Weißen Meer für fünf Jahre untersagt.

Die wilden Rentiere werden von den Zoologen in eine ganze Reihe von Unterarten untergliedert, sie lassen sich jedoch in zwei großen Gruppen zusammenfassen — Waldrene und Tundrarene. Das Waldren ist in der Regel größer, unternimmt keine oder nur kurze Wanderungen und war auch in der Vergangenheit nie sehr zahlreich. Das Tundraren dagegen unternimmt regelmäßige, manchmal sehr weite Wanderungen, verbringt den Sommer in der offenen

Tundra und an Meeresküsten und überwintert in der Gebirgstundra und der Waldtundra.

Selbst dort, wo das Tundraren nur noch in verhältnismäßig geringer Zahl vorkommt, ist eine Begegnung mit ihm für einen Naturliebhaber außerordentlich beeindruckend. Durch die Tundra führt ein enges Netz von Wechseln. Um große Flüsse zu überqueren, wie etwa die Pjassina, brauchen die Herden auch heute noch mehrere Stunden. Unterhalb jener Stelle schwimmt dann auf dem Wasser eine dicke Schicht Rentierhaare, die, ans Ufer gespült, regelrechte Wülste bilden.

In der Sowjetunion lebt das Tundraren hauptsächlich im Norden Sibiriens, wo es in zwei selbständigen Herden vorkommt. Die eine bewohnt die Taimyr-Halbinsel und die südlich angrenzenden Gebirgszüge, die zweite Nordjakutien, das heißt das Lenadelta, die Neusibirischen Inseln und das Gebiet zwischen Jana und Indigirka. In den fünfziger Jahren zählte jede Herde etwa hunderttausend Tiere. Diese rund zweihunderttausend Tundrarene stellten etwa die Hälfte des Rentierbestandes der gesamten Welt dar. In den folgenden Jahren erhöhte sich die Zahl, und 1966 wurde die Taimyrherde durch Zählungen von Flugzeugen aus auf dreihunderttausend Tiere geschätzt.

In der Sowjetunion werden alle Anstrengungen unternommen, Naturressourcen, Naturkomplexe und einzelne Vertreter von Flora und Fauna zu erhalten und zu mehren. Viele Gesetze befassen sich mit Fragen des Naturschutzes. Dazu gehören vor allem die Beschlüsse des XXIV. und XXV. Parteitages der KPdSU, die Anordnung des Obersten Sowjets der UdSSR „Über Maßnahmen zur weiteren Verbesserung des Naturschutzes und zur rationellen Ausnutzung der Naturschätze“ vom 21. September 1972 und der Beschluß des ZK der KPdSU und des Ministerrates der UdSSR „Über die Verstärkung des Naturschutzes und die Verbesserung der Ausnutzung der Naturschätze“ vom 29. Dezember 1972. Der Naturschutz ist in der im Oktober 1977 angenommenen neuen Verfassung der Sowjetunion verankert. Besonders wichtig für den Schutz der arktischen Tierwelt sind das Dekret „Über den Schutz der Fisch- und Wildbestände im Nördlichen Eismeer und im

Weißen Meer" vom Jahre 1921 und ein spezieller Erlaß „Über Maßnahmen zum Schutz der Tiere der Arktis" vom Ministerrat der RSFSR aus dem Jahre 1956.

Das Dekret von 1921 war, wie der Name schon sagt, auf den Schutz der Interessen des sowjetischen Staates in den Fisch-, Robben- und Walfanggebieten des Nordens, auf den Schutz der wirtschaftlich nutzbaren Tierarten gerichtet. Der Erlaß von 1956 verbot für das Gebiet der UdSSR jegliche Jagd auf Eisbären, Walrosse und Wildrene. Die letztgenannten beiden Arten allerdings durften mit besonderer Genehmigung von der ansässigen Bevölkerung in begrenztem Maße geschossen werden. Noch weitere Maßnahmen zum Schutz dieser Arten sind getroffen, außerdem ist die wirtschaftliche Nutzung der Vogelfelsen und der Eiderentenkolonien streng reglementiert. Diese Festlegung war sehr wichtig für den Schutz des Eisbären und die Wiederherstellung der früheren Wildrenbestände in der UdSSR.

In der Sowjetunion besteht ein System von Schutzgebieten — staatlichen wissenschaftlichen Einrichtungen, die über Jahre hinweg Komplexuntersuchungen in wirtschaftlich nicht mehr genutzten Gebieten durchführen. Den Schutz der arktischen Natur hat in bestimmtem Maße die Institution „Sieben Inseln" übernommen. Bereits im 17. Jahrhundert wurden diese Felseninseln an der Nordküste der Kola-Halbinsel, die „Gerfalkenhorstplätze", durch einen Ukas des Zaren Alexej Michailowitsch zum „Kaiserlichen Schutzgebiet" erklärt und von eigens dafür angestellten Aufsehern bewacht. 1938 wurde hier ein Naturschutzgebiet eingerichtet, zu dessen Hauptaufgaben Schutz und Erforschung der Vogelberge und der Eiderentenkolonien gehören.

Die sieben unter Naturschutz stehenden Inseln, die einen kleinen Archipel bilden, liegen jenseits des Polarkreises. Sie bestehen aus Graniten und Gneisen und fallen steil zum Meer ab. Oben bilden sie eine Hochfläche, die sich leicht neigt und mit Krähen- und Multbeeren, Weiden- und Zwergbirkendickichten bestanden ist. Auf den Felsbändern der Klippen brüten in gemischten Kolonien Lummen, Dreizehenmöwen, Papageitaucher, Tordalken, Gryllteisten, Silber- und Mantelmöwen sowie Kormorane. Die größten Vogelbasare mit mehr als zehntausend Lummen befinden sich auf der Kuwschin- und der Charlow-Insel. Etwa tausend Eiderentennester gibt es in der Tundra der Inseln in Nachbarschaft mit Raubmöwen, Ohrenlerchen, Schneeammern und zahlreichen Limikolen. Außerdem kommen im Schutzgebiet der Berglemming, das Hermelin, selten der Fischotter und sogar der Elch vor. In den Gewässern um die Inseln trifft man Ringel- und Bartrobben an, hier hat die seltene Kegelrobbe ihre Liegeplätze, hier kann man auch den sogenannten Blas — ausgestoßene Atemluft — von Walen sehen.

Im Schutzgebiet arbeiten hauptsächlich Ornithologen. Sie beringen hier massenhaft Vögel, in manchen Jahren mehr als zehntausend Exemplare. Es wurden interessante Versuche angestellt, die Bestände der Eiderente künstlich zu mehren. Die Forscher sammelten die Eier aus einem Teil der Nester ein und legten sie in den Brutschrank. So wurden die Enten gezwungen, Eier nachzulegen und auszubrüten. Die künstlich erbrüteten Küken wurden dann Familien mit „wilden" Küken wieder beigestellt. Auf diese Weise konnte die Eiderenten-Nachkommenschaft verdoppelt werden.

Am entgegengesetzten Ende der sowjetischen Arktis besteht seit 1960 auf der Wrangel-Insel ein Dauerschongebiet. Vornehmlich hier wird vor allem über das Schicksal der in der Sowjetunion lebenden Eisbären und Schneegänse entschieden.

Wichtige Anweisungen zum Schutz und zur rationellen Nutzung der arktischen Fauna sind auch in den im Norden des Landes gültigen Jagdverordnungen enthalten. Hier ist die Jagd auf Tiere mit Hilfe von Motorfahrzeugen, Giften usw. generell verboten. Untersagt sind weiterhin das Zerstören von Vogelnestern und Polarfuchsbauen, der Fang von Mauservögeln, das Sammeln von Eiern und Nestdunen. Das Eiersammeln auf Vogelbergen und das Sammeln von Dunen in Eiderentenkolonien ist nur mit besonderer Genehmigung der Jagdbehörde des betreffenden Bezirks zulässig. Während des ganzen Jahres ist die Jagd auf besonders wertvolle, seltene oder vom Aussterben bedrohte Arten verboten. So dürfen im Gebiet Archangelsk Schwäne, Eiderenten und Weißwangengänse sowie alle Arten Wasservögel, die auf nie zufrierenden Gewässern überwintern, nicht gejagt werden. Im Gebiet Tjumen und in der Region Krasnojarsk ist die Jagd auf Schwäne, Rothalsgänse und alle Greifvögel mit Ausnahme des Habichts untersagt. Im Gebiet Magadan dürfen Schwäne, Kaisergänse, Eiderenten, Ringelgänse und Schneegänse nicht erlegt werden. Für letztere besteht für die Bewohner der Wrangel-Insel eine gewisse Sonderregelung.

Und dennoch ist all dies für den Schutz der arktischen Natur schon nicht mehr ausreichend. Der Norden der Sowjetunion verwandelt sich in unseren Tagen in einen hochentwickelten Industriebezirk, der dem Land Erdöl und Erdgas, Nichteisenmetalle und Kohle liefert. Die Flüsse des Nordens bergen neben Fischen und dem Wasser selbst, das seinerseits schon zu einer großen Kostbarkeit geworden ist, gewaltige Energiereserven. In den Gebieten jenseits des Polarkreises entstehen große Städte, werden neue Kraftwerke errichtet. Die Bevölkerung des Nordens wird unvermindert zunehmen, denn die Polargebiete sind auf unserem Planeten die letzten noch verbliebenen nicht genutzten Bodenressourcen.

Man darf jedoch nicht zulassen, daß der Mensch in den Norden kommt und ihn in eine Wüste verwandelt. Die arktische Natur ist ja besonders verwundbar. Selbst die Spur eines im Sommer durch die Tundra gefahrenen Traktors oder Kettenfahrzeugs hinterläßt eine Jahrzehnte nicht zuheilende Wunde. Die Raupenketten reißen die Moosdecke vom Boden los, in den Fahrspuren taut der Dauerfrostboden rasch auf, es bilden sich tiefe Rinnen, die sich in Schluchten verwandeln. Damit beginnt die Bodenerosion. Die Wälder an der nördlichen Waldgrenze sind nicht nur eine Zierde der Landschaft, bieten Vögeln und anderen Tieren Schutz, sondern sie mildern auch das Klima. Hier einen Baum zu fällen, der bestimmt schon Hunderte von Jahren alt ist, bedeutet, Wind und Schneesturm die Tür zu öffnen. Die Verschmutzung des Landes und der Gewässer durch Industrieabfälle ist überall unerwünscht; für den Norden mit seiner ohnehin armen Fauna und Flora aber können die Folgen einer solchen Verschmutzung katastrophal und nicht wiedergutzumachen sein.

Welche große Bedeutung staatliche Schutzgebiete für den Naturschutz haben, ist allgemein bekannt. Sie bieten die beste Gewähr für die Erhaltung bestimmter Naturkomplexe, sie sind mitunter die einzige Zufluchtsstätte für seltene Tiere und Pflanzen, sie stellen Reservate dar, von denen auch die angrenzenden Jagdreviere und Fischgründe profitieren. In stationärer Forschungsarbeit, die sich über Jahre erstreckt, können in den Schutzgebieten wissenschaftliche Prinzipien und Formen des Naturschutzes selbst und der rationellen

Nutzung der natürlichen Reichtümer für bestimmte Landschaften und natürliche Zonen erarbeitet werden. Die Naturschutzgebiete sind jedoch sehr ungleichmäßig über das Land verteilt, und die größte Lücke hat das Netz im Norden. Dabei könnten derartige Einrichtungen gerade in der Arktis und Subarktis den größten Gewinn abwerfen, denn die schutzbedürftigen Objekte und der anthropogene Einfluß auf sie ist im Norden im Gegensatz zu weiter südlich gelegenen Gebieten auf einzelne begrenzte Territorien beschränkt.

Schutzgebiete und Schongebiete — so notwendig sie sind — können dennoch nicht alle Aufgaben zum Schutz der arktischen Natur lösen. Wir kennen diese Natur bislang auch noch viel zuwenig. Wissenschaftliche Grundlagen für die Erhaltung und rationelle Nutzung sind ganz und gar unzureichend erarbeitet. Aber erst wenn diese vorliegen, lassen sich exakte, kontrollierbare Normen und Regeln aufstellen, die alle Formen der wirtschaftlichen Tätigkeit des Menschen festlegen. Das Fehlen derartiger Richtlinien macht sich im Norden besonders empfindlich bemerkbar.

Wie bereits gesagt, sind die meisten Tiere der hohen Breiten zirkumpolar verbreitet und unternehmen weite Wanderungen. Aus diesem Grunde haben Maßnahmen zu ihrem Schutz oder zum Schutz der Natur der Arktis überhaupt, die nur von einem Staat oder von mehreren Staaten ergriffen werden, ohne daß sie aufeinander abgestimmt sind, oft nicht den gewünschten Erfolg. Hier ist also eine internationale Zusammenarbeit besonders wichtig.

Der Anfang wurde gemacht durch die Gründung der Internationalen Union zur Erhaltung der Natur und der natürlichen Ressourcen (IUCN). Es wurden bereits wichtige internationale Abkommen und Konventionen geschlossen, die für das Schicksal auch der arktischen Tiere von Bedeutung sind, so die Konvention über den Schutz der Wale, zum Schutz der Wasservögel und ihrer Lebensräume, zur Verhinderung der Ölverschmutzung der Weltmeere und zum Schutz der lebenden Ressourcen.

Aber auch zum internationalen Schutz der Natur des Nordens muß noch viel getan werden. So sind Vorbereitung und Abschluß einer speziellen Konvention dringend erforderlich, in der Formen und Grad des anthropogenen Einflusses auf die organische Welt dieser Gebiete festgelegt werden. Als Beispiel kann die Internationale Konvention zum Schutze der Natur der Antarktis dienen. Sie ist bereits in Kraft und wirkt sich positiv aus.

Die Natur des Nordens braucht Schutz, und der ist auch möglich. Rosenmöwen und Walrosse, Eisbären und Rentiere, überhaupt alle Tiere der Arktis müssen erhalten bleiben.

Bildnachweis

Das vom Autor stammende Fotomaterial wurde durch folgende Abbildungen ergänzt:

Arbusow E. W. — Abb. 9, 11 unten

Belikow S. E. — Abb. 3

Belokolodow W. — Abb. 2(2), 12/13, 18 ob., 20/21, 25, 27, 30 ob.

Charin S. J. — Abb. 14(2), 16

Jakuschkin G. D. — Abb. 31(2)

Kischtschinski A. A. — Abb. 10 ob.

Kretschmar A. (APN) — Abb. 39

Löwenstein H. — Abb. 33(2)

Malinowski P. P. — Abb. 17, 18 unten

Marakow S. W. — Abb. 40

„Mysl" (Archiv) — Abb. 15 ob.

Pischtschalew W. A. — Abb. 22 unten

Tschernjawski F. B. — Abb. 22 ob.

Inhalt

С. М. Успенский

«РОДИНА БЕЛЫХ МЕДВЕДЕЙ»

на немецком языке